긍정심리학 코칭

Positive Psychology Coaching

긍정심리학 코칭

초판 1쇄 펴낸 날 2009년 4월 15일
초판 2쇄 펴낸 날 2011년 3월 25일

지은이 로베르트 비스바스 디너 · 벤 딘
옮긴이 서희연
펴낸이 우수명

등록번호 제129-81-80357호 | 등록일자 2005년 1월 12일
등록처 경기도 고양시 일산구 장항동 578-16 나동
펴낸곳 아시아코치센터

ISBN 978-89-93288-12-4

아시아코치센터
주소 서울시 강남구 대치동 943-13 윤천빌딩 3층
주문 | 영업부 (일산) 031-905-0434, 0436 팩스 031-905-7092
본사 | 편집부 (강남) 02-538-0409, 3959 팩스 02-566-7754
한국 NCD 지원 · 코칭 02-566-7752 팩스 02-566-7754
NCD몰 www.ncdmall.com

• 책값은 뒤표지에 있습니다.
• 잘못된 책은 구입하신 서점에서 교환해 드립니다.
• 책 내용에 대한 문의나 출간을 의뢰하는 원고는 editor@asiacoach.co.kr로 메일을 보내주십시오.

종이 시그마페이퍼 출력 대산아트컴 인쇄 한국소문사 제책 정성문화사

긍정심리학 코칭
Positive Psychology Coaching

로베르트 비스바스 디너 · 벤 딘 지음 ｜ 서희연 옮김

ACC 아시아코치센터

몇 년 전, 전세계가 새천년을 준비하는 동안 나는 인도의 콜카타에서 빈민가 사람들의 행복에 대해 연구하고 있었다. 나는 오랫동안 가난한 사람들에게 깊은 관심을 가졌었고 그들이 역경을 헤쳐나가는 모습에 여러번 감동을 받았던 터였다. 콜카타와 같은 곳을 한번이라도 방문해본 사람이라면, 누구라도 그들의 비참한 모습에 안타까운 마음을 금할 수 없을 것이다. 나는 연구에 참여해준 콜카타 지역 주민들에게 어떠한 도움을 줄 수 있을까 생각하다가 주민협의회와 보건소, 빈민 구호단체에 얼마간의 돈을 기부하기로 했다. 하지만 곰곰이 생각해보면 인도에 머무는 동안 내가 한 일이라곤 서구 심리학의 발전을 위해 자료를 수집한 것뿐이었다. 그들에게 아무런 교육적 혜택을 제공하지 못했다는 데 생각이 미치자 나는 통역사의 도움을 받아 콜카타의 몇몇 대학교와 빈민촌 학교에서 사회 및 성격심리학에 관한 연구 결과를 발표하기로 했다. 강의는 많은 사람의 관심과 참여 속에서 성공리에 끝났고, 나는 연구라는 본연의 임무를 잠시 내려놓고 콜카타 주민에게 약소하게나마 보답하게 된 데 큰 보람을 느낄 수 있었다.

내가 오랜 기간 동안 긍정심리학에 매력을 느낀 이유는 긍정심리학이 공공의 유익을 지향하기 때문이었다. 또 긍정심리학은 사회변화를 촉진하는 여타 장치와 달리 큰 비용이 들지도 않는다. 다른 심리학파의 평가도구나 훈련 프로그램이 비싸면서도 만족스러운 효과를 내지 못하는 반면, 긍정심리학은 '행복을 위한 다섯 가지 방법'이나 '성공을 가로막는 세 가지 요인', '긍정성을 측정하는 방법'을 일러주면서 큰 사례비를 요구하지 않는다. 엄밀히 말해 긍정심리학은 과학이지만 누구나 접근할 수 있는 대중의 영역인 것이다. 최근 긍정심리학의 연구 자료는 학술지뿐 아니라 인터넷에서도 쉽게 접할 수 있다. 유수한 학자들은 자신의 연구 성과를 독점하지 않고 웹 사이트를 통해 누구나 상세히 알 수 있도록 한 것이다. 긍정심리학의 창시자인 펜실베이니아대학교의 마틴 셀리그먼Martin Seligman 교수는 이 역동적이고 새로운 심리학 분야가 전세계의 행복을 증진시킬 것이라고 말한 바 있다. 긍정심리학은 인류의 행복을 담당하는 막중한 사명을 안고 있는 동시에 모든 코칭의 바탕을 이루는 철학이기도 하다. 물론 긍정심리학자들도 코치와 마찬가지로 강연이나 워크숍, 저술 활동을 통해 수익을 얻는다. 하지만 어디까지나 전문성에 대한 보상일 뿐 그들이 독자적으로 고안하고 대중에게 보급한 프로그램에 대한 보수는 아니다.

우리는 긍정심리학이 인터넷상에서 무료로 제공되는 예를 얼마든지 찾아볼 수 있다. 가령 마이어슨Myerson재단이 운영하는 '강점연구소 Values in Action Institute'에서는 수백만 달러를 호가하는 강점 평가도구가 무료로 제공되며 영국의 '응용심리학 센터'에서도 비영리 교육프로그램을 이용할 수 있다. 또 필라델피아에 있는 '차터스쿨의 영웅'은 자율형 공교육기관으로서 저소득층 학생들에게 긍정심리학적 교육을 실현하고 있다. 이외에도 긍정심리학이 무료나 저비용으로 보급되는 예는 수없이 많다.

거저와 다름없이 제공되는 긍정심리학의 유익에 관심을 기울인 사람들 중 하나가 바로 벤 딘Ben Dean이었다. 내가 벤을 처음 만난 건 긍정심리학회에서였는데 그는 이미 학회를 통해 긍정심리학의 최신 이론과 동향을 익히고 있었다. 이 분야가 태동할 무렵부터 벤은 큰 애정과 확신을 가지고 긍정심리학의 이론과 평가도구, 응용원리를 학계의 주류로 끌어올리기 위해 온 힘을 기울이고 있었다. 학술지에 논문을 게재하고 학회강연을 했으며 마틴 셀리그먼과 함께 '진정한 행복 만들기 코칭 프로그램'을 만들어 2003~2005년까지 19개국의 상담 전문가들에게 긍정심리학의 원리를 가르쳤다. 또 코칭 전문학교인 '멘토코치'를 창립, 운영하고 북미에서 세미나를 열었으며 13만 명이 넘는 전세계 독자에게 긍정심리학계 소식지를 전자우편으로 발송하기도 했다. 긍정심리학을 전세계로 보급하려는 그의 열정은 과히 놀라웠다. 실제로 그는 심각한 재정문제를 겪고 있는 비행기 승무원에게 무료 코칭을 해준 적도 있다.

벤과 나는 긍정심리학이 이론에만 머물지 않고 코칭과 같은 다양한 분야에서 최대한 활용되기를 바라는 마음으로 이 책을 집필했다. 책 한 권으로 수익을 내보려는 생각은 없다. 다만 기존의 개입방법과 평가도구에 접목할 수 있는 새로운 과학을 소개하고 싶을 뿐이다. 우리는 현재 코칭의 성과가 과학적으로 검증되고 있다는 사실에 큰 기쁨을 느끼며 이것이 코칭의 발전으로 이어지기를 기대한다. 독자들도 공감하겠지만 긍정심리학은 상아탑에만 갇혀 있기엔 너무도 실제적이고 유용한 학문이다.

그렇다면 과연 긍정심리학이란 무엇일까? 간략히 말해 인간의 부정적인 부분보다는 긍정적인 부분을 조명하는 심리학의 새 지류다. 기존의 심리학이 우울증과 불안, 정신분열 같은 병리 현상을 이해하고 치료하는 데 주력했다면 긍정심리학은 인간의 행복과 낙관성, 성격의 강점에 초점을 맞춘다. 또 업무수행능력과 성과를 높이는 요인, 건강한 관계 속의 역동성, 인간으로서 갖춰야 할 조건 등을 심도 있게 다룬다. 긍정심리학은 1998년 미국심리학회의 회장이었던 마틴 셀리그먼 박사에 의해 창설된 이래, 몇 년 사이에 장족의 발전을 이뤘다. 최신 이론을 소개하는 학술지와 대중적인 베스트셀러가 발간되고 펜실베이니아대학교에 관련 학과가 개설되었으며, 긍정심리학을 응용한 리더십 훈련프로그램이 각종 기업체에서 성공리에 운영되고 있다. 우리는 이 책을 통해 긍정심리학의 주요 골자만 소개할 것이다.

특히, 우리가 다룰 주제는 행복이다. 사람마다 행복을 추구하는 방법은 다르지만 누구도 예외 없이 행복해지기를 바란다. 감사하게도 현대의 심리학은 과거의 해묵은 제안들을 대신할 수 있는 새로운 통찰과 발견을 제공한다. 그중 가장 획기적인 것으로 '행복은 단순한 목표 이상의 의미가 있다'는 긍정심리학자들의 주장을 들 수 있다. 이는 수차례의 연구를 통해 입증되었는데, 행복이 궁극적으로 지향할 목표라기보다 다른 목표를 추구하는 데 동원할 수 있는 자원이라는 의미다. 즉 행복은 무언가에 쓰려고 은행에 저축해둔 돈과 같다. 코치나 상담가는 행복이 건강과 창의력, 경제력, 업무수행능력을 높이는 데 사용될 수 있다는 점을 기억해야한다. 벤과 나는 행복을 정의하고 평가하는 법, 행복의 적정 수준, 행복을 얻는 방법과 그 성과를 알기 위해서 행복에 관련된 최신 문헌들을 살펴보았다. 그리고 이러한 정보가 코칭 현장에 적절히 활용될 수 있도록 몇 가지 제안을 덧붙였다.

또한 우리는 개인의 강점을 논하는 데 많은 부분을 할애했다. 클라이언트의 강점을 활용한다는 생각은 예전부터 있어 왔지만, 긍정심리학에서는 이를 시행할 수 있는 혁신적인 방법들을 개발하고 있다. 가령 크리스 피터슨Chris Peterson과 마틴 셀리그먼 연구팀은 인종과 문화에 관계없이 보편적으로 활용할 수 있는 강점분류학을 개발하여 이에 바탕을 둔 강점 평가도구를 인터넷상에 무료로 공개했다. 개인의 강점을 부각시키고 훈련하는 것이 약점을 보완하는 것만큼이나 효과적이라는 사실을 각 조직의 리더들이 인정하리라고 생각했기 때문이다. 이는 각종 임상실습과 연구를 통해 뒷받침된다는 점에서 단순히 개인의 견해 차원을 넘어선 것이다.

리더십 계발이나 진로 상담, 심리치료 등 어디에 접목되든 긍정심리학은 모든 사람에게 유익하며 긍정심리학을 통해 개발된 평가도구와 개입방법, 이론적 틀은 코칭의 수준을 한 단계 끌어올릴 수 있다. 무엇보다 긍정심리학은 기존에 사용하던 코칭 기법을 전면적으로 뜯어고칠 것을 요구하지 않는다. 오히려 클라이언트에게 도움이 되는 방향으로 적절히 응용하고 보완하기를 바랄 뿐이다. 긍정심리학은 누구나 손쉽게 접근하고 사용할 수 있는 대중의 과학이다.

로베르트 비스바스 디너

Contents

Part. 3　　긍정심리학 코칭을 적용하고 발전시켜라

Positive Psychology Coaching

코칭의 패러독스와
긍정심리학적 해결

코칭이 하나의 전문직으로 각광받고 있다. 코칭은 비즈니스계에서 효과적인 도구로 널리 채택되고 있으며 한층 엄격해진 코칭자격증의 취득 기준 덕분에 코치양성 프로그램도 질적으로 향상되었다. 또 개인 사무실을 운영하는 전문코치도 증가하는 추세이고 코칭의 전문성을 인식한 몇몇 대학교에서는 석사나 자격증 수료과정이 신설되었다. 이 분야를 개척한 유능하고 용감한 사람들이 마침내 그동안의 수고를 보상받게 된 셈이다. 이제 스포츠 코칭과 인성 계발 코칭의 차이를 논하는 것은 불필요하고 소모적인 일이 되어버렸다. 또한 굳이 코칭의 전문성을 알리려고 노력할 필요도 없게 되었다. 주요 신문에 코칭의 영향력이 기사화되고 일류 코치들의 프로필이 소개되는 등 코칭이 성공적인 전문분야로 자리잡아간다는 사실에 만족할 뿐이다. 동료 코치가 기업체의 의뢰를 받아 리더십 프로그램을 성공리에 진행하거나 큰 수익을 얻었을 때는 뿌듯하기까지 하다. 코치양성 프로그램에 열정적으로 참여하는 학생들과 대화를 나누는 것도 보람된 일이다. 코칭이 유망한 전문직으로 각광받고 있다는 증거가 아니겠는가? 우리는 클라이언트에게 심어주려는 낙관성을 먼저 경험하고 있다.

그렇다. 우리는 소기의 목적을 이루었다. 그렇다면 이제 무엇을 해야할까? 의욕과 열정과 에너지가 충만한 이상 한가로이 앉아 있을 수만은 없다. 소기의 목적을 달성했다는 건 마땅히 축하할 일이지만 다음 단계로 나아갈 준비를 해야한다는 의미이기도 하다. 앞으로 일어날 변화에 코칭이 어떤 식으로 기여할 수 있을까? 코칭이 어떤 방향으로 진보할지, 코치의 개입과 도움이 가까운 장래에 어떤 영향을 미칠지, 그 가능성을 생각해보는 것만으로 흥분된다. 기술문명의 발달이 여러 전문직의 흥망성쇠를 결정지었던 것처럼 코칭도 그 성과가 얼마만큼 이해되고 보급되느냐에 따라 발전여부가 결정될 것이다. 긍정심리학 연구도 마찬가지다. 우리는 심리학으로부터 체계적인 평가도구와 개입방법, 연구 자료들을 제공받아 코칭의 기술을 한 단계 끌어올리고 코칭의 실효성을 입증할 수 있게 되었다. 우리는 이 책에서 긍정심리학이라는 새로운 돌파구를 소개하면서 코칭과 긍정심리학을 접목할 다양한 방법을 제시할 것이다. '코칭의 현주소와 전망'에 대하여 긍정심리학은 가장 적절한 답을 제시해줄 수 있다.

코칭은 오랫동안 사람들의 삶을 변화시키는 강력한 도구였다. 대기업의 임원이나 교사, 대학생, 재택근무자, 자영업자 등 누구나 할 것 없이 코칭을 통해 자신의 잠재력을 최대한으로 끌어낼 수 있었다. 이런 점에서 코칭은 내면에 가득한 자원의 물꼬를 트는 코크와 같다. 또한 코칭은 긍정성과 낙관성, 성숙을 지향하는 특성이 있어, 확실한 성과를 원하는 코치와 클라이언트로부터 각광을 받아왔다. 코치와 클라이언트는 자기 성장을 최우선으로 지향한다는 공통 목표를 가질 수 있다. 코칭을 통해 사람들은 스스로 부과한 한계의 틀에서 벗어나 감정을 회복하고, '아하' 하는 깨달음을 경험하게 된다. 이것이야말로 코칭의 정점이라 할 수 있는데, 이러한 정점이 여러번 반복될수록 코치와 클라이언트는 공통분모를 점점 넓혀갈 수 있고 긍정적인 행동 변화라는 코칭 효과를 확인하게 될 것이다.

하지만 아이러니하게도 코칭의 긍정성과 효과 이면에는 '코칭의 패러독스'가 도사리고 있다. 사람들의 잠재력을 일깨우고 최대한으로 이끌어내는 게 코칭의 역할인데 정작 코칭은 그 진가를 충분히 발휘하지 못하고 있는 것이다. 코칭은 도입된 지 20년이 넘었지만 여전히 초보적 수준에 머물러 있다. 실제로 코칭의 개념은 어느 정도 합의가 이뤄졌지만 그 내용과 방법에 있어서는 코치마다 의견이 분분하다. 예전보다 나아졌다고 해도 여전히 일관성이 부족한 게 사실이다. 가령 어떤 코치는 영감을 주는 이야기나 놀이 방법을 선호하지만 어떤 코치는 평가도구에 의존하고 어떤 코치는 목표와 행동수정에 초점을 둔다. 우리는 코칭을 보다 체계화하기 위해 노력해야한다. 숙련된 기술과 창의력을 겸비한 전문가들이 꽤 있어서 다행이지만 개인의 참신한 발상만으로 코칭의 전반적인 체계가 구축되는 건 아니다. 코치의 주관에 따라 '즉흥적'으로 진행되기에는 코칭이 가진 잠재적 가치가 너무도 크다. 우리는 코칭의 개념을 함께 정의하고 양질의 개입방법을 공유함으로써 코칭의 활용도를 높여야 한다.

확실히 코칭은 발전하고 있다. 세계적인 코칭인증기관인 국제코칭연맹ICF, The International Coach Federation은 코치훈련의 윤리규범과 표준을 확립했으며, ICF의 전前 회장이었던 스티브 미튼Steve Mitten은 코칭의 훈련과 실제에 적용할 기준을 명확하게 제시함으로써 코칭의 전문화를 선언했다.[1] 뿐만 아니라 영국에서는 영국정신분석학자모임 British Psychological Society 회원들이 코칭심리학의 발전을 도모하는 연구회를 결성했다.[2] 하지만 이러한 시도에도 불구하고 많은 코치들은 이 분야가 아직 개척 단계에 있음을 인정한다. 하버드의과대학의 코치이자 심리학자인 캐럴 카우프만Carol Kaufman은 코칭의 발전단계를 1세대와 2세대로 구분했다.[3] 그에 따르면 비전과 도전정신을 가지고 코칭의 실용화에 앞장선 이들이 코칭 1세대이며, 인간발달에 대한 이론과 효과적인 전략을 통해 코칭의 원리를 확립해야할 이들이 코칭 2세대다. 현재는 2세대가 막 시작되는 시점이다. 의학이 바이러스의 발견과 항생제 개발을 통해 발전했듯이 코칭도 체계적인 이론과 혁신적인 개입방법을 통해 발전할 수 있다.

코칭의 수준을 높이려는 시도는 과학에 대한 관심으로 이어졌다. 2003년, 시드니에서 세계 최초로 대학교와 연계하여 코칭심리학 프로그램을 진행하고 있던 앤터니 그랜트Anthony Grant는 ICF 회원들에게 과학적인 이론을 코칭현장에 적용해볼 것을 제안했다.[4] 이후 ICF 는 연례 학술대회를 후원하기 시작했고 소수문화권에서 나타난 코칭 의 효과, 코칭에 대한 클라이언트의 인식 등을 검토하는 데 과학적인 방법을 사용했다.[5] 다이안 스토버Diane Stober[6]나 바넷 피어스W.Barnett Pearce[7]같은 유망한 코치들은 코칭의 효율성을 높이기 위해 학술자료 를 충분히 참고해야한다고 주장하기도 했다. 2006년에는 ICF의 회장 이었던 파멜라 리처드Pamela Richard가 인증된 코치훈련 기구ACTO, Accredited Coach Training Organizations 리더들에게 코칭에 관한 연구 프로 그램을 전폭적으로 지지해줄 것을 촉구했다.[8] 런던과 시드니, 필라델 피아, 뉴욕에서 활동하는 심리학자들과 코치들도 특별자문위원회를 공동으로 결성하여 학술대회 개최, 학술지 발간, 대학교의 관련학과 신설 등을 통해 코칭의 과학화를 이루어갔으며 근거중심의 코칭과 정 통심리학과 코칭의 접목을 다룬 전문서적들이 출간되기 시작했다. 이 러한 현상이 코칭의 흐름을 반영하는 것이라면 공인된 전문코치로부 터 과학적인 코칭 서비스를 받게 될 날도 머지않았다. 물론 코칭의 과 학화는 앞으로 전개될 수많은 발전상 중 하나다. 확신하건대 과학에 바탕을 둔 최신 이론은 코칭의 새로운 무기로 자리잡을 것이다.

뒤에서 자세히 다루겠지만 우리는 긍정심리학이 역동적이고 코칭 과 자연스럽게 접점을 갖는, 대단히 잠재적인 과학의 한 분야라고 생 각한다. 긍정심리학은 체계적인 과학을 바탕으로 하기 때문에 나날이 연구의 중요성이 강조되는 오늘날 코칭 분야에 좋은 해답을 제공해줄 수 있다. 게다가 응용과학으로서 긍정심리학은 다양한 이론과 개입방법, 평가도구를 갖추고 있어 기존의 코칭도구를 한층 풍요롭게 할 수 있다. 긍정심리학과 코칭이 통합되면 여러모로 시너지 효과를 기대할 수 있는데 무엇보다 긍정심리학이 지나치게 독자적이거나 폐쇄적이지 않다는 점에서 코칭과 자연스레 조화를 이룰 것으로 보인다. 긍정심리학은 어떠한 코칭에도 활용할 수 있는 이론과 도구를 제공해주는 보급소와 같다. 따라서 긍정심리학과 코칭의 접목은 코칭 전문기관뿐 아니라 개인적으로 활동하는 코치에게도 매우 유익할 것이다.

코칭 현장에 깊이 침투해 있는 독창성이 매력적으로 보이긴 하지만 이제는 검증된 개입방법과 보편적인 이론이 마련되어야 할 시점이다. 다이안 스토버와 앤터니 그랜트는 이러한 각성이 코칭의 전문성과 질적 수준을 높여줄 것이라고 말한다.[9] 우리는 과학이 훌륭한 연구방식으로 채택되는 시대에 살고 있다. 과학에 근거한 주장은 검증을 거쳐 일반화되거나 재검토될 수 있으며 보편적인 설득력을 지니므로 회의적인 클라이언트나 분명한 성과를 원하는 기업체에게 과학적 코칭은 '잘 팔릴' 수밖에 없다. 미국과 호주, 아시아계 기업체에서 리더십 훈련프로그램을 맡고 있는 수잔 데이비드Susan David는 '근거중심의 심리학'을 주장하면서 코치들에게 확실한 이론적 근거를 가지고 코칭에 임하라고 조언한다. 그녀는 최근 인터뷰에서 "기업 경영인들은 사내 분위기가 업무수행에 미치는 영향력을 잘 알고 있다. 심리학에 대한 그들의 이해는 수준급이다. 내가 담당하고 있는 모 제약회사와 회계법인 직원들은 코칭이 끝날 때마다 예리하고 본질적인 질문을 던지기 때문에 나는 이에 잘 대답할 수 있도록 철저히 준비해야한다."고 말했다. 코치는 최신 이론과 동향을 잘 숙지해야 시장에서 높은 우위를 점할 수 있다. 또 검증된 개입방법을 사용하고 클라이언트의 고유한 특성을 충분히 고려할 수 있어야 신뢰를 얻을 수 있다. 코칭의 과학적 토대를 마련하는 것은 코칭 2세대가 담당해야할 몫으로 그들은 코칭의 과학화를 통해 보다 성장할 수 있을 것이다.

과학적 코칭의 중요성은 세계적인 여론조사기관인 갤럽사의 짐 클리프턴Jim Clifton 회장에 의해서도 여러번 강조된 바 있다. 그는 탁월한 통찰력과 언변술을 지닌 것으로 유명한데, 2005년 워싱턴 본사에서 열린 좌담회에서 심리학자와 코치에게 다음과 같이 말했다. "갤럽사가 긍정심리학을 도입한 이유는 분명한 효과가 있어서입니다. 부하직원에게 고함을 질러야 업무효율이 높아진다는 통계가 나오면 전 기꺼이 그렇게 할 것입니다."[10] 그가 실제로 고함을 지르겠다는 것인지는 알 수 없지만, 분명한 건 기업체든 개인이든 코칭이나 워크숍, 인성 계발 프로그램을 의뢰할 때는 확실한 '효과'를 원한다는 사실이다. 그들은 한때 유행하는 것보다 실제적인 효과가 나타나는 평가도구를 원한다. 이런 점에서 코칭이 체계적 이론, 특히 심리학을 적극 활용한다면 값어치를 높일 수 있을 것이다.

그렇다면 과학에 바탕을 둔 코칭이란 무엇일까? 앤터니 그랜트를 비롯한 임상심리학자들은 심리학 분야에서 지금까지 사용되던 '학습자-수행자' 모형을 제안했다.[11] 이는 일종의 교육적 모형으로, 학습자가 임상에 대한 배경지식을 쌓고 연구법을 설계하고 통계분석법, 연구실적 평가 등을 배우는 동시에 임상 현장에 투입되는 것을 말한다. 물론 임상 수행자가 충분한 학습을 거쳐야 한다는 것이 전제되어 있다. 안타깝게도 코치들은 연구 방법론, 통계학, 심리학에 대한 배경 지식이 부족하기 때문에 심리학자만큼 쉽게 이 모형을 사용하지 못한다. '학습자-수행자' 모형만 강조한다면 코칭에 입문하려는 사람은 자연히 줄어들 것이다. 코칭심리학 학위 수여자는 점점 늘어나겠지만 그들 중 심리학의 전문 지식을 단시일 내 학습할 수 있는 사람이 몇이나 되겠는가? 일류급 코치에게도 무리다. 그러므로 근거중심의 코칭은 누구나 손쉽게 접근할 수 있는 과학을 선택해야한다. 교육 수준이나 경력에 관계없이 모든 코치가 과학을 활용할 수 있는 방법은 다음과 같다.

1. 연구 자료를 간단히 훑어보는 것만으로 코치는 큰 도움을 얻을 수 있다. 우리는 코치들이 연구 자료를 이해할 만큼의 충분한 지적 능력을 갖추었다고 믿는다. 물론 모든 코치가 학자처럼 엄격하고 열정적인 탐구열을 지닌 건 아니다. 클라이언트와 유대감을 형성하고 코칭의 서비스 기능을 강화하는 게 무엇보다 중요하다고 생각하는 코치들도 있다. 그렇다면 이들은 기초적인 이론 외에 최신 연구의 주요 골자만 짚어보는 것으로 충분하다. 경험상으로 보건대, 끊임없이 자료를 수집하고 배우는 사람이 혁신적인 코치로 성장할 수 있다. 에이브러햄 매슬로우Abraham Maslow의 욕구단계설, 로버트 퀸Robert Quinn의 리더십 관련 서적, 코칭에 관한 언론 보도 등 기존의 주류 이론과 새로운 전략을 배워 경쟁력을 갖추어야 한다. 피상적으로나마 심리학 이론을 접하기 위해 노력해야하는 것이다. 공신력

있는 학술지와 웹 사이트를 통해 얼마든지 원하는 정보를 얻을 수 있다.

2. 긍정심리학과 코칭이 자연스럽게 접목되었다는 것은 여러 가지 과학적인 평가도구를 통해서도 알 수 있다. 과학적이고 보편적인 심리학 도구들이 코칭 현장에서 폭넓게 사용되고 있는데, 대표적인 예로 '마이어–브릭스 성격유형지표MBTI, Myers-Briggs Type Indicator'나 '기질검사Firo-B'를 들수 있다. 사실 인성과 능력, 선호도 등을 측정하는 공인된 평가도구의 대부분은 그동안 심리학자가 고안하고 실시하고 해석하는, 심리학 고유의 영역이었다. 하지만 위와 같은 심리학 도구들이 클라이언트의 강점이나 약점을 밝히는 데 사용된다면 심리학 이론 못지않게 코칭과 심리학을 이어주는 가교 역할을 할 수 있다. 또 주요 성과를 점검해줌으로써 코칭의 진행을 원활하게 이끌어준다. 그런데 많은 코치들이 MBTI처럼 흔한 도구에는 익숙하지만 그 외에도 유용하게 쓰일 수 있는 저렴하고 간편한 도구가 많다는 사실을 알지 못해 활용하지 못하는 경우가 있다.

3. 연구보고서는 코칭에서 매우 중요하다. 개입방법을 평가할 수 있는 토대가 되기 때문이다. 코칭을 실시한 후 그결과를 면밀히 검토한다면 우리는 어떤 개입방법이, 어떤 사람에게, 어느 시점에서 효과적이었는지 알게 된다. 예를 들어 '해결중심 라이프 코칭'에 관한 수지 그린Suzy Green의 보고서는 코칭이 희망과 행복, 목표지향성과 밀접한 관계에 있다는 사실을 뒷받침해준다.[12] 개입방법의 효과를 체계적으로 검토하지 않으면 코치는 그저 직감이나 막연한 추측에 의존할 뿐이다. 또 개입방법의 이론적 틀을 숙지하지 않으면 그저 획일적인 진단과 처방만 내리게 된다. 성별과 문화, 교육 수준이 코칭의 성과에 얼마간 영향을 미친다는 사실은 수많은

연구를 통해 밝혀진 바 있다. 코치가 이러한 연구 결과를 자주 확인한다면 보다 신중하고 현명하게 코칭을 이끌어갈 수 있다. 과학은 코치가 처방하는 개입방법과 코칭의 질적 수준을 평가할 수 있는 잣대다.

과학은 조작된 실험이나 딱딱한 이론만을 의미하는 게 아니라 이론을 검증하고 수정하고 발전시키는 일련의 과정도 포함한다. 개입방법이 다양하게 등장하고 전문코치가 늘어가는 지금, 코칭의 이론적 토대를 마련하는 일은 어느 때보다 시급하다. 이론적 방침은 코칭을 이끌어주는 세계관이다. 예를 들어 현대 의학계는 '의학 규범'이라는 자체 방침을 통해, 질병이나 증상의 원인을 규명하고 적절한 치료책을 제시하는 것이 의사의 임무라고 정해놓고 이 규범에 따라 획기적인 치료법을 개발하고 있지만 과연 이것이 의사의 유일하고 주된 임무라고 할 수 있을지 의문이다. 노벨평화상을 받았던 의료 선교사 알베르트 슈바이처Albert Schweitzer는 환자 내면에 있는 '자가 치유력'에 대해 자주 얘기하곤 했다.

코칭의 전략만큼 중요한 것은 그 토대가 되는 이론이다. 코치는 인간의 특성과 변화에 관해 끊임없이 배우고 그 이론을 자기 것으로 삼아야 한다. 많은 코치들이 클라이언트의 목표 추구 방법에 대해서는 의견의 일치를 보였지만 변화를 촉진하는 요인이 무엇인지 여전히 규명하지 못하고 있다. 클라이언트가 목표를 달성할 수 있도록 돕는 최상의 방법은 무엇일까? 장애 요소를 제거하는 것과 개인의 강점을 활성화하는 것 중에 어느 것이 더 효과적일까? 아니면 두 가지를 적절히 조화시켜야 할까? 또 클라이언트가 코치의 가치관과 대립되는 목표를 추구할 때 어떻게 할 것인가? 누가 봐도 비본질적이고 일시적인 목표를 추구하고 있다면 어떻게 할 것인가? 클라이언트가 설정한 목표만 가지고 코칭의 성패를 판단할 수 있을까? 이처럼 불확실한 질문들 속에서 우리에게 방향을 제시해주는 지도가 바로 이론의 틀이다.

긍정심리학은 이렇게 방향을 제시해준다. 코칭이 긍정심리학과 접점을 넓혀간다면 자체의 패러독스를 해소하고 역동적인 발전을 꾀할 수 있을 것이다. 원래 긍정심리학은 욕구단계설을 주창하고 절정체험, 실존적 성장, 인성 계발을 통한 성공 등에 관해 폭넓은 저술활동을 펼쳤던 에이브러햄 매슬로우에 의해 소개되었다.[13] 뛰어난 통찰이 담긴 그의 저서들은 안타깝게도 심리학자와 일반 대중에게 한동안 외면당했다. 하지만 최근 들어 미국심리학회APA, American Psychological Association의 전 회장인 마틴 셀리그먼과 유수의 심리학자들은 강점에 바탕을 둔 긍정심리학의 중요성을 인식하기 시작했고, 특히 셀리그먼은 미국심리학회 회장으로 취임하면서 지금껏 심리학이 인간의 병리적 측면에 초점을 맞췄다는 점에서 절반의 성공을 이뤘을 뿐이라고 대담하게 주장했다.[14] 확실히 현대 심리학의 편향된 관심은 우울증과 같은 정신질환 연구에 대해서는 박차를 가했지만 대다수 사람들이 겪는 일상의 문제에 대해서는 소홀한 결과를 낳았다. 그간의 학술연구는 개인의 강점과 행복, 업무효율, 대인관계 등에 침묵해왔던 것이다. 셀리그먼은 가정과 일을 잘 꾸리고 정신질환을 겪지 않는 일반 대중에게 심리학이 어떤 역할을 해야하는지 환기시키면서 행복에 관한 획일적 이론을 수정하고 신진 학자들의 활동을 장려하는 등 긍정심리학의 보급을 위해 힘썼다.[15] 이로써 오래전부터 긍정심리학의 토대를 마련해왔던 이론가들의 수고가 빛을 보게 된 셈이다. 긍정심리학은 "사람들이 무엇을 잘할 수 있을까?"에 대한 결정적인 답을 제공해준다.

긍정심리학과 코칭은 사람들이 본래 건강하며 성장하려는 의욕과 자원을 갖고 있다는 점을 공통적으로 전제하기 때문에 자연스럽게 결합할 수 있다. 또 긍정심리학은 과학에 기초한 이론이므로 광범위한 표본을 추출하거나 재검증할 수 있는 등 과학다운 미덕을 갖추고 있다. 이는 직관에 의존하는 설說과는 달리 긍정심리학 연구가 객관성을 바탕으로 개인차, 적절한 개입 시기 등을 알려줌으로써 누구에게나 효과적일 수 있는 코칭의 방법을 마련해준다는 의미다. 연구에 따르면 강점과 긍정성을 계발하는 것이 약점을 보완하고 문제를 해결하는 것보다 더 효과적이라고 한다. 또 코칭의 목표는 클라이언트의 행복에 기여하는 정도에 따라 다양하게 결정된다. 긍정심리학은 긍정적인 세계관을 실천할 수 있고 상식과 직감을 넘어서 독창적으로 통찰할 수 있는 체계적인 방법을 제시해준다.

긍정심리학이 효과적이라는 짐 클리프턴의 주장은 과장된 게 아니다. 다양한 분야에서 이뤄지는 최신 연구에 의하면 개인의 강점이나 낙천성, 행복은 분명한 성과로 이어지는 심리적 자원이다. 회의적인 독자라면 행복의 비결을 상품처럼 사고파는 데 불편한 기분을 느낄 수 있다. 또 기업체에서는 '행복'이라는 단어 자체를 좀처럼 언급하려고 하지 않을 것이다. 하지만 과학적인 통계와 연구 결과가 제시되면 사정이 달라진다.

일례로 캘리포니아 리버사이드대학교의 소냐 류보머스키Sonja Lyubomirsky 연구팀은 행복한 사람일수록 경제력과 업무수행력, 자원봉사 참여율이 높고 대인관계가 원만하며 이직률이 낮다는 사실을 밝혔는데,[16] 이러한 연구 성과는 회사 경영진이나 임원들에게 크게 환영받았다. 직원들 역시 경영진이 체계적인 긍정심리학 방법을 통해 조직문화를 개선하려고 시도한다면 진심으로 만족스러워할 것이다. 긍정심리학은 경영자나 직원 모두 만족하는 해결책인 동시에 코치에게도 더할 나위 없는 희소식인 것이다.

더 반가운 소식은 긍정심리학을 이해하고 활용하기 위해 반드시 전문가가 될 필요는 없다는 것이다. 빛의 굴절이나 악성피부망상증이라면 몰라도 심리학만큼은 누구나 쉽게 접근할 수 있는 보편적 이론이다. 게다가 〈심사학술지refereed journals〉에 게재된 이론이라면 이미 윤리심의위원회와 동료 연구진의 검토를 거친 것이므로 그만큼 신뢰할 만하다. 우리는 클라이언트와 마찬가지로 이 책의 독자들이 풍부한 잠재력과 이해력을 갖추고 있으리라고 생각한다. 따라서 긍정심리학의 광범위한 주제와 코칭 현장에 적용할 구체적인 원리들을 이 책에서 다룰 것이다. 전반부에는 행복의 정의, 행복을 발견하고 유지하는 법, 행복에서 얻는 유익 등 긍정심리학의 토대가 되는 주제를 다루고 후반부에는 성격적 강점의 계발과 활용 같은 주요 골자를, 마지막에는 긍정심리학 코칭을 일터와 상담 현장에 적용할 수 있는 방법에 관해서 다룰 것이다.

첫번째 기초: 행복과 긍정성

긍정심리학 코칭의 첫번째 기초는 행복이다. 영원한 행복을 원하지 않을 사람은 없다. 하지만 행복은 좀처럼 닿을 수 없는 신기루 같아서 달콤한 할리우드 영화나 독립선언문에서나 엿볼 수 있을 따름이다. 코칭을 하다보면 행복을 목적으로 코칭을 찾는 사람이 의외로 드물다는 것을 알게 된다. 코칭을 통해 행복지수를 1~2점 높여보려는 시도를 좀처럼 하지 않는다. 이는 행복이 코칭의 여타 목적들에 중요성을 부여하는 보다 궁극적인 목적이거나, 직장 혹은 가족문제보다 우선적으로 처리하기에는 사소한 감정의 문제라고 생각하기 때문일 것이다. 행복을 찾겠다고 상담실 문을 두드리거나 수화기를 집어드는 사람은 드물지만 실제로 행복은 단순한 목표 이상의 의미가 있는 것으로 연구 결과 밝혀졌다. 행복은 제 역할을 제대로 수행하는 데 반드시 필요한 요소이며 클라이언트가 쉽게 지나쳐버리는 중요한 자원 중 하나다.

행복에 관한 연구는 우리의 예상을 뒤엎는 결과를 종종 보여준다. 대부분의 사람들은 행복이 안락한 주거환경이나 행운, 성공 등에서 얻어지는 바람직한 결과, 즉 노력과 성취에 따른 보상이라고 생각하지만 실제 연구 결과를 보면 전혀 그렇지 않다. 행복은 무언가를 통해 얻게 되는 유익이 아니라 그것 자체가 유익이며, 다른 목적을 위해 사용될 수 있는 중요한 심리적 자원이다. 행복한 사람은 창의적이고 이타적이며, 친화력과 공감능력이 뛰어나고, 결혼하거나 결혼을 오래 유지할 확률이 높고, 평균수명이 길며 돈도 잘 번다. 직장에서 동료들

과 원만한 관계를 유지하고 우수한 실적과 생산성을 나타내기도 한
다.[17] 이런 점에서 행복은 궁극적인 목표라기보다 목표를 수행하는
데 동원되는 수단인 셈이다. 코치는 클라이언트가 내적 자원을 빠짐
없이 동원하여 목표를 달성할 수 있도록 행복을 극대화시켜야 한다.

그렇다면 보다 더 행복해질 수 있는 방법은 무엇일까? 행복을 가져
다줄 마법의 공식이나 알약, 비밀스런 주문이라도 있을까? 물론 웃자
고 한 얘기다. 그럴듯한 방법이 떠오르지 않으면 다음과 같은 질문을
계속 던져보라.

- 행복해지기 위한 보편적인 방법은 무엇일까?
- 돈을 많이 벌거나 부유한 동네로 이사하는 등 물질적인 환경을 바꾼다면
  행복해질 수 있을까?
- 약점이나 실패를 가볍게 넘기고 컵의 물이 '절반밖에'가 아니라 '절반이
  나' 남았다고 볼 수 있는 낙천성을 기른다면 행복해질 수 있을까?

클라이언트의 행복을 높일 수 있는 확실한 방법 중 하나는 그들에
게 행복에 대한 현실적 기대를 갖게 하는 것이다. 알다시피 행복은 끝
없이 솟구치는 샘물이나 한없이 퍼올릴 수 있는 우물물이 아니다. 실
제로는 흥분이나 황홀경보다 훨씬 부드럽고 잔잔한 기분이다. 주관적
행복감에 관한 세계적인 석학인 에드 디너Ed Diener에 따르면 클라이
언트에게 행복이 강렬하고 지속적인 감정이 아님을 주지시키는 것이
야말로 가장 효과적인 개입방법이라고 한다.[18] 승진과 결혼처럼 특별

한 날에나 느낄 수 있는 고조된 감정을 날마다 추구하는 클라이언트보다 일상의 평범한 기쁨과 만족을 추구하는 클라이언트가 훨씬 쉽게 행복을 경험한다. 또 완벽하지 않더라도 적당히 만족할 수 있으면 괜찮다고 여기는 클라이언트가 미래에 대해 보다 긍정적이고 진취적이다. 이처럼 작은 영역에서의 성공은 삶의 다른 영역으로 확대 재생산된다.

행복에 대한 현실적 기대를 갖는 것 외에도 통제력과 소속감, 자기수용과 같은 실존적 기술을 익히는 것이 행복 증진에 도움이 된다는 연구 결과도 나왔다. 실제로 행복 이론가들은 종교와 철학, 심리학적 맥락을 토대로 실존적 기술과 같은 중요한 개념을 소개함으로써 행복에 대한 본유적本有的 이해를 확장시켰으며 관념과 상식을 뛰어넘는 통찰을 제공했다. 그들은 주로 물리적 환경과 삶의 태도, 내적 평가, 사회적 자본(공동 목표를 추구할 수 있도록 상호 조정과 협력을 촉진하는 사회의 구성요소로서 상호신뢰, 규범, 협력적 네트워크 등이 있다. -옮긴이 주)과 더불어 행복을 발견하고 유지하는 방법에 초점을 맞춘다.

행복의 주축이 되는 두 요소는 목표[19]와 사회적 관계[20]다. 특히 목표는 오랫동안 '행동 지향적 코칭'에서 중요하게 다뤄진 주제다. 이론가들은 동기와 목적의식을 높이고 시간을 적절히 안배하고 변화과정을 점검하기 위해 단기 목표를 설정해본다면 더 큰 행복을 누릴 수 있다고 말한다.[21] 목표가 저마다 독특할 필요는 없다. 오히려 '좋은 목표'는 건축물의 기본 골격에 해당하는 몇 가지 보편적인 특징을 갖춘 것들이다.[22] 이를테면 코칭에서 흔히 사용하는 'SMART' 원리를 들 수 있는데 이는 구체성Specific, 측정가능성Measurable, 실현가능성 Attainable, 현실성Realistic, 시간한계성Timelined의 머리글자를 딴 것이다. 원만한 인간관계라는 목표는 어떤 사람에게는 행복을 가져다주지만, 어떤 사람에겐 도리어 좌절과 자책감을 불러일으킨다.[23] 코치는 이러한 연구 결과를 자주 확인하여 클라이언트에게 적절한 목표를 제시할 수 있어야 한다.

'목표를 어떤 식으로 정하느냐'도 매우 중요하다. 즉 어떤 결과를 얻으려는 것과 피하려는 것에는 큰 차이가 있는데 가령 '살찌면 안 돼.', '회의시간에 긴장하지 말아야지.', '암에 걸리고 싶지 않아.' 등 부정적인 결과를 피하려는 목표는, 하프 마라톤에 도전한다거나 건전한 언어습관을 기르려는 등의 긍정형 목표보다 좌절될 가능성이 높다. 코치는 목표가 어떤 식으로 행복에 영향을 미치는지 잘 알아야 클라이언트의 장단기 목표 설정을 효과적으로 도울 수 있다.

유전적 기질을 제외하고 행복에 가장 큰 영향을 미치는 것은 인간관계다. 우정은 단순히 친하게 지내는 것 이상을 의미하며 연애감정 또한 성적인 이끌림 이상의 의미가 있다. 어떤 종류이건 인간관계는 우리에게 안정감과 성숙의 기회, 건강을 제공하는데, 특히 신뢰는 업무 효율을 높이고 가정을 화목하게 하는 등 사회적 자원의 기능도 한다.

원만한 인간관계는 수행능력과 삶의 질을 높여주지만 한계효용체감의 법칙에서 자유롭지 못하다. 즉 관계의 범위가 넓어질수록 거기서 얻어지는 만족도가 점점 떨어지는 것이다. 코치는 인간관계와 행복의 연관성, 그리고 인간관계의 한계를 제대로 이해할 필요가 있다.

두번째 기초: 성격적 강점

긍정심리학 코칭의 두번째 기초는 성격적 강점이다. 그리스신화의 영웅에서 마틴 루터 킹 목사에 이르기까지 인류 역사에 등장하는 위대한 인물은 모두 자신의 강점을 최대한으로 발휘한 사람들이었다. 개인의 강점에 주목해야한다는 생각은 오랫동안 코칭 현장에 몸담았던 코치들에게 그리 새로운 건 아니다. 그들은 오랜 경험을 통해서 클라이언트가 성장과 변화의 씨앗을 뿌리기만 하면 풍성한 소출을 낼 수 있는 기름진 옥토와 같다는 걸 알고 있다. 하지만 이외에도 강점에 주목하는 또다른 이유가 있다. 우선 약점보다 강점을 얘기할 때 클라이언트가 더 관심을 갖게 되고, 강점에 대한 인식은 자신감과 낙천성으로 이어지기 때문이다.

이로써 우리는 처음으로 긍정심리학을 통해 성격적 강점에 관한 획기적인 통찰, 즉 결점을 보완하기보다 강점을 강화하는 게 훨씬 효과적이라는 사실을 알게 되었다. 코치는 긍정심리학의 연구 자료를 바탕으로 클라이언트의 강점을 발견하고 그들에게 유용한 지침을 일러주어야 한다.

강점에 주목하는 코칭 방법이 효과적이라는 것은 알지만 정확히 어떤 점에서인지 모르는 경우가 있다. 가령 어떤 성격이 강점으로 인정되는지, 강점을 최대한으로 활용할 수 있는 시기는 언제인지, 또 강점을 효율적으로 측정할 수 있는 방법은 무엇인지 잘 모를 수 있는 것이다. 긍정심리학은 코치들이 오랫동안 고심해왔던 문제에 대한 획기적인 대답을 들려준다. 우리를 비롯해서 수많은 이론가들은 시대와 장소를 불문하고 모든 사람에게 소중하다고 인정받는 성격적 강점이 무엇인지를 관찰하기 시작했다. 그결과 아프리카 밀림이나 극지방, 오마하 등 전세계 사람들에게 높이 평가받는 덕목은 용기와 탐구심, 리더십이었다.[24]

뿐만 아니라 사람들은 자신의 강점을 발휘할 수 있는 기회가 주어질 때 최선을 다한다는 사실도 밝혀졌다.[25] 안타깝게도 클라이언트들 중에는 자신이 어떤 강점을 지녔는지, 그것을 어떻게 발휘할 수 있는지 제대로 알지 못하는 경우도 있었는데 최근 들어서는 정확한 측정도구들이 개발된 덕분에 다른 사람보다 기량을 발휘할 수 있는 자신만의 영역과 강점을 규명할 수 있게 되었다. 일례로 미시간대학교의 심리학 교수인 크리스 피터슨은 마틴 셀리그먼과 함께 '강점의 분류체계'를 만들었고,[26] 이를 웹상에 공개하여 누구나 쉽게 무료로 이용할 수 있게 했다. 이 분류체계는 강점에 관한 대화를 열어가는 데 활용할 수 있는 코칭의 중요한 도구가 될 것이다.

하지만 클라이언트의 강점을 밝혀내는 것만으로는 충분하지 않다. 그 강점을 최대한 활용할 수 있어야 한다. 대범하고 탐구적인 기질을 가졌다고 해서 성공이 보장되는 건 아니기 때문이다. 강점을 구체적으로 살펴보고 적재적소에 사용하는 법을 배워야 한다. 우리는 그간의 연구와 일반적인 상식을 통해서 대담하게 추진할 때와 일단 멈춰 신중을 기해야할 때가 있음을 알고 있다.[27]

레인홀드 니버의 '평온을 위한 기도'에 나오듯 추진할 수 있는 용기와 멈춰설 수 있는 신중함의 차이를 구분하는 데는 지혜가 필요하다. 언제 멈추고 언제 움직여야 할지 분별함으로써 코칭을 효율적으로 진행하고 클라이언트의 혼란을 해결해줄 수 있는 것이다. 우리는 6~7장에서 특별히 개인의 '내면적' 문제와 인간관계의 알력에 대해 다룰 것이며 이러한 주제에 대한 연구가 코치와 클라이언트의 협력을 어떻게 촉진하는지 살펴볼 것이다.

우리는 최근에 이뤄지는 연구 성과에 무척 고무되었고 독자들이 강점 중심의 심리학을 적극 활용하여 나름의 발전과 성숙을 도모하기를 바란다. 물론 우리는 시행착오를 겪는 과정에서 코칭의 패러독스를 해결하는 또다른 길을 찾았고 이것이 코칭의 전반적인 발전과 개인의 성장으로 이어졌다.

독자들 역시 이 책을 통해 자신의 강점을 발견하고 강화하고 활용해서 숙련된 코치로 거듭나기 바란다.

긍정심리학 코칭의 특별한 주제들

긍정심리학은 단순히 행복에 관한 학문이나 자신감을 북돋워주는 응원가가 아니다. 제대로 된 긍정심리학이라면 인간의 부정적인 감정과 갈등, 좌절도 인생의 중요한 일부분임을 인정할 것이다. 역경을 딛고 일어선 이야기가 문학작품의 소재로 채택되듯이 코치들도 클라이언트의 좌절과 실패를 변화의 촉매제로 사용할 수 있다. 긍정심리학의 핵심 주제를 살펴보는 동안 우리는 긍정성 못지않게 부정성도 중요하게 다뤄져야 함을 알게 되었는데 실제로 일부 이론가들은 불운을 겪을 때 사람들이 보여주는 분별력이나 낙천성을 관찰해왔다.[28] 긍정심리학은 코칭에서도 큰 비중을 차지하므로 이 책 하나로 명쾌하게 요약하기 쉽지 않다.

우리는 행복과 성격적 강점을 비롯한 몇 가지 주제를 선정하고 그중 수행력을 6장에서 따로 다루었다. 이는 수행력이 라이프코칭이든 조직의 리더십 계발 프로그램이든 대부분의 코칭에서 자주 언급되는 주제이기 때문이다.

이제 코칭은 공공기관이나 기업체에서도 광범위하게 사용된다. 최고경영자나 임원진은 긍정심리학에 관심을 기울이기 시작했고 Sprint to Best Buy 회사에서는 오래전부터 긍정심리학을 응용한 사내 교육 프로그램을 실시했다. 27개국에 40여 개의 지부를 둔 갤럽사에서도 도널드 클리프턴Don Clifton 전 회장이 업무환경을 개선하고 직원의 사기를 진작시키고 고객만족을 높이기 위해 긍정심리학을 사용한 바 있다. 그는 특히 직원 개개인을 소중하게 여기고 그들의 강점을 키우는 등 긍정적인 사내 분위기를 조성하기 위해 노력했는데 그 일환으로 점심시간을 이용한 자기 계발학습, 우수 사원 포상제도, 사내 보육시설, 강점에 따른 업무팀 구성 등을 시도했다. 긍정심리학 도입은 성공적이었다. 조직개편이나 이직에 따른 비용손실이 줄어들고 생산성은 놀랍도록 향상되었던 것이다. 긍정심리학이 업무 현장에서도 분명하게 효과적이라는 사실을 보여주는 예다.

조직을 효율적으로 운영하기 위해 긍정심리학이 필요하다고 주장했던 이론가들은 '직무 재구축' 이라는 개념을 내놓았다. 이는 사람들이 자신의 업무를 보다 만족스럽고 보람된 것으로 만들기 위해 자신의 업무태도를 수정한다는 뜻이다.[29] 한 연구에 따르면 '소명의식' 을 가진 사람들이 이러한 태도를 보이며 높은 성과가 나타난다고 한다. 소명의식과 같은 태도는 종교사회학자인 로버트 벨라Robert Bellah의 《미국인의 사고와 관습 Habits of the Heart》에서 처음 언급되었다.[30] 이후 다른 연구에서는 직업을 불문하고 사람마다 일에 대한 태도가 다르다는 흥미로운 결과가 발표되었다.[31] 어떤 사람은 그저 돈 버는 데만 목적이 있을 뿐 일에 전혀 흥미를 느끼지 못하고 어떤 사람은 일에 보람을 느끼지만 돈과 명예, 가족부양, 조직에 대한 책임을 우선적으로 생각한다. 반면 소명의식을 갖고 일에 열정을 다하는 사람은 일을 궁극적인 성공과 만족, 신의 부름이 있는 자리라고 생각하기 때문에 일에 의미를 부여하는 방향으로 자신의 업무태도를 수정한다.

긍정심리학 코칭에서 주의할 점

긍정심리학 연구 결과들을 독자에게 소개하면서 우리는 이 이론을 처음 접했을 때 느꼈던 감격과 흥분을 다시 한 번 느낀다. 긍정심리학의 역동성은 탄탄한 이론체계나 의외의 연구 성과가 아니라 끊임없는 탐구와 창의적 정신에서 비롯된다. 긍정심리학은 연구실에만 갇혀 있을 수 없다. 우리는 집필에 필요한 자료를 수집하는 과정에서, 긍정심리학을 독창적으로 응용하고 새로운 발상으로 미래를 위한 이론적 토대를 마련해가는 이론가들을 만날 수 있었다. 긍정성에 대한 그들의 관심에는 진정한 열정이 깃들어 있었다. 우리는 현장 경험에서 얻은 지식뿐 아니라 이론가, 코치, 코치지도자, 교육전문가, 연구원 등과의 인터뷰 내용도 이 책에 담았다. 거듭 느끼지만 긍정심리학은 삶의 근원적인 부분까지 파고든다는 점에서 여타 코칭도구들과 차별화된다. 우리는 이 책이 긍정심리학 코칭의 이해를 돕는 결정적인 입문서가 되기를 희망한다.

수년간 우리가 만나왔던 대부분의 코치들은 이론적 배경보다 실용적인 전략과 도구에 관심을 보였는데 그들의 관심이 한쪽으로 치우치는 건 당연하다. 역량을 강화하고 고객을 만족시킬 수 있는 양질의 코칭서비스를 제공하기에도 바쁠뿐더러 급속도로 돌아가는 현대사회에서 20~30분으로 설명될 수 없는 이론에 귀를 기울이기란 쉽지 않기 때문이다. 우리는 정보의 홍수시대에 살고 있지만 정작 권위 있는 학술지나 연구팀에 의해서 어떤 이론이 발표되는지, 이러한 연구 성과가 실생활에 어떻게 적용되는지 잘 모른다.

주류 이론을 접하기가 쉽지 않은 현실이지만, 독자에게 따로 시간을 할애하여 코칭의 기초가 되는 이론이라도 배우기를 권한다. 코칭을 진행하면서 보완과 개선이 필요한 부분을 정기적으로 점검하는 것도 중요하다. 롤로 메이Rollo May(실존분석으로 유명한 심리학자-옮긴이 주)의 자아발견 에세이를 읽거나 동료와 함께 부모의 긍정적인 기대가 자녀에게 미칠 영향력을 토론해보는 것도 좋은 방법이다. 개인의 역량을 강화할 뿐 아니라 코칭 분야의 전반적인 발전에도 도움이 될 것이다.

마지막으로 우리는 독자가 이 책을 통해 혁신적인 관점을 얻을 수 있기 바란다. 증류기를 통해 불순물을 걸러내듯 우리는 수십년에 걸친 이론을 여러번 검토하고 추려내어 독자들이 이해하기 쉽도록 만들었다. 근간이 되는 이론부터 배워야 역량 있는 코치로 발돋움할 수 있다. 안타깝게도 우리는 즉흥적인 판단이나 직감에 의존하여 코칭이 진행되는 경우를 보곤 한다.

물론 모든 것을 계량화하고 붕어빵 찍어내듯 획일적인 전략을 구사하라는 얘기는 아니지만, 연구에서 도출해낸 통계와 실증 자료는 매우 중요한 것이며 이러한 보편적 원리를 충실히 익혀야 독창적이고 특수한 개입방법도 만들어낼 수 있는 것이다.

part. 1

행복과 긍정성을 활용하라

Positive Psychology Coaching

행복:
좀처럼 언급되지 않는 목적

"나는 과연 행복한가?"라는 본질적인 질문을 자신에게 던져보라. 삶의 영역을 이리저리 들춰보고 평가한 후에야 "대체로 행복한 편이야."와 같은 단순한 답을 내놓게 될 것이다. 어떠한 대답이 되었든지 그 답이 나오기까지의 과정을 살피는 건 매우 흥미로운 일이다. 현재 일에 대한 만족도, 결혼생활, 출퇴근길, 연봉 등 행복 여부를 가리기 위해서는 여러모로 생각할 거리가 많은데 이처럼 생각하면 할수록 행복이라는 큰 그림은 난해한 퍼즐을 맞추는 것처럼 어렵게 느껴진다.

중요하게 생각하는 삶의 영역을 살피고 과거에서 현재까지 일어난 일들을 곰곰이 떠올려보면 명쾌하고 일관된 답 하나를 끌어내기가 쉽지 않다. 다행히도 사람들은 어릴 때 자전거에서 넘어졌다거나 하와

이에서 형편없는 식사를 했다거나 대학생 때 교통위반 딱지를 떼였다는 등의 성공과 실패에 대한 기억을 시시콜콜 담아두지 않는다. 대신 관심을 사로잡았던 몇 가지 굵직한 사건을 떠올린다. 기억에 남는 몇몇 기억을 바탕으로 삶의 만족스러운 영역과 그렇지 못한 영역을 말할 수 있는 것이다. 결혼생활에 만족하고 사랑스러운 자녀를 두고 직장에서 인정받는 사람일지라도 스트레스를 받거나 변화를 시도하고 싶은 부분이 한둘쯤 있게 마련이다. 행복은 매우 복합적인 성격을 띠기 때문에 우리의 내면을 이리저리 저울질하며 행복 여부를 판단하기란 쉬운 일이 아니다.

하지만 전반적인 행복지수는 비교적 알기 쉽다. 수년간 코치로 일하면서 우리는 어느 정도 교육을 받고 경제력을 갖춘 사람이라면 자신의 삶이 원하는 방향으로 가고 있는지를 한번쯤 점검한다는 사실을 알았다. 마찬가지로 코칭을 의뢰한 클라이언트도 대체로 자신이 행복하고 만족스러운 삶을 살고 있는지의 여부를 알고 있다. 원활하게 돌아가는 영역과 삐걱거리는 영역을 누구보다도 정확하게 파악하고 있을지 모른다.

코칭에서 행복의 역할

간혹 한두 명은 있을지 몰라도 대부분의 클라이언트는 행복해지고 싶다는 기대감으로 코칭을 의뢰하지 않는다. 이 책을 쓰는 우리도 클라이언트가 "행복지수를 높이기 위해 2시간 정도 상담을 요청했습니다."라고 말하는 걸 들어본 적이 없다. 아무리 의욕적인 클라이언트라 해도 말이다. 대신 그들은 적성에 맞는 일을 찾거나 직장 문제를 해결하기 위해서 혹은 훗날로 미뤄둔 소설가의 꿈을 실현하고 싶어서 상담실을 찾는다. 직장 문제나 좌절된 꿈 이야기를 통해 우리는 클라이언트의 욕구불만과 자괴감을 부분적으로 엿볼 수 있지만 그 일상적인 불만을 주의 깊게 들여다보면 이면에 숨겨진 본질적인 목적, 즉 행복에 대한 욕구를 발견할 수 있다. 물론 그들이 전문가의 도움을 구하고 변화의 기회를 모색하는 것은 당면한 일상의 문제를 어떻게든 해결하고 만족과 평정을 되찾기 위해서다.

중요한 것은 클라이언트가 자신의 궁극적인 목적을 행복이라고 생각하는지, 그리고 여느 사람과 마찬가지로 정서적, 영적, 심리적인 만족을 얻고 싶어하는지의 여부다. 어떤 클라이언트는 승진이나 연봉 협상이 더 시급하다고 생각하지만, 사실 이것은 삶의 의미와 행복을 얻기 위한 디딤돌일 뿐이다. 일에 만족하고 가족과 함께하는 시간을 확보하고 오랫동안 덮어두었던 습작 원고를 펼쳐보는 것은 결국 행복의 문제다. 대부분의 코치들은 본질적인 질문과 통찰을 거듭하면서 코칭이 결국 진정한 행복을 이끌어내는 일이라는 데 암묵적으로 동의한다.

개입이나 배려 같은 기술과 마찬가지로 행복은 코칭에서 매우 중요한 역할을 한다. 사람의 기분은 낙관성과 동기, 인내와 밀접한 관련이 있는데, 긍정적인 기분이 성공의 기회를 극대화한다면 부정적인 기분은 에너지를 소모시키고 관계를 파괴한다. 그러므로 즐겁고 행복한 기분은 그저 바람직한 정서 상태가 아니라, 연구에서도 밝혀졌듯이 클라이언트가 목표를 완수하는 데 결정적으로 필요한 능력이다.[1]

코치는 행복에 관련한 이론과 개입방법을 소홀하게 취급해서는 안 될 뿐 아니라 오히려 효과적이고 혁신적인 코칭도구로 활용할 수 있어야 한다.

행복은 오래전부터 사람들의 특별한 관심사였다. 아리스토텔레스를 비롯한 그리스 철학자들은 행복에 관한 여러가지 저서를 남겼고[2] 토마스 아퀴나스Thomas Aquinas, 존 스튜어트 밀John Stuart Mil, 구스타브 플로베르Gustave Flaubert, 찰스 다윈Charles Darwin, 에이브러햄 매슬로우Abraham Maslow 등 위대한 사상가들도 수세기에 걸쳐 행복에 관한 사유에 몰두했다. 현대에 이르러서는 행복이 대중의 영역으로 들어왔다. 미국의 독립선언문에는 행복 추구권이 명시되었고, 유명한 패스트푸드점에 '해피밀세트' 라는 어린이용 메뉴가 등장했는가 하면 해피엔딩으로 끝나는 영화도 봇물처럼 쏟아진다. 이처럼 행복은 각종 매체나 법령, 제도와 같은 현대문화의 중심을 관통하기 때문에 하나의 윤리강령처럼 느껴진다. 또 근래에 들어서는 사람들이 성공의 개념을 경제력 못지않게 행복과도 연관지어 생각하게 되었다. 이제는 부를 축적하고 사회적 지위를 높이는 것에 그치지 않고 행복까지 느낄 수 있어야 성공한 것이다. 행복은 미국인만의 관심사가 아니다. 전 세계 사람들이 인생을 즐기고 사랑을 나누고 평온과 만족을 느끼기 원한다. '행복을 위한 응급 처방' 이 유행하고, 세계 곳곳에 '자기 성찰' 바람이 일면서 사람들은 이전보다 코칭을 더 필요로 하게 되었다. 개인과 사회, 직업 발달에 코칭이 미치는 영향력은 매우 크므로 코치는 자신이 선택한 방법이 어떤 식으로 클라이언트의 행복을 증진시키거나 방해하는지 알아야 한다.

행복에 대한 개인적, 집단적 관심이 높아지는 가운데 코치가 그 중심에 있을 수 있다는 건 큰 행운이다. 수년간 행복은 한가하고 부수적인 주제로 취급되어 비즈니스나 리더십 훈련, 자기 계발 분야에서 거의 언급되지 않았지만 마틴 셀리그먼이 미국심리학회 회장으로 부임하여 긍정심리학을 주창할 무렵부터 조금씩 주류 이론으로 부상하게 되었다.[3] 그는 심리학 연구와 평가도구, 개입방법이 대부분 병리에 초점을 맞추고 있음을 지적하면서 우울증과 불안 등의 정신질환도 시급한 문제지만 적합한 환경과 적응, 성장에 대한 연구도 이뤄져야 한다고 주장했다.

셀리그먼은 편파적인 연구 관행에 문제를 제기할 만큼 대범했고, 긍정성에 관한 주제를 주류 이론으로 끌어들일 만큼 통찰력이 있었다. 과감하고 혁신적인 그의 연구는 큰 성과를 거둬 연례학회에서도 여러번 소개되었다. 셀리그먼은 젊은 인재양성 프로그램을 실시하고 미국국립정신보건원, 국립노화연구소, 국립과학재단, 교육부와 같은 공신력 있는 기관들로부터 지원을 받았으며 베스트셀러를 여러 권 출간하고 획기적인 평가도구를 개발하는 등 언론의 집중적인 관심을 받았다. 하지만 긍정심리학은 어느 탁월한 학자가 들려주는 도전적이고 기분 좋은 메시지가 아니다. 이제는 유행 차원을 넘어 하나의 정통 이론으로 자리매김하게 된 것이다. 앞장에서 언급했듯이 펜실베이니아 대학교는 세계 최초로 응용 긍정심리학의 석사과정을 개설했고 세계적인 여론조사기관인 갤럽사는 2년에 한번씩 25만 달러 상당의 상금과 함께 클리프턴 강점상을 수여했다.

셀리그먼은 긍정심리학을 주창할 무렵부터 이것이 난해하고 현학적인 이론에만 머물러서는 안 된다고 생각하고 누구라도 쉽게 긍정심리학을 접할 수 있는 방법을 모색했는데, 그결과 그는 긍정심리학과 코칭의 자연스러운 접목을 시도하게 되었다. 사실 코치들은 효과의 극대화를 꾀하기 위해 긍정심리학을 이미 활용하고 있던 터였다. 단지 그것이 긍정심리학인지 몰랐을 뿐이다. 셀리그먼은 필자(로베르트 비스바스 디너)와 함께 긍정심리학의 새로운 개입방법과 이론을 코치들에게 가르치기 위해 '진정한 행복 코칭AHC, Authentic Happiness Coaching'이라는 프로그램을 만들었다. 프로그램을 수료한 코치들은 개인 상담실을 열거나 새로운 평가도구를 도입하여 기존의 코칭 수준을 한 단계 끌어올렸다. 우리는 이 책을 위해 AHC 수료생들과 여러번 인터뷰를 했었다. AHC가 실시된 이후 긍정심리학은 발전을 거듭했으며 AHC에서 개발된 개입방법들의 효과가 속속 입증되었다.

어떤 코치들, 특히 기업체의 의뢰를 받아 리더십 계발이나 직원훈련 프로그램을 진행하는 코치들은 행복에 관한 주제를 언급하기 꺼려한다. 충분히 이해할 만한 일이다. '행복'과 같은 단어는 무언가를 부추기는 애매한 구호처럼 느껴지기도 하고, 어떤 사람에겐 지나치게 순진한 위로나 어리광처럼 느껴지기 때문이다. 어떤 코치는 클라이언트의 관심을 끌기 위해서 행복을 대신할 명칭이나 단어를 생각해내려고 노력하기도 한다. 하버드대학교의 코치이자 전임강사로 있는 캐럴 카우프만은 확실한 연구 자료가 뒷받침되지 않으면 '희망'과 같은 주제는 뜬구름처럼 막연하고 천진스럽게 느껴질 것이라고 말한다. 카우프만은 최근 인터뷰에서 다음과 같이 말했다. "저는 희망의 심리학을 이야기할 때마다 그것을 성공의 강력한 지표나 효율의 개념으로 표현합니다. 그리고 주장을 뒷받침할 수 있는 객관적인 자료를 늘 준비하죠."

성공적인 코치는 대체로 긍정심리학적 개념을 사용하는데 그중에서 특히 직업 성취도와 관련한 행복의 개념을 다룬다. 영업팀 사원들에게 행복해지라고 목청껏 설득하는 것과, 긍정성을 높이기 위해 프로그램을 고안하고 고객만족과 신뢰를 얻어낼 구체적인 방법을 제시하는 것은 분명 다른 것이다. 행복은 구호만 외쳐댄다고 얻을 수 있는 게 아니다.

행복은 매우 중요한 개념임에도 사람들에게 쉽게 간과된다. 행복은 단지 사치스러운 감정이 아니라 확실히 유용한 것이다. 이 책을 쓰면서 우리가 만난 코치와 컨설턴트들은 기업체에 긍정심리학을 도입한 이후 그 성과를 이구동성으로 다음과 같이 평가했다. "주제가 행복이든, 정서지수든 심리적 몰입이든 그것은 중요하지 않습니다. 행복이 기업의 재무제표에 어떤 영향을 미치는지 확실한 증거가 제시된다면 경영인은 언제든지 놀랍도록 개방적인 태도를 보여줄 것입니다." 캘리포니아주립대학교의 심리학 교수인 소냐 류보머스키는 수년 동안 광범위한 표본 집단을 대상으로 수십 번의 연구를 거듭한 끝에 다음과 같은 사실을 발견했다.[4] 바로 행복이란 좋은 기분에 그치지 않고 분명한 효과를 나타낸다는 것이다. 행복한 사람은 그렇지 않은 사람보다 평균수명이 길고 경제력이 있으며 결혼하거나 결혼을 유지할 확률이 높고 더 많은 친구를 갖고 있다. 하지만 이러한 결과만으로 행복을 입증하기에는 불충분하다고 느꼈는지 류보머스키 연구팀은 직장에서 나타나는 행복의 효과도 살펴보았다. 우선 행복한 사람은 그렇지 않은 사람보다 높은 수행능력을 나타냈다. 병가 빈도와 이직률이 낮았고 직장상사나 고객으로부터 높은 평가를 받았으며 이타적이고 창의적인 특성을 보였다. 경영자라면 누구라도 이러한 직원을 선호하지 않겠는가? 그러므로 행복은 하나의 상품으로 가공할 필요가 없이 그것 자체로 상품이다. 행복은 좋은 기분을 제공해준다는 이유만으로 사람들에게 오랫동안 갈망의 대상이었다. 이제는 개인뿐 아니라 조직에서도 행복이 제공하는 여러 혜택의 효과가 입증되고 있다.

Coaching Point

행복은 실제로 효과가 있다. 행복한 사람은 수명이 길고 결혼생활을 지속할 가능성이 높으며 돈도 많이 번다. 직장상사나 고객으로부터 높은 평가를 받고 병가를 내는 횟수가 적으며 이타적이고 창조적인 특성을 보인다.

여전히 확신이 안 선다면 회사에서 긍정심리학을 활용하고 있는 다음 예를 살펴보기 바란다. 앞장에서 우리는 갤럽사의 최고경영자인 짐 클리프턴이 여러 코치와 심리학자가 모인 자리에서 긍정심리학의 확실한 효과를 극찬한 바 있다고 말했다. 그는 좌담회에서 사원들의 강점을 강화하고 일에 대한 만족도를 높여주는 긍정심리학적 경영 전략을 높이 평가했다. 이는 단지 경영자가 듣기 좋으라고 한 말은 아니었을 것이다. 갤럽사는 가장 최근에 출간된 《당신의 물통은 얼마나 채워져 있습니까? *How full is your bucket?*》를 비롯해 여러 권의 베스트셀러를 출간했는데, 이 책들은 대개 부정적인 면을 보며 심사숙고하는 것보다 긍정적인 것에 초점을 두는 편이 더 효율적이라는 주제를 담고 있다.[5] 클리프턴은 우리가 치열한 무한경쟁의 시대를 살고 있다고 말하면서, 기업의 이윤을 조금이라도 높여준다면 그것이 무엇이 되었든지 시장에서 유형의 상품으로 전환되기 마련인데 긍정심리학도 그러한 상품 중 하나라고 덧붙였다.[6]

클리프턴이 혁신적이고 열정적이며 지적인 사람인 것은 분명하지만 그렇다고 보기 드물게 독창적인 경영자는 아니다. 어느 분야의 경영자라도 클리프턴처럼 개방적이 될 수 있다. 실제로 근거중심의 심리학 코치로서 수많은 최고경영자를 상대해온 수잔 데이비드Susan David는 자신이 만난 클라이언트 대부분이 효과적이고 혁신적인 패러다임과 개입방법, 전략, 목표 달성의 기회를 매우 원한다고 말했다.

한 예로 수잔에게 코칭을 의뢰했던 혼수용품 판매업체를 들었는데, 2백여 개의 체인점을 둔 이 업체는 수잔에게 직원교육을 해달라고 요청했고 수잔은 훈련 프로그램을 설계하기 위해 셀리그먼에게 협조를 구했다.[7] 이 프로그램은 판매직원들이 사교적이고 유쾌한 화술을 구사할 수 있도록 고안되었는데, 이러한 화술은 한창 예민하고 초조해 하는 예비 신부를 대하는 데 매우 중요한 기술이었다. 프로그램을 도입한 네 군데 지점에서 매출이 증가했다. 의류업체건 가전제품업체건 기업의 경영진들은 프로그램 도입에 따른 매출액 통계치를 보면서 행복한 직원일수록 생산성이 높고 긍정적인 근로환경에서 이윤이 창출되며 긍정심리학적 개입방법이 효과적이라는 사실을 깨닫게 될 것이다.

행복한 사람들

위와 같은 연구 결과가 사실이라면, 즉 행복한 사람이 삶의 여러 영역에서 성공을 거두고 높은 생산성을 나타낸다면 이것을 가능하게 한 웃음과 활기는 과연 무엇일까? 행복한 사람들이 그렇지 않은 사람과 다른 점은 무엇일까? 행복지수가 높은 사람의 특징이 궁금해지는 건 당연하다. 그들은 더 현명하고 활발하고 다정할까? 단지 웃고 유쾌해하는 것만으로 어떻게 효과가 나타나는 것일까? 다음 세 연구를 통해서 우리는 행복한 사람들의 성공 비결을 알 수 있다.

1. 긍정적인 기분과 신체건강의 연관성을 보여주는 연구 결과가 계속 나오는데, 그중 가장 흥미롭고 유명한 예로는 수녀들을 대상으로 한 데보라 대너Deborah Danner의 연구를 들 수 있다.[8] 대너의 연구팀은 수십년 전

에 수녀들이 종신서약을 하고 수도원에 들어올 무렵에 썼던 일기를 살펴보며 긍정적이거나 부정적인 문구가 얼마만큼 들어있는지 조사했다. 수녀의 개인 기록을 유일한 근거로 삼았는데, 연구팀은 긍정적인 기술이 많은 수녀일수록 그렇지 않은 수녀보다 오래 살았다는 사실을 발견했다. 즉 긍정적인 태도는 65세 이상의 수명과 밀접한 연관을 보였던 것이다. 연구가 더욱 흥미로웠던 건 수녀들이 술, 담배를 하지 않고 같은 공간에서 같은 음식을 먹는 등 비슷한 생활양식을 공유했다는 점이다. 대너의 연구는 행복이 질병을 예방하고 삶의 에너지와 열정을 불어넣는 등 신체건강에 유익한 영향을 미친다는 사실을 단적으로 보여준다.

2. 두번째는 행복심리학의 창시자인 에드 디너와 긍정심리학의 창시자인 마틴 셀리그먼이 공동으로 실시한 연구다.[9] 디너와 셀리그먼은 행복한 사람들의 공통점을 찾고자 했다. 그들은 행복한 사람의 성격과 활동, 생활환경의 공통점을 알아내기 위해 행복지수를 측정하고 상위권과 하위권 집단을 관찰했다. 행복한 사람과 불행한 사람의 차이는 무엇일까? 경제력, 사회적 지위, 직장상사와의 관계일까? 결론은 풍성한 인간관계였다. 풍성한 인간관계야말로 행복한 사람들에게서 공통적으로 발견되는 유일한 특징이었다. 그들은 결혼생활에 만족하고 직장상사와도 원만했으며 믿음직한 친구를 여러 명 두고 있었다. 이처럼 인간관계는 끊임없이 충전되어 방전될 염려가 없는 차의 배터리와 같다. 유대감은 우리의 행복을 풍성하게 해주고, 그 행복은 다시금 오랜 우정을 돈독히 하거나 새로운 우정을 만들어낸다.

3. 세번째는 소냐 류보머스키 팀이 수행한 연구다. 이들은 만성적으로 행복

한 사람들이 다양한 상황에서 보여주는 정신적 반응을 관찰하면서 이를 '삶의 기술'이라고 칭했다.[10] 연구팀은 행복지수가 최상위 25퍼센트에 해당하는 사람들을 대상으로 정신적인 반응 양상을 살피고 몇 차례의 실험과 기타 자료를 검토한 끝에 행복한 사람과 그렇지 않은 사람의 사고방식 차이를 발견했다.[11] 연구에 의하면 행복한 사람은 자기 성찰이나 반추의 경향이 덜했다. 또 주변 사람의 성공을 보며 자신을 비하하거나 적대적인 경쟁의식에 빠지는 경우도 드물었다. 골치 아픈 일상사에서 영향을 받으려 하지 않고 성공의 기쁨을 최대한 만끽하려는 등 모든 일을 긍정적으로 해석하는 경향을 보였다. 다행히도 이러한 반사적 반응은 학습될 수 있다. 다음 두 장에서 우리는 긍정적인 반응을 학습하기 위한 방법을 자세히 다룰 것이다.

우리는 세 가지 연구를 종합해볼 때, 행복한 사람들에게는 세 가지 공통점이 있다는 걸 알게 된다. 첫째, 행복을 유지하기 위해 긍정적인 사고 습관을 갖고 있다. 둘째, 육체적으로 건강하다. 셋째, 정원사가 화초를 가꾸듯 그들은 인간관계에 정성을 다한다. 삼위일체와도 같은 행복 습관들은 가정뿐 아니라 일터에서도 좋은 영향을 미친다. 하지만 이것은 행복해지기 위한 초보적 노력에 지나지 않는다. 더 깊이 들어가 보면 "행복이란 무엇인가?", "행복을 얻고 유지하기 위해 무엇을 해야하는가?", "경제력과 같은 환경적 요소는 행복에 어떤 영향을 미치는가?"와 같은 본질적인 질문들이 기다리고 있다. 계속 발전하고 있는 긍정심리학은 코치와 클라이언트에게 적절한 답을 제공해줄 것이다. 또 그러한 답은 경험에 의해 검증될 수 있으므로 우리는 긍정심리학을 접목한 코칭 현장에서 이를 적용해봐야 할 것이다.

┤ **Coaching Point** ├

행복한 사람은 신체적으로 건강하고 인간관계를 효율적으로 관리하며 건전한 사고방식을 갖는다.

행복 연구의 역사

지난 30년 동안 과학은 개인의 성취와 지속적인 행복과 같은 궁극적인 심리학적 문제에 진지한 의문을 제기하며 관심을 기울여왔다. 초기 이론가들은 대학 초년생이나 중장년층, 부유층 등 여러 표본 집단을 설정하여 그들의 기분을 측정하는 등 단순한 방법으로 행복을 연구했다. 행복 연구의 개척자들이 일차적으로 주목한 것은 생활환경과 행복의 상관관계였다. 가령 네덜란드의 사회학자인 뤼트 베인호번 Ruut Veenhoven은 세계 각국에서 짧게는 1년, 길게는 60년에 걸쳐 행복에 관련한 연구 자료를 수집하고 분석하면서 국민의 행복지수를 평균치로 나타내어 국가별 행복 등급을 매기는 데 성공했다.[12] 베인호번은 국가와 같은 대규모 집단의 관점에서 볼 때 행복은 어떤 면에서 사회의 '질적 수준'을 반영한다고 주장했다. 수준 높은 교육 시스템과 기반시설, 사회제도, 낮은 문맹률, 남녀평등, 다양한 유망직종, 최첨단 보건체계를 갖춘 나라일수록 행복한 국민을 만든다는 것이다. 국가별 행복지수에 관한 그의 연구는 국제적인 찬사를 얻었고 심지어 부탄 정부로부터 행복정책의 일환인 '국내 총행복지수GNH, Gross National Happiness'의 자문 역할을 맡아달라는 의뢰를 받기도 했다. 그는 수십년에 걸쳐 수집한 연구 자료를 자신의 웹사이트인 '세계 각국의 행복 자료http://www1.eur.nl/fsw/happiness'에 올려놓았다.

행복에 관한 초기 연구의 또다른 예로는 '성격유형'처럼 내적이고 심리적인 측면을 조명한 연구를 들 수 있다. 가령 위스콘신주립대학교의 심리학 교수인 캐럴 리프Carol Ryff는 '심리적 행복'에 관한 이론을 발표하면서 모든 사람이 '자기 결정'을 내려야 하는 상황에서 직면하게 되는 근본적인 실존적 욕구와 과제를 관찰했다.[13] 리프는 통제력, 자율성, 소속감, 자기 수용, 성장 단계 등을 측정할 수 있는 유용한 평가도구들을 만들었다. 그에 따르면 사람들은 매슬로우가 욕구단계설에서 언급한 것과 마찬가지로 기본적인 정신적 욕구를 갖고 있으며 심리적 성장을 이루려면 이러한 욕구를 해소할 필요가 있다. 또 사람들은 타인과 유대감을 쌓는 동시에 자율성을 지키고, 무언가 할 수 있다는 자신감을 가질 때 가장 행복을 느낀다.

행복에 관한 연구가 활발히 이뤄지고 평가도구와 연구 설계가 새롭게 개발되고 있는 동안 학계에서는 행복에 관한 새 이론이 등장했다. 바로 프린스턴대학교의 인지심리학 교수이면서 노벨 경제학상을 수상한 대니얼 카너먼Daniel Kahneman의 '객관적 행복감' 이론이다.[14] 그는 이 이론으로 오늘날 새로운 연구 흐름을 확립했는데 그에 의하면

'진정한 행복감'을 알아볼 수 있는 가장 좋은 방법은 매순간의 감정을 측정하는 것이다. 그는 피험자들에게 팜탑 컴퓨터(손바닥 크기의 휴대용 컴퓨터 - 옮긴이 주)와 같은 전자기기를 부착하고 무작위로 하루동안의 기분 상태를 알려주었다. 약간 기이하게 보이는 방법이지만 카너먼은 예상치 못한 흥미로운 사실을 발견하게 되었다. 애초에 그는 경험의 지속시간이 길어질수록 그에 따른 유쾌감이나 불쾌감의 정도가 비례하리라고 가정했다. 예를 들어 2주 동안 하와이로 휴가를 떠났다면 1주 다녀온 것보다 2배의 즐거움을 느낄 것이며, 2시간 동안의 충치치료는 1시간의 치료보다 2배의 불쾌감을 느낀다고 예상했다. 하지만 카너먼 연구팀은 이러한 상식적인 계산이 항상 들어맞지 않다는 걸 발견했다. 연구에서 밝혀진 대로 사람들은 어떠한 상황이나 활동을 떠올릴 때 경험의 지속시간과 관계없이 매우 특이한 인지적 반응을 보인다. 즉 가장 극적인 순간이나 마지막 시점, 최고 혹은 최악의 상황, 가장 최근의 경험을 떠올리는 경향이 있었다.[15] 카너먼 연구팀은 사람들이 언제나 예측가능한 방식대로 정신적 셈을 하는 건 아니라는 사실을 입증했고, 또 사실을 왜곡해서라도 과거의 경험을 떠올리는 것이 주관적 행복감에 매우 중요하다는 점을 밝혔다.[16]

　카너먼의 연구를 통해 의외의 혜택을 얻게 된 사람들은 바로 코치다. 카너먼은 노벨 경제학상까지 받은 권위 있는 학자로, 행복을 측정하는 것이 가능할 뿐 아니라 그것이 가치 있는 일이라고 믿었다. 또 통찰력 있는 연구를 통해 행복이 상식적인 가정이나 직관을 넘어 과학적으로 연구될 수 있음을 보여주었다. 과학적 연구를 통해 우리는 체계적인 평가도구와 보편적인 이론을 개발하고 통제조건 속에서 인과관계를 규명해볼 수 있다. 그러므로 행복 연구를 과학화하는 것은 우리가 해왔던 관념적인 연구에 실제적인 도움을 준다.

> **Coaching Point**
>
> 행복은 누구나 예측할 수 있는 뻔하고 진부한 연구 주제가 아니다. 행복은 과학적으로 측정하고 연구할 수 있으며 행복 연구의 결과는 종종 우리의 예상을 뒤엎을 때가 있다.

행복 연구의 최근 성과 중 하나는 생물학적 관점에서 감정을 이해하게 되었다는 점이다. 몇 년 사이에 자기공명영상과 같은 첨단장비가 발명되어 감정에 관한 새로운 이해를 돕고 있다. 예를 들어 연구원들은 뇌파도EEG, electroencephalogram를 통해 전두엽의 특정 부위가 과잉 행동이나 긍정적 감정에 연관되어 있음을 밝혀냈다.[17] 즉 탐구하고 발견하고 감정을 느끼는 등의 기능이 뇌의 어느 부위와 관련되었는지 추적할 수 있게 된 것이다. 비록 이 분야는 개척 단계에 있지만 앞으로 생물학에 바탕을 둔 개입방법이 속속 등장할 것이며 '자연과학'이 행복 연구에 접목될 날도 머지않았다. 뇌와 관련한 행복 연구로 가장 널리 알려진 것은 위스콘신대학교의 신경과학자 리처드 데이비드슨Richard Davidson의 연구다. 그는 1960년대 대표적인 힌두교의 영적 지도자인 람 다스Ram Das의 친구이며 달라이 라마Dalai Lama의 강연에도 몇 차례 객원 강사로 초빙된 바 있는데, 오랫동안 명상과 정신

통제의 상관성을 연구하고 있었다. 데이비드슨은 이 주제를 연구하기 위해 수년간 침묵 속에서 위파사나 명상(석가모니의 명상법 중 하나 – 옮긴이 주)을 수행하던 불교 승려 마티유 리카르Matthieu Ricard의 뇌 활성화를 측정했다.[18] 데이비드슨은 리카르에게 '신호를 보내면 측은한 기분을 의지적으로 내보라'고 주문했다. 이 측은감은 꽉 막힌 도로에 갇히거나, 길게 늘어선 줄에서 하염없이 차례를 기다려야 할 때, 혹은 서비스 직원의 불친절에 마음이 상할 때 우리도 갖기 위해 노력하는 마음이다. 단층촬영기로 비교해본 결과 측은한 기분을 갖기 위해 애썼던 일반인들은 모니터에 작은 광점이 나타난 반면, 리카르의 모니터에선 격렬하게 꺾어지는 그래프선이 촘촘하게 그려졌다.

이는 명상의 잠재적 힘을 분명하게 보여줄 뿐 아니라 행복 연구에 신경학이 접목될 수 있다는 가능성을 열어주었다. 실험 비용이 저렴해지고 장비의 사용이 보편화될수록 행복에 관한 생물학적 연구는 코칭에 보다 획기적인 방향으로 영향을 미칠 것이다. 업무에 관련한 뇌의 특정 부위를 활성화하기 위해 섬광 자극을 주는 컴퓨터 제어장치가 고안된다고 상상해보라. 또는 스트레스 수위를 표시해주고 휴식을 취하기에 가장 적절한 시점을 알려주는 양복도 등장할 수 있다. 생물학적인 측정 기술과 장치는 이제 공상소설에나 나올 법한 장면이 아니다. 생물학과 행복 연구의 만남은 먼 훗날의 얘기가 아닌 것이다.

행복이 무엇이고 어떤 사람이 대체로 행복하며 또 어떻게 행복을 얻을 수 있는지가 밝혀지고 있지만 정작 행복한 사람은 많지 않은 것 같다. 언론 보도에 의하면 정신치료를 받거나 항우울제에 의지하는 사람이 기하급수적으로 늘고 있다. 날이 갈수록 학내 폭력은 심각해지고 선진국의 이혼율은 급증하고 있으며 약물남용과 도시 범죄, 에이즈, 폭력, 노숙자 등이 현대 사회의 자화상을 얼룩지게 한다. 유례없는 물질적 풍요를 누리고 있지만 인간의 참된 만족은 까마득하게만 보인다. 이처럼 암울한 사회상을 직면하면서 우리는 무엇이 잘못되고 있으며 복잡하고 분주해진 세상에서 누가 어떻게 행복을 누릴 수 있는지 살펴야 한다. 주관적 행복감SWB, subjective well-being에 관한 심리학 연구는 이런 질문에 중요한 단서를 제공해준다. 수십년간 주관적 행복감을 연구한 이론가들은 행복의 다양한 측면을 알아내기 위해 세계 각국의 사람들을 대상으로 체계적이고 과학적인 방법을 동원했다. 그결과 우리는 어떤 사람이 행복할 수 있고 어떻게 행복을 얻을 수 있었는지에 관해 많은 것을 알게 되었다.

'행복' 이라는 단어에 주목하라

행복을 과학적으로 규명하기에 앞서 우리는 여러 의혹을 불러일으킬 수 있는 단어 자체에 주목해야한다. 행복은 다양한 해석이 나올 수 있는 이니셜과 같다. 대개 행복은 기쁨이나 활력, 만족, 순박함을 의미하지만 어떤 사람에게는 내적인 평안으로, 어떤 사람에게는 벅찬 흥분으로 해석된다. 행복을 잔잔한 만족감으로 보는 사람이 있는가 하면 역동적이고 열정적인 기운으로 보는 사람도 있다. 행복을 어떤 식으로 떠올리든 간에 분명한 사실은 긍정적인 감정이 부정적 감정보다 훨씬 다양하고도 조화로운 개념으로 여겨진다는 점이다.[19] 두려움이나 분노 같은 불쾌한 감정은 주변 상황에 대한 중요한 정보를 알려주거나 구체적인 행동 방향을 지시하는 등 분명한 목적을 갖지만 그에 반해 유쾌한 감정은 뚜렷한 목적 없이 발산된다. 만족이나 기쁨, 활기찬 기운, 충만함 등이 행복과 관련된 감정이라 할 수 있다.

행복은 어디까지나 주관적인 경험이므로 사람마다 행복의 개념을 달리 이해하고 느끼는 것은 당연하다. 하지만 문화적, 개인적으로 저마다 다른 가치관과 규범체계를 갖고 있다고 해도 우리는 모두 동일한 심리적 기제를 가지며 따라서 동일한 정서적 토대 위에 있다. 폴 에크만Paul Ekman 연구팀은 세계 벽지를 돌며 수많은 자료를 수집한 결과 사람들이 보편적인 행복의 개념과 경험을 공유하고 있음을 발견했다.[20] 행복을 느끼는 이유나 방식은 다양하지만 대체로 행복이 유쾌하고 일시적이며 동기를 부여해준다는 점에서 일치했다.

주관적 행복감을 연구한 사람들은 일찍이 행복을 어떻게 정의해야 하는지에 관심을 기울였고 행복에 관한 다양한 해석에 기초하여 행복감의 이론을 전개했다. 주관적 행복감에 관한 세계 최고의 이론가로 알려진 에드 디너는 행복이 '정서적 요소'와 '인지적 요소'로 이루어진다고 말했다. 정서적 요소는 느낌에 관한 것이고 인지적 요소는 만족에 대한 것이다.[21] 우리는 결혼이나 직장, 출근길 등 전반적인 삶의 영역에서 만족도를 평가하며 기쁨이나 애정을 느끼게 되는데 여기서 인지적 평가와 유쾌한 감정을 합한 것이 곧 행복이다. 주관적 행복감

이론은 이처럼 행복의 개념을 광범위하게 규정하기 때문에 행복 연구에서 중요한 비중을 차지하게 되었다. 또 기분 좋은 감정이나 성취감 뿐 아니라 적당히 불쾌한 감정까지도 행복의 범주에 포함할 수 있게 되었다. 덧붙여 행복이 극도로 고조되고 강렬한 감정이라기보다 잔잔한 만족감일 때가 많다고 주장했다.[22] 이런 점에서 주관적 만족감은 개인마다 다양하게 갖고 있는 행복의 개념을 모두 포괄한다고 볼 수 있다.

우리는 여기서 두려움이나 분노, 슬픔과 같은 불쾌한 감정에 대해서도 생각해보아야 한다. 대부분의 사람들은 불쾌한 감정을 소홀하게 취급하고, 심지어 부정적인 감정을 제거해야 행복할 수 있다고 생각하지만 이는 사실이 아니다. 주관적 행복감 이론가들은 불쾌한 감정이 어느 정도 유익한 작용을 하며 때로 삶을 이끌어주는 매우 중요한 요소라고 밝혔다. 가령 사랑하는 사람이 떠났는데도 슬프지 않거나 불의를 보고도 화가 치밀지 않거나 위험한 상황에도 두려움을 느끼지 못한다고 생각해보라. 사람들은 될 수 있는 한 두려움과 분노와 슬픔을 피하고 유쾌한 감정을 느끼려고 한다. 하지만 부정적인 감정을 허락하고 그 가치를 인정할 수 있다면, 기쁨 외의 다른 감정을 차단해야 완벽한 행복에 도달할 수 있다는 잘못된 생각에서 벗어날 수 있다.

⊣ Coaching Point ⊢

행복이란 부드럽고 긍정직인 감정을 사주 경험하는 것이다. 또 불쾌감의 영역을 최소화하고 삶을 전반적으로 만족스러워하는 것이다.

주관적 행복감에 관한 연구

주관적 행복감 이론에 따르면 행복한 사람이란 대체로 자신의 삶에 만족하고 유쾌한 감정을 가지며 때에 따라 죄책감이나 슬픔, 화, 두려움도 느낄 수 있는 사람이다. 이들은 일을 즐기고 깊은 우정과 낭만적인 사랑을 느끼며 신체적으로도 건강하다. 물론 행복한 사람도 의기소침해지고 일상적인 삶에 좌절과 불안을 느끼며 불만을 터뜨릴 때도 있지만 그 정도가 미미하다. 게다가 행복한 사람은 격렬한 흥분보다 잔잔하고 유쾌한 기분에 머무는 경우가 많다. 행복을 이렇게 정의한다면 우리는 한 가지 놀랄만한 사실을 발견할 수 있을 것이다. 바로 행복한 사람에 관한 묘사가 곧 우리의 모습과 일치한다는 점이다! 물론 사람에 따라 일에 대한 만족도나 관계를 맺어가는 능숙함의 정도가 다르지만 우리는 대체로 부정적인 감정보다 긍정적인 감정에 익숙하고 삶의 대부분 영역에서 만족을 느낀다.

주관적 행복감에 관한 이론은 우리에게 행복을 바라보는 흥미로운 관점 세 가지를 제공한다. 이 관점들은 행복을 이해하기 위한 기본 토대가 되는데 과정과 삶의 조건, 개인의 선택이 바로 그것이다. 과정은 사고방식과 마찬가지로 행복에 영향을 미치는 자연스러운 심리적 기제다. 삶의 조건이란 연봉이나 지리적 위치처럼 우리가 통제할 수 없는 영역을 말하며 오랫동안 이론가들의 주된 연구 대상이었다. 이에 반해 개인의 선택은 목표를 정하고 정서적 반응을 보이고 관심을 집중하는 등 우리의 의지가 개입되는 영역으로, 이 역시 행복에 지대한 영향을 미친다. 행복의 세 가지 토대 중에서 개인의 선택은 코칭과 가장 밀접한 관계가 있으므로 다음 두 장에서 자세히 다룰 것이다.

행복의 과정

개인의 선택과 삶의 조건이 행복을 구성하는 자잘한 세간이라면 심리적 과정은 그 세간을 갖춰놓은 집, 즉 건축물이다. 어떤 코치들은 진화와 인지적 반응 양상, 유전적 요인을 포괄하는 과정을 가리켜 사람이 통제할 수 없는 불변의 특성이라고 말한다. 그들의 말대로 우리가 느끼는 방식이 대부분 생물학적 요인에 따라 결정된다면 이에 대해 논하는 것은 별 의미가 없다. 실제로 많은 코치들이 개인의 선택과 삶의 목적, 행복에 대한 의지에 초점을 맞춘다. 하지만 흥미롭고도 중요한 교육적 단서를 얻을 수 있다는 점에서 우리는 심리적 과정을 살펴봐야 한다.

의외라고 생각할지 모르지만 주관적 행복감에 관한 연구에 따르면 대부분의 사람들은 실제로 '행복한 상태'에 있다.[23] 이웃집 아주머니나 길 건너 식료품점 주인이나 플로리다에 사는 고모나 우리 자신이나 대개는 행복한 사람에 속한다. 표본 집단을 확장하고 연구 방법을 달리해도 결국 '거의 대부분의 사람들이 거의 언제나 잔잔한 행복을 느끼고 있다.'는 결론에 도달한다. 어떤 사람은 이러한 결과가 못내 의심스러울 것이다. 생활고에 시달리고 이혼의 위기에 처해 있고 직장에서 어려움을 겪는 사람이 주변에 부지기수인데, 게다가 우리 자신도 행복한 순간보다 불행한 경험을 떠올리기가 더 쉬운데 대부분의 사람이 행복하다는 결론에 어떻게 수긍할 수 있겠는가? 사회 부조리에 대한 분노와 개인의 좌절, 질병의 고통, 가난에 대한 정서적 반응을 어떻게 봐야 하는 것인가? 정신질환과 자살률의 급증은 또 어떻게 설명할 수 있을까? 물론 이러한 문제들이 심각한 수준으로 치닫고 있지만 연구 결과는 대다수의 사람이 행복하다고 분명히 말한다. 여기서 우리는 주관적 행복감 이론에서 규정한 행복의 개념을 환기할 필요가 있다. 행복은 모든 영역에서 지속적으로 느끼는 기쁨이나 만족, 맹목적인 긍정성, 번뇌에서 자유로운 열반의 경지를 말하는 게 아니다. 연구에 의하면 우리는 생각 이상으로 쉽게 원기를 회복하고 감정을 원상태로 돌릴 수 있는데, 이는 미개한 종족[24]에서 포브스에 실린 갑부[25]에 이르기까지 누구에게나 적용할 수 있는 진리다. 또 자기 보고나 설문조사, 기억측정법, 온라인통계 등으로 연구방법을 바꿔보아도 같은 결과가 도출된다. 서구식 사고나 특정 민족 고유의 가치관 등으로 행복의 개념을 새롭게 규정해도 마찬가지다.[26] 주변의 친구와 직장 동료, 가족을 각각 열 명씩 무작위로 떠올리고 그들 중 대체로 행복해보이는 사람이 몇 명인지 세어보라. 전반적으로 만족스럽고 긍정적인 삶을 사는 사람이 몇 명쯤 되는가? 그들의 긍정성과 부정성을 저울질하면 바늘이 어느 쪽으로 기우는가?

지금 우리는 대부분의 사람이 평탄한 삶을 산다거나 우리가 겪는 불행이 별 것 아니라고 말하는 게 아니다. 오히려 진화론적 관점에서 보자면 사람들은 잠재적인 이변과 위험에 더 관심을 두게 되어 있다. 그렇기 때문에 끔찍한 재난이나 과거의 실패, 불쾌한 경험을 먼저 떠올리기가 쉬운 것이다. '거의 모든 사람이 행복하다'는 연구 결과가 좀처럼 납득되지 않는다면 이는 삶에서 잔잔하게 벌어지는 행복과 기쁨을 간과하고 있다는 이야기다. 위의 결과는 우리가 생각 이상으로 큰 재생력을 갖고 있으며 그 능력으로 고난을 극복할 수 있음을 시사한다. 부당한 폭력이나 질병, 갈등을 겪을 때에도 대부분의 사람은 고통 너머에 있는 의미를 찾고 뜻 깊은 경험이나 관계를 추구할 수 있다.

그렇다면 우리는 '대부분의 사람이 행복하다'는 연구 결과를 어떤 식으로 적용할 수 있을까? 당신은 이 명제를 어떻게 받아들일 것이며 불안에 찬 클라이언트는 또 어떻게 반응할까? 에이브러햄 매슬로우는 절대적 행복이나 환희에 빠지는 '절정경험'을 연구하면서 사람들로부터 흥미로운 반응을 발견했다. 연구에 참여한 사람들은 대부분 절정경험, 특히 영적인 체험이 무엇이냐는 질문에 '낯설고 비현실적이고 이해할 수 없는 그 무엇'이라고 답했다. 하지만 잠시 뒤 매슬로우가 분위기를 바꿔, 영적이든 영적이지 않든 그들이 이미 경험한 바 있는 절정상황을 떠올리게 하고 같은 질문을 던지자[27] 이번에는 사람들이 그것을 구체적으로 묘사할 어휘나 화법을 생각해내려 애썼다. 이처럼 행복한 순간들을 여러번 상기시키는 것은 대단히 큰 교육적 효과가 있다. 과거에서 현재에 이르기까지 다양한 성공의 경험을 떠올리는 것은 행복에 대한 고정관념과 기대치를 변화시키고 결국 성장과 각성으로 이어진다. 누구나 한번쯤은 기술을 익히고 위기를 극복하고 타인을 돕고 목표를 완수하고 나은 미래를 꿈꾸고 무언가에 열중하거나 사랑을 주고받은 적이 있을 것이다. 또 성취감에 젖거나 자연과 예술작품에 압도되거나 어린 시절의 추억을 떠올리거나 친구와 신나게 웃거나 상을 받거나 새로운 아이디어를 떠올리는 등의 경험을 해봤을 것이다. 사람에 따라 경험을 기억하고 소중히 여기는 정도가 다를 뿐이다. 이처럼 우리는 행복할 수 있는 기회가 수없이 주어지는데도 그것을 행복으로 느끼지 못할 때가 많다.

가정과 사회와 기관 등이 원활하게 운영되는 건 행복한 사람들이 제 기능을 잘해준 덕분이다. 행복한 사람은 대체로 건강하고 열정적이며 의욕이 넘친다. 기분이 좋아야 누군가를 사랑할 수 있고 힘든 업무를 견디고 유머와 창의성을 발휘할 수 있는 법이다. 이 세상이 우울한 사람들로 가득하다면 지금처럼 돌아가기는 어렵다. 우울은 사람들의 열정을 앗아가고 비관적인 세계관을 심어준다.

왜 그런 것일까? 여러 연구에 따르면 인류는 잔잔한 행복을 자주 느끼도록 진화되었다고 한다. 통제할 수 없는 불확실한 자연환경은 인류에게 큰 위협이었지만 인간은 끊임없이 탐험하고 사냥하고 낙관성이 요구되는 여러 활동에 참여했다. 이에 대한 증거는 시카고대학교의 존 카시오포John Cacioppo 교수의 실험에서 얻을 수 있다.[28] 카시오포는 자극에 대한 사람들의 감정적 반응을 관찰하기 위해 웃거나 찌푸리는 얼굴 근육을 포착하는 측정도구를 개발했다. 그는 아이스크림과 흔들의자들, 병원에서 겁에 질린 아이들의 사진을 피험자들에게 보여준 뒤 그들의 근육 움직임을 측정했다. 측정 결과 사람들은 중립적인 사진을 볼 때 긍정적인 기분에서와 같은 반응을 보였다. 이러한 현상을 가리켜 '긍정성으로의 기울어지는 성향'이라고 하는데 이는 중립적인 상황을 긍정적으로 해석하려고 하는 성향을 의미한다. 즉 사람들은 곰이나 강도, 밀매, 절벽과 같은 위험요소가 감지되지 않는다면 적극적으로 접근하고 탐구하려는 성향을 보인다. 이러한 긍정성으로의 편향 때문에 우리는 새로운 식당을 찾고 낯선 외국에서 휴가를 즐기고 새로운 사람과 만나고 새로운 취미를 붙이거나 직장에서 창의성을 발휘할 수 있는 것이다.

| **Coaching Point** |

행복은 일정한 기능을 한다. 개인과 가정, 조직, 사회가 번성하려면 행복한 사람들의 역할이 필요하다. 행복한 사람들은 탐구적이고 도전적이며 새로운 관계를 추구한다.

'긍정성으로 기울어지는 성향' 덕분에 인류가 발전했다고 본다면 우리는 행복의 기능이 어떤 식으로 진화되었는지 살펴볼 수 있다. 사실 인류의 진화에 감정이 기여했다는 생각은 예전부터 있어 왔다. 1872년 다윈은 울음과 사랑, 기쁨, 두려움 등의 정서와 그에 비롯된 행동을 관찰하여 《동물과 인간의 감정 표현에 대하여 *The Expression of the Emotions in Man and Animal*》를 출간한 바 있다.[29] 다윈의 이론은 대중에게 널리 받아들여졌고 오랫동안 우리의 의식에 깊은 영향을 주었다. 우리는 초등학교 시절부터 두려움과 '회피-공격-놀람 반응'을

배우며 자란다. 초등교육을 받지 않았더라도 우리는 위험에 처할 때 본능적으로 두려움을 느낀다. 그리고 이러한 두려움은 '싸울 것이냐, 도망갈 것이냐, 꼼짝하지 않을 것이냐'의 세 가지 반응 중 하나를 선택하게 한다. 즉 행동하기에 앞서 우리는 두려움 때문에 여러 가지 선택의 가능성을 줄여버리는 것이다. 숙소 근처에 곰 한 마리가 어슬렁거리며 나타났다고 할 때(실제로 필자에게 일어난 일이다!) 여러 생각을 하지 않고 재빨리 소리를 지르거나 도망가거나 몸을 웅크린 채 숨는 것이 현명한 행동이다. 다급한 상황에서 20~30가지 가능성을 저울질해야 한다고 생각해보라. 수십년 동안 다윈의 이론, 특히 분노와 두려움에 관한 이론은 크게 인정받아왔다. 하지만 행복의 기능도 이처럼 진화했다고 생각하는 사람은 거의 없었다.

행복을 비롯한 긍정적 감정들은 궁극적인 목표일 뿐만 아니라 또다른 목표를 향한 자원이기도 하다. 긍정심리학의 초창기 이론가인 바브 프레드릭슨Barb Frederickson은 긍정적 감정들이 진화한다고 주장했다.[30] 그에 의하면 긍정적 감정은 부정적 감정과 정반대의 기제로 작용하는데 두려움이나 분노, 슬픔, 걱정이 행동에 대한 선택 범위를 제한한다면 긍정적 감정은 이와 반대로 선택의 범위를 확장한다. 프레드릭슨은 '확장과 구축 이론'을 통해 사랑과 기쁨, 자부심, 열정이 개인과 사회의 자원을 확장시킨다고 말했다.[31] 긍정적인 사람은 타인에게 관심을 기울이고 창의적이며 학습하는데 적극적이다. 긍정적인 기분이 무엇인지는 중요하지 않다. 자부심이든, 열정이든, 기쁨, 애정, 행복이든 긍정적인 감정은 모두 사람을 즐겁게 하고 탐구심과 의욕을 높여주며 대인관계를 돈독하게 한다.

바로 이것이 긍정심리학 코칭을 위해 우리가 강조하고 싶은 점이다. 사람들은 행복 그 자체를 궁극적인 목적이라고 인식하기 때문에 행복에서 비롯되는 기쁨에만 관심을 둘 뿐, 일상에서 잔잔하게 흐르는 긍정적인 감정의 혜택은 간과해버린다. 프레드릭슨 연구팀은 행복한 사람이 그렇지 않은 사람보다 창의적이고 사교적이고 열정적이며 헌신적이라는 사실을 밝혔다.[32] 또한 긍정적인 감정이 사회, 심리, 육체적인 측면에서 매우 유익하다는 점에 착안하여 인도의 한 의사는 '웃음클럽'을 만들었고 이것이 전세계로 확산되기도 했다. 웃음이 질병도 치료한다는 신념을 바탕으로 네 사람씩 한 조를 이뤄 아침마다 여러 가지 웃기 동작을 취하는 것인데 사이사이 심호흡과 목, 어깨 등의 관절 스트레칭과 요가도 곁들인다. 이 클럽에 참가한 사람들은 하루종일 열정과 에너지와 창의력을 높은 상태로 유지할 수 있었다고 한다. 행복은 또다른 목적을 위한 자원이며 동시에 코칭에 활용할 수 있는 유용한 도구다. 숙련된 코치는 클라이언트와 브레인스토밍을 하는 동안 유머를 곁들여 분위기를 즐겁게 만들면서 클라이언트가 창의성을 발휘하도록 유도한다.

행복은 그 자체가 종착지라기보다 하나의 과정이라고 봐야 한다. 중요한 목적을 이룬 사람은 그 성과에 머물지 않고 다음 단계로 도약하려고 한다. 소기의 목적을 달성하면 새로운 기준이 생기기 때문이다. 성취에 뒤따르는 만족감은 인지적이고 심리적인 보상이며 이 보상은 또다른 목표를 추진하기 위한 원동력이 된다. 마찬가지로 행복은 채워도 또 채울 수 있는 마법의 항아리와 같다.

그렇다면 행복의 적정 수준은 무엇일까? 우리는 우리가 느낄 수 있는 행복의 상한선, 긍정적 태도가 유지되는 시간의 한계가 있을 거라고 생각한다. 어떤 사람은 목적을 이루고 충분히 만족했는데 또다른 목표를 이룬다면 새로운 만족이 들어올 심리적 공간이 있을지 궁금해한다. 연이은 성공으로 행복을 계속 느끼게 된다면 우리의 행복 수위는 상승세일 것이고, 이에 찬물을 끼얹는 상황이 발생하지 않는 이상 감정은 점점 고조되어 극에 달할 것이다. 그렇다면 행복은 공기가 주입될수록 계속 부풀어오르는 풍선 같은 것일까? 어느 순간 '펑' 하고 터져버리지 않을까?

다행스럽게도 우리에겐 과열 팽창으로 터져버리는 최악의 순간을 피할 수 있는 장치가 생태적으로 마련되어 있다. 운동 후 체온을 조절하려고 몸에서 땀이 나듯, 우리의 감정도 '기본 한계선'을 지키기 위해 적응기제를 작동한다. 사람에 따라 기본 한계선의 위치가 다르지만 대개는 중상 정도에 있다.[33] 행복감의 정도를 1에서 10으로 측정할 때 대다수의 사람들은 6~7, 혹은 8에 있는 것이다. 적응기제는 매우 흥미롭고 중요한 개념임에도 그동안 행복 연구에서 거의 언급되지 않았다. 성공과 실패를 오고가는 과정에서 우리의 감정은 한없이 고조되거나 곤두박질치곤 하지만 연구 결과에 따르면 '잔잔한 기쁨의 상태'로 신속히 회귀하는 경향이 있다고 한다.[34] 임금 인상, 승진, 결혼, 출산 등으로 우리는 극도의 흥분 상태에 휩싸이지만 몇 달 혹은 몇 주만 지나도 그 상황에 익숙해지고 당시의 일시적인 흥분을 가라

앉힐 수 있다. 미시건주립대학교의 리치 루카스Rich Lucas 심리학 교수는 개인별 편차가 있지만 모든 사람은 이혼이나[35] 실직[36] 같은 끔찍한 변화에 충분히 적응할 수 있다고 말한다. 물론 적응하는 데는 시간이 필요하며 어떤 상황은 다른 것보다 적응하기가 어려울 수 있다. 분명한 건 우리가 어려운 상황에서 본래대로 회복할 수 있는 능력을 가지고 있다는 사실이다.

어떤 코치는 적응기제에 대한 연구 결과를 부정적으로 본다. 얼핏 보기에 적응기제 이론은 감정의 한계를 인정하면서 그 너머에 희망의 여지가 조금도 없다고 말하는 듯하다. 심지어 코칭 효과에 대한 의혹을 불러일으키기도 한다. 가령 '이전의 감정 상태로 돌아가는 게 목적이라면 사람의 발전과 성장을 연구하는 게 무슨 소용이 있는가?' 하고 묻는 사람이 생길 수 있다는 것이다. 하지만 적응기제는 다음 몇 가지 이유로 행복 연구에 매우 중요하다. 첫째, 적응기제는 감정이 제 기능을 다할 수 있게 한다. 감정이란 상황이 어떻게 돌아가는지를 일러주는 신호와 같다. 예를 들어 누군가 일에 열중하고 있다면 이것은 일이 아주 즐겁거나 어렵다는 것을 의미한다. 또 연인과의 관계가 불편하게 느껴진다면 의사소통 방식에 문제가 있거나 암암리에 주도권 다툼이 일어났다는 걸 말한다. 적응기제는 성공과 실패를 예측하기 위한 감정의 계량기가 우리 안에 있음을 의미한다. 예를 들어서 작년에 아주 멋진 휴가를 보냈지만 우리는 당시의 흥분을 희미하게 기억할 뿐 올해의 휴가를 또다시 만끽할 준비를 한다. 이때 적응기제가 우리에게 슬며시 일러주는 것은 마음껏 만족했다고 해도 전혀 문제될

게 없다는 사실이다. 즉 만족감이 극에 달했다고 해서 의욕과 동기가 사그라지지 않는 것은 만족감이 들어올 자리가 계속 생기기 때문이다. 직장에서 이룬 성과는 가슴 벅찬 만족을 안겨주지만 새 프로젝트를 맡을 즈음엔 그 감정이 사라지는 게 일반적이다. 그러므로 적응기제를 통해 우리가 알 수 있는 것은 충분히 성취감과 만족을 얻었으면서도 얼마 안 있어 또다른 만족을 추구하게 된다는 사실이다.

적응기제가 중요한 두번째 이유는 적응기제를 이해함으로써 만족에 대한 현실적인 기대치를 설정할 수 있다는 점이다. 즉 고조된 기쁨이나 만족을 오랫동안 유지할 수 없다는 걸 깨닫게 된다. 절정경험만 추구하고 기대하는 사람은 실망할 수밖에 없다. 유년시절의 장밋빛 행복을 붙들고 있거나 승리의 기쁨에 언제까지고 취하기를 바라거나 행복에 대한 극단적인 고정관념에 사로잡힌 사람은 결국 고통스러운 좌절의 늪으로 빠져들게 된다. 행복과 만족이 영속적이고 강렬하기보다 빈번하게 찾아오는 잔잔한 감정이라는 점을 이해한다면 우리는 할리우드식의 완벽한 행복의 신기루를 쫓지 않게 되고 일상의 작은 행복들에 감사할 수 있다. 코치는 행복의 적정수준을 일러줌으로써 클라이언트를 안심시키고, 행복수치가 10중에 8정도면 거의 완벽에 가깝다는 점을 이해시킬 수 있다. 또 감정의 족쇄에서 풀려나 자신이 생각하는 대로 살아가며 또다른 목표를 향해 마음껏 나아가도록 이끌 수 있다.

마지막으로 적응기제는 우리에게 희망의 메시지가 된다는 점에서 중요하다. 인간은 강하기 때문에 온갖 장애와 시련을 극복할 수 있다.

어떤 사람은 어렵사리 감정의 정점에 도달했다가 내리막길로 접어들어야 한다는 점에서 적응기제를 탐탁찮게 여기지만 자동적으로 작동하는 적응기제는 결국 우리를 불행의 법칙에서 보호하기 위한 것이다. 행복의 정점에서 우리를 끌어내리는 것처럼 실패와 좌절감의 늪에서 우리를 끌어올려주기 때문이다. 실직이나 이혼, 실적, 승진 등은 순간적으로 우리의 감정을 고양시키거나 풀이 죽게 하지만 주관적 행복감에 대한 연구[37]에 따르면 사람들은 놀랄 만큼 능숙하게 감정을 원상태로 되돌린다. 곤란한 상황에 처하더라도 내면의 적응기제를 충분히 이해하고 신뢰한다면 우리는 어떤 위험이라도 감수하고 불확실성에 맞설 수 있으며 제 기능을 발휘하는 데 필요한 낙관성을 되찾을 수 있다. 이혼이나 질병에 시달리는 등 어려움을 겪는 주변 사람들을 살펴보라. 누구라도 이런 고통을 피하고 싶겠지만 일단 맞닥뜨리게 되면 대다수 사람들은 시간이 지남에 따라 적응하게 되고 인생의 새 의미를 발견할 수 있다. 적응기제가 얼마만큼 광범위하게 작동하는지 연구함으로써 우리는 삶의 의미를 재생하는 능력이 우리 안에 내재되어 있음을 확인하게 되었다. 우리는 분명히 그렇게 만들어졌다.

┤ Coaching Point ├

사람은 유쾌하거나 불쾌한 어떤 사건을 겪더라도 본래의 긍정적인 마음으로 돌아갈 수 있다. 다시 말해 우리는 고조된 행복감이 시종일관 지속될 것이라고 기대하지 않고, 시련을 겪더라도 그 고통이 언젠가는 진정될 것이라고 기대한다.

행복의 과정에서 흥미로운 또다른 점은 '행복의 시간범위' 개념이다. 대니얼 카너먼Daniel Kahneman이 '객관적 행복' 이론에서 말한 대로 대부분의 사람은 '행복을 순간적으로 느낀다.'[38] 그들에게 행복은 '바로 지금 여기에서' 느껴지는 감정이다. 실제로 행복은 지금 우리의 삶이 잘 운영되고 있는지를 알려주는 계량기와 같지만, 반면 만족은 기분 좋은 상태가 지속될 때 사람들이 일반적으로 떠올리는 감정으로 현재의 범위를 넘어서는 것이다. 주관적 행복감을 연구하다 보면 이러한 두 개념이 독특한 방식으로 얽혀 있음을 알 수 있다. 얼마나 진실하게 기억하느냐보다 얼마나 행복하게 기억하느냐가 우리의 선택을 결정한다. 노던 애리조나대학교의 심리학 교수인 데릭 워츠Derrick Wirtz[39] 팀은 이와 관련하여 흥미로운 연구를 실시했다. 봄방학을 앞둔 대학생들에게 얼마나 즐거운 휴일이 될 것인지 예측하라고 한 뒤, 각자 봄방학 동안 기분 변화를 이메일로 전송해달라고 부탁했다. 방학이 끝나 학생들이 학교로 돌아온 지 2주가 되던 날, 데릭 교수는 봄방학 동안의 기분을 떠올려보고 그러한 여행을 또 하고 싶은지 물었다. 상식적으로 생각하자면 유쾌한 여행을 다녀왔던 학생은 또다시 그곳을 방문하고 싶을 것이고 여행이 만족스럽지 않았던 학생은 가고 싶지 않을 것이다. 하지만 놀랍게도 여행에 대한 학생들의 기대는, 봄방학 동안에 실제로 겪으며 이메일에 기술했던 감정보다 봄방학을 어떻게 기억하고 있는지에 영향을 받았다. 우리는 실제로 경험한 감정을 토대로 미래를 계획하지만, 그에 못지않게 경험한 것을 어떻게 기억하느냐 혹은 그것을 일전에 얼마만큼 기대했었느냐에 따

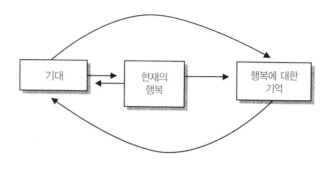

〈그림 2-1〉 행복의 시간범위

라 계획할 수도 있음을 명심해야한다.

　〈그림 2-1〉은 학계의 모호한 관심이나 개인의 독자적인 연구 성과에 머물러서는 안 된다. 기대나 회상의 개념은 코칭현장에서 매우 유용하게 사용될 수 있기 때문이다. 클라이언트 중에는 무언가를 선뜻 결정하지 못해서 어려움을 겪는 사람이 있다. 그들에게 미래의 상황에서 어떤 기분을 느끼게 될지 예상해보고 과거에 이와 유사한 상황에서 어떤 기분을 느꼈는지 회상해보라고 주문하면 코칭에 큰 도움이 될 것이다.

행복을 이루는 요소

행복을 감지하는 내면의 시계만큼이나 흥미롭고 중요한 코칭의 관심사는 어떻게 행복을 얻을지의 문제다. 클라이언트에게 기쁨과 성취감, 만족감을 선사할 수 있다면 우리는 개인적으로나 직업적으로 임무를 다한 셈이다. 행복은 신비롭고 숭고한 감정이기 때문에 많은 사람이 행복의 비결을 궁금해하는 것은 당연하다. '무엇으로 행복할 수 있을까?' 우리는 자기 계발서나 명상집, 잡지 기사, 종교서적, 고대 문헌 등을 통해 나름대로 진지한 해법을 찾을 수 있다. 어떤 사람은 물질적인 풍요를 강조하고, 어떤 사람은 자기 희생과 인류애를 말한다.

하지만 일리노이대학교의 에드 디너 박사는 단 하나의 행복 비결을 추구하기보다 '행복의 조리법'을 생각해보라고 권한다.[40] 디너는 행복을 요리에 비유해, 행복을 만드는 데는 모든 사람에게 공통적으로 필요한 주재료와 각 사람의 입맛에 따라 첨가되는 양념들이 있다고 한다. 반드시 들어가야 할 주재료에는 외향성이나 낙천성과 같은 유전적 기질이 있다. 한편 개인의 특수한 상황이나 취향에 따라 첨가되는 양념으로는 자녀 돌보기를 좋아하는 전업주부와 직업적 경력을 중요하게 생각하는 직장 여성을 예로 들 수 있다. 이처럼 행복은 보편적이고 필수적인 요소와 개인의 취향에 따라 부수적으로 첨가되는 요소 등 다양한 변수에 의해 형성된다.

그렇다면 행복이라는 맛있는 요리를 만들기 위해 반드시 들어가야 할 재료는 무엇일까? 답을 얻으려면 우선 주변을 돌아보면서 우리에게 기쁨을 주는 게 무엇인지 생각해야한다. 오래전부터 행복 이론가는 물론 일반 사람들은 행복에 영향을 미치는 요인으로서 개인의 환경을 주목했다. 가난이나 부유함이 행복에 어떤 영향을 미칠까? 교육

수준이 높을수록, 나이가 많을수록 행복을 더 느끼게 될까? 이러한 질문 저변에는 환경을 바꾸기만 하면 행복해질 수 있을 거라는 믿음이 깔려 있다.

많은 사람들은 연봉이 높아지거나 도심지로 이사하거나 새 학교로 전학을 간다면 만사가 해결되고 오랫동안 행복을 느낄수 있다고 생각한다. 하지만 우리는 결코 그렇지 않다는 걸 안다. 월수입이 얼마든, 어느 동네에 살든 그것과 관계없이 모든 사람은 성공과 실패를 겪고 생활환경은 행복이라는 큰 그림의 극히 일부분을 차지할 뿐이다. 여러 통계에 의하면 소득수준과 종교, 기질이 모두 주관적 행복감에 영향을 미치는 것으로 나타났다.[41]

우선 유전적 기질을 살펴보자. 우울증과 같은 정신질환이 대물림되듯 타고난 기질도 행복과 밀접한 관계가 있다고 볼 수 있다. 주관적 행복감에 관한 초기 연구를 보면 외향적인 사람일수록 행복을 더 느끼고 걱정이 많은 사람일수록 행복을 덜 느끼는 것으로 나타났다. 하지만 외향적이거나 염려가 많은 성격이 타고난 것인지 어떻게 알 수 있을까? 미네소타대학교의 심리학자인 데이비드 리켄David Lykken은 함께 양육되었거나 혹은 다른 가정에서 자란 수백 쌍의 일란성, 이란성 쌍둥이를 대상으로 행복에 관한 자료를 수집했다.[42] 그들의 행복지수를 서로 비교한 결과 일란성 쌍둥이, 이란성 쌍둥이, 부부 순으로 행복지수의 상관도가 높게 나타났다. 이와 같은 연구를 통해 생물학적 요소가 행복에 지대한 영향을 미친다는 사실이 밝혀졌지만(행복 여부를 결정짓는 변수의 절반 이상을 설명하면서) 그렇다고 유전적 요인이 절대적인 결정인자라고 말할 수는 없다. 개인의 행복은 의지적인 행동, 심리적 혹은 사회적 환경, 삶의 의미를 발견하는 방식과 더 긴밀하게 연관되어 있다.

⊣ Coaching Point ⊢

유전적 요소도 행복에 어느 정도 영향을 미치지만, 삶의 의미를 발견하고 대인관계를 맺어가는 방식이 우리의 주관적 행복감에 더 큰 영향을 미친다.

결국 행복이란 맹목적인 감정이나 일시적인 유쾌함 이상의 의미를 갖는다. 행복은 몸과 마음의 건강을 유지하고 사회인의 역할을 수행하는 데 매우 중요한 자원이자 목적이다. 충분히 계발하고 활용할 수 있다는 점에서 행복은 보다 심도 있게 연구되어야 한다. 대부분의 사람은 안타깝게도 행복과 같은 감정을 업무수행이나 성공의 원동력으로 생각하지 않고 그 중요성을 쉽게 잊어버린다. 코치는 클라이언트에게 그들이 납득하고 수용할 수 있는 언어로 감정의 개념을 소개해 주어야 하며 그들이 통제력을 발휘하고 행복을 증진시킬 수 있는 삶의 영역을 알려주어야 한다.

1. 행복 이론을 당신의 코칭에 적용해보라. 어려움에 처한 클라이언트가 '행복을 자원처럼 활용할 수 있도록' 돕는 방법은 무엇일까? 기업 경영인들에게 행복의 실제 효과를 어떻게 확신시킬 것인가? 중요한 결정이나 변화를 앞둔 클라이언트에게 적응기제 이론을 어떻게 소개할 것인가?

2. 행복과 관련한 평가도구를 코칭 현장에서 어떻게 활용할지 생각해보라. 기꺼이 사용할 마음이 있는가? 행복지수를 측정하는 설문지를 코칭 중에 실시할 것인가, 아니면 클라이언트에게 과제로 부과할 것인가?

3. 클라이언트와 어떤 방식으로 행복에 대해 이야기할 것인지 생각해보라. 기업 경영인이나 직원에게는 행복을 어떤 어휘로 대체할 것인가? 업무나 대인관계의 문제에 초점을 맞추려는 클라이언트에게 행복의 개념을 어떤 식으로 언급할 것인가? 과연 행복은 업무나 대인관계와 관련이 있는 것일까? 클라이언트가 기대하는 행복의 효과를 구체적으로 적어보라.

행복 선택하기:
목표와 관계 그리고 긍정적 사고방식

성격과 감정, 성향 등이 개개인의 독특한 유전형질에서 비롯되었다는 애기를 들으면 우리는 대개 언짢은 기분을 느낀다. 하지만 삶의 의미와 개인의 통제력, 미래에 대한 소망을 떠올리는 순간 우리는 우리 자신이 유전인자에 따라 기계처럼 운명지어진 존재라는 생각에서 벗어날 수 있다. 완벽한 유전인자에 대한 상상은 올더스 헉슬리Aldous Huxley의 《멋진 신세계 *Brave New World*》와 같은 유토피아에 관한 공상소설을 만들어내기도 한다. 비록 신경학과 영상기술의 발달로 인간의 생물학적 장치가 자세히 알려지게 되었지만 사실 우리는 유전인자의 공헌을 인정하기보다 우리 자신의 성취를 내세우고 싶을 것이다. 운명을 예견한다는 건 여러모로 삶의 즐거움을 앗아가는데, 이는 통제할 수 없는 어떠한 틀 속에 우리의 재능과 성공 가능성, 꿈을 가둬버리기 때문이다. 대부분의 사람들은 앞으로 일어날 일을 굳이 알고 싶어하지는 않지만, 우리의 유전인자 정보는 놀라우리만치 정확한 예지력을 가진 듯하다. 일란성 쌍둥이에서 침팬지에 이르기까지 광범위한 연구를 통해서 우리는 외향성이나 신앙, 사냥, 구애, 슬픔 등 인간의 다양한 특징이 유전적 요인과 분명하게 연관되었음을 알게 되었다.

하지만 생물학적 결정론을 걱정스럽게 바라볼 필요는 없다. 오히려 유전자의 배열구조를 파악함으로써 변화를 시도하고 추진하는 능력이 계발될 수 있다는 점을 생각해보라. 코치는 내성적인 사람을 사교계의 꽃으로 만들려 하기보다 — 이는 유전학적으로 볼 때 무리한 시도일 수 있다 — 개인이 통제할 수 있는 성격과 심리에 초점을 맞추는 게 바람직하다. 성격과 유전인자의 상관관계를 연구하다보면 성격의 상당 부분이 생물학적 요인 이외의 것으로 이뤄진다는 사실을 알게 된다.[1] 특히 행복은 더욱 그러하다. 행복은 삶의 환경과 타고난 유전인자에 의해서 영향을 받기도 하지만 그에 못지않게 개인의 선택에 의해 좌우되기도 한다. 개인의 선택은 최근 들어 상담이나 자기 계발 분야에서 광범위하게 다뤄지는 주제다.

사실 통제력은 사회학자들, 특히 행복 이론가들에게 최근까지도 외면당해왔다. 초기에는 주로 개인의 통제력과 상관없는 성별이나 나이 같은 통계학적 변수가 인간의 정신건강에 미치는 영향력이 연구되었고[2], 긍정심리학자들이 행복을 위한 개입방법을 개발하기 위해 개인의 의지적 행위 및 선택에 관심을 기울이기 시작한 것은 불과 5년 전

일이다. 캘리포니아주립대학교의 행복 이론가인 소냐 류보머스키는 정신건강의 50퍼센트 정도가 유전적 요인에 좌우되며 10퍼센트는 경제력과 인종, 성별 같은 삶의 환경으로, 나머지 40퍼센트는 개인의 통제력에 달려있다고 주장했다.[3] 우리는 이러한 연구 결과를 토대로 긍정심리학적 개입방법과 코칭 기술을 개발할 수 있다. 행복을 증진시키기 위한 효과적이고 과학적인 개입방법들은 다음 장에서 자세히 살펴볼 것이다. 연구에서 밝혀졌듯이 행복에는 그것을 구성하는 주된 요소들이 있는데 개인이 통제할 수 있는 것으로는 목표[4]와 관계[5], 그리고 사고방식[6]을 들 수 있다. 올바른 목표를 선택하고 의미 있는 관계를 맺고 긍정적인 사고방식을 발전시키는 것은 만족스런 삶을 살아가는 데 매우 중요하다. 방향성을 잃은 목표와 불건전한 관계, 비관적이고 부정적인 자기 성찰은 우리의 정서를 해칠 수 있음을 기억하라. 거듭 말하지만 현명한 선택은 우리를 행복하게 하는데, 올바른 목표와 관계, 사고습관을 선택하는 것이 성공적인 삶을 위한 현명한 선택이라 할 수 있다.

삶을 변화시키고 생산성과 만족도를 높이기 위해 우리는 우선 통제할 수 있는 행복의 요소부터 발견해야한다. 이것은 코칭의 출발점이기도 하다. 예를 들어 설명하면 우리의 유전인자는 건물의 형태를 이루는 벽돌이나 시멘트에 해당한다. 그리고 목표, 관계, 사고방식은 우리가 원하는 대로 바꿀 수 있는 창문이나 발코니가 된다. 사소한 일에 집착하거나 건강을 지나치게 염려하고 대인관계에서 쉽게 위축되는 소극적인 사람일지라도 그에게는 분명 욕구와 관계와 사고습관을 다스릴 수 있는 힘이 있다. 사실 목표를 정하고 인간관계를 맺고 자신을 성찰하는 사고습관을 살펴보면 어느 정도 그 사람의 성공 여부를 짐작할 수 있다. 성공과 통제력과 행복의 역학구도는 너무도 중요하기 때문에 충분히 연구될 가치가 있다.

목표

어릴 적 장래의 꿈은 무엇이었는가? 어린 시절에 품었던 꿈을 생각해보면 목표가 갖는 위력이 얼마나 대단한지 실감할 수 있을 것이다. 무언가에 몰두하고 밤을 지새워 공부하고, 온갖 시련을 견뎌낼 수 있었던 것은 바로 미래에 대한 꿈이 있었기 때문이다. 직업이든, 돈과 인맥에 관한 것이든, 집단 혹은 개인적인 것이든, 목표는 우리의 삶을 움직이는 원동력이다. 수많은 긍정심리학자들은 목표가 행복과 직접적으로 연관된다는 사실을 밝혀냈다.[7]

어떠한 노선과 이론을 지향하든 그것과 상관없이 모든 코치는 목표야말로 가장 중요한 주제라는 걸 알고 있다. 비단 코치뿐 아니라 대부분의 사람은 누가 말해주지 않아도 목표의 중요성을 직관적으로 알고 있다. 목표는 삶을 체계화함으로써 개인의 실존적, 사회적, 개인적, 심리적 욕구를 채워주며 코칭의 방향을 정하고 성과를 확인할 수 있는 기준이 된다는 점에서 코치에게도 매우 중요한 개념이다. 그동안 개인의 목표는 코칭 현장에서 금과옥조로 활용되었다. 수많은 클라이언트가 목표를 삶의 원동력이라 믿고 목표지향적인 삶을 추구했듯이 코치들도 클라이언트에게 분명한 목적의식을 심어주고 장기목표를 현실화하기 위한 비전훈련을 실시하는 등 목표를 기반으로 코칭을 이끌어왔다. 코칭 분야가 목표라는 개념을 중심으로 발전해온 것은 분명한 사실이며 여기에는 그럴 만한 이유가 있다. 우선 목표는 중요하고 기능적이다. 목표는 우리에게 방향을 제시하고 동기를 부여하며 시간 관리나 활동, 결정을 위한 큰 틀을 마련해준다. 우리는 목표를 추구하면서 삶의 의미를 발견하고 목표를 이룸으로써 성취감을 얻는다. 또한 목표는 성공하기 위한 방법을 계획하고 성공 여부를 평가할 수 있는 척도로 사용되기도 한다.

2005년 말 런던에서 열린 코칭심리학회에서 시드니대학교 코칭 교육학부의 전임강사인 마이클 카바너Michael Cavanaugh는 "많은 코치가 지나치게 목표로만 코칭의 결론을 내려 한다."는 뜻밖의 경고성 발언을 했다.[8] 그의 문제제기는 많은 사람에게 당혹감과 의구심을 안겨주었다. 그가 말하려는 것은 무엇일까? 오랜 관행으로 여겨진 '목표중심 코칭'에 도전이라도 하겠다는 것일까? 아니면 우리가 그동안 간과했던 방법이나 효과를 새롭게 조명하려는 것일까? 결론부터 얘기하자면 카바너는 목표라는 개념이 너무도 중요하기 때문에 판에 찍혀 나오는 쿠키처럼 진부한 공식公式으로 전락해서는 안 된다고 말한 것이었다. 동시에 그는 목표를 구체화하고 목표에 의미를 부여하는 심리과정을 이해하는 것이야말로 코치의 임무라고 덧붙였다. 이번 장에는 목표가 왜 필요하고 어떻게 작용하는지 살펴볼 것이다.

대부분의 코치는 클라이언트의 목표 설정을 돕는 과정에서 SMART 라고 지칭되는 목표설정방법론을 응용한다. SMART는 구체성Specific, 측정가능성Measurable, 도달가능성Attainable, 현실성Realistic, 시간제한 성Timelined을 의미하는 약어다. 숙련된 코치라면 목표설정방법론이 목표를 이루고 평가하는 데 무척 유용하다는 걸 알기 때문에 클라이 언트에게 이를 활용하여 목표를 구체화하라고 적극 권할 것이다. 목 표를 구체화하면 목표를 이루어가는 진행 과정을 보다 정확히 점검할 수 있다. 가령 '훌륭한 세일즈맨이 되야겠다.'고 막연히 생각하는 사 람보다 '이번 달에 네 건의 계약을 성사시키겠다.'라고 결심한 사람 이 자신의 성취도를 잘 평가할 수 있는 것이다. 마찬가지로 구체적이 고 현실적인 목표는 기회를 최대한 활용할 수 있게 하며, 측정이 가능 하고 기한이 정해진 목표는 우리가 얼마만큼 목적지에 근접했는지 또 앞으로 얼마만큼의 힘을 낼 수 있을지 알려준다.

SMART가 유용한 방법인 것은 분명하지만 그저 방법에서 그칠 때 가 많다. 즉 무엇을 해야할지를 가르쳐줄 뿐 왜 그런 방식이어야 하는 지, 과연 이것이 클라이언트의 성장을 촉진하기 위한 최적의 방법인 지는 말해주지 않는다. 우리는 목표와 행복의 상관관계를 연구해야 목표의 복합적인 측면과 목표를 통해 코칭의 효과를 극대화하는 방법 을 알게 될 것이다. 목표는 우리의 삶을 가치 있게 하고, 성과를 평가 해주며 시간을 효율적으로 배분하거나 우선순위를 정해준다는 점에 서 매우 유용하다. 하지만 모든 목표가 다 기능적인 건 아니다. SMART에서 제시하듯 목표가 구체적이고 현실적이며 적정한 수준이어야 우리는 성취감을 느낄 수 있고 좌절을 피할 수 있다. 가령 정치가가 목표인 한 청년이 있다고 하자. 그는 처음부터 무리하게 상원의원에 도전하기보다 지방 선거에 출마함으로써 자신의 성공가능성과 행복감을 높일 수 있다. 어떤 코치는 클라이언트에게 목표의 한계와 범위를 정해주는 걸 탐탁찮게 생각하기도 한다. 하지만 어디까지나 코치는 클라이언트가 탁월성을 발휘하여 스스로 만들어놓은 한계를 넘어서도록 돕는 역할을 하는 것이다. 지나치게 낮은 목표, '할 수 있을 법한' 목표만 안전하게 추구한다면 클라이언트의 잠재력을 충분히 끌어낼 수 없다. 마찬가지로 목표를 지나치게 높게 잡으면 실패 가능성이 커지고 자존감과 자기 확신을 잃게 할 수 있다.

그렇다면 코치는 '적절한' 목표를 어떻게 정해주어야 할까? 추구할 만한 목표를 어떻게 말할 수 있을까? 이에 대해서 매우 타당성 있는 답을 제시한 심리학자들이 있다. 예를 들어 에드 디너와 프랭크 후지타Frank Fujita는 클라이언트의 고유한 자원을 살펴보라고 제안한다.[9] 그들은 대인관계 능력에서 건강, 화술, 가족 배경에 이르기까지 클라이언트의 자원을 연구하면서 개인의 목표와 관련된 자원이 그의 만족도를 예견하는 가장 강력한 지표가 된다는 사실을 발견했다. 가령 종신 재직권을 원하는 교수는 복권당첨이나 외국어 실력보다 탁월한 강연 능력, 가족의 지지가 더 필요하다는 것이다. 현실적이고 적절한 목표를 정하는 방법은 클라이언트의 자원을 열거해보고, 그 자원이 목표와 얼마나 상관성이 있는지 검토하는 것이다. 코치는 SMART를 비롯해 목표에 관한 긍정심리학의 이론들을 충분히 참고할 필요가 있다.

클라이언트의 자원을 살피고 그것이 목표와 얼마나 관련되는지 검토함으로써 우리는 좀더 현실적인 목표를 정할 수 있다.

모든 사람은 크든 작든, 집단적이든 개인적이든, 장기적이든 단기적이든 제각기 목표들을 가지고 있고 그 목표들이란 대개 거기서 거기다. 직장에서 승진하고 여가활동을 즐기고 의미 있는 인간관계를 맺고 혹은 제시간에 출퇴근하고 세탁소에 맡긴 옷가지를 찾아오고 아이와 공원에 놀러가는 것 모두가 중요한 목표가 된다. 내용면에서만 볼 때 사람들이 목표설정에서 가장 중요하게 생각하는 것이 '여가'의 개념이다. 이는 SMART에 포함된 개념이기도 하다. 하지만 연구에 의하면 목표에는 이외에도 복합적이 요소가 많다.

목표의 방향성

목표의 방향성이란 목표에 대해 생각하고 말하는 방식을 말한다. 즉 긍정적인 무언가를 이루거나 부정적인 무언가를 피하려는 태도를 가리키는데, 행복 연구에서 가장 중요하게 다뤄지는 주제 중 하나다. 목표의 방향성은 크게 '수행접근목표'와 '과제회피목표'로 나뉜다.[10] 수행접근목표는 '자녀와 더 많은 시간을 보내도록 해야지.', '올 여름에는 10킬로미터 마라톤을 해봐야지.', '올 봄엔 감성지능과 리더십 훈련프로그램 세미나를 들어야지.'와 같이 개인이 이루고자 하는 긍정적 방향의 목표를 의미한다. 반면 과제회피목표란 개인이 피하거나 예방하기로 한 부정적 방향의 목표들이다. 가령 '되도록 혼자 있는 시간을 피해야지.', '올 겨울에는 살을 빼야지.', '직장 동료들과 대립하는 일을 자제해야지.' 등을 들 수 있다. 어느 연구에 따르면 과제회피 목표는 불안과 스트레스, 낮은 행복감, 사회적 만족감의 결여, 건강에 대한 무관심과 깊이 관련되어 있다고 한다.

　우리는 놀이터에 있는 자녀를 바라보는 두 유형의 부모를 예로 들어 수행접근과 과제회피의 개념을 이해할 수 있다. 수행접근형 부모는 아이가 나무에 오르는 것을 허락하는데 이는 탐구심과 근력, 균형감각, 흥미를 중요한 가치로 생각하기 때문이다. 반면 과제회피형 부모는 아이의 안전과 건강을 최우선으로 생각하기 때문에 다칠 위험이 있다는 이유로 아이가 나무에 오르기를 허락하지 않는다. 양쪽 부모가 모두 나름대로 타당한 가치체계를 갖고 있으며 자기 견해를 뒷받침할 만한 교육철학을 갖고 있다. 수행접근형 부모는 다칠 위험을 감수하고라도 아이에게 모험심을 길러주려고 하지만, 과제회피형 부모는 값진 경험의 보상을 포기하더라도 아이에게 위험한 상황을 피하게 한다. 과제회피형은 주변의 환경이 적대적이고 때로는 해로울 수 있다고 생각하는, 다소 부정적인 세계관을 반영한다. 코치는 클라이언트의 언어 중 수행접근형과 과제회피형을 추려내고 그들에게 과제회피목표를 수행접근목표 형식으로 재구성해볼 것을 권유할 수 있다.

　목표의 방향성은 정도의 차이가 있지만 모든 사람에게 관심을 불러일으키는 주제다. 캘리포니아주립대학교의 심리학 교수인 로버트 에몬스Robert Emmons는 평균적으로 전체 목표의 10~20퍼센트가 과제회피형이라고 말했는데,[11] 이는 목표의 방향성이 냉소적이고 회의적인 사람들만의 문제가 아님을 보여준다.

그러므로 코치는 목표의 내용뿐 아니라 방향성까지 주의 깊게 살펴야 한다. 목표의 방향성, 즉 목표에 접근하는 성향을 예의주시한다면 보다 만족스러운 코칭 성과를 얻을 수 있다. 더불어 과제회피목표를 겨냥한 질문들을 통해 중요한 통찰을 이끌어내 목표 방향을 바꾸도록 한다. 가령 기획회의 발표를 앞두고 잔뜩 긴장해 있는 클라이언트에게 코치는 그가 피하고 싶어하는 불길한 상황, 즉 사람들 앞에서 얼음처럼 굳어버리는 최악의 상황을 떠올리기보다 침착하고 설득력 있게 말하는 상황을 상상하게 함으로써 긍정적인 쪽으로 주의를 돌릴 수 있다.

┤ **Coaching Point** ├

수행접근목표는 행복감을 높여주지만 과제회피목표는 그렇지 않다.

목표의 내용

긍정심리학은 목표의 내용에 관한 연구에서도 큰 성과를 이루었다. 연구에 의하면 어떤 목표는 행복감을 떨어뜨린다. 로버트 에몬스는 내용에 따라 목표를 12개로 분류하고 20여 년에 걸쳐 목표와 행복의 연관성을 연구했다.[12] 그 결과 다음과 같은 사실을 발견할 수 있었다. 친밀감(예: 남의 말을 잘 들어줘야지.) 이나 영성(예: 신의 섭리에 감사하자.), 생산성 (예: 훌륭한 모범이 되어야지.)에 관련된 목표는 행복을 증진시켰지만 반면 권력지향적인 목표(예: 내가 옳다는 걸 사람들에게 증명해야지.)는 실제로 행복 감을 떨어뜨리는 데 일조했다. 이러한 연구 결과는 클라이언트의 목 표설정을 도우려는 코치에게 상당히 흥미로운 관점을 제공한다. 관계 를 깨고 좌절을 불러올 수 있는데도 권력지향적 목표에만 매달리는 클라이언트를 어떻게 도와야 할 것인가? 까다롭게만 보이는 이 문제 를 해결할 수 있는 방법은 우선 클라이언트에게 로버트 에몬스의 연 구 결과를 언급해도 좋은지 물어보는 것이다. 가치판단을 보류하고 이러한 연구 결과를 공유한다면 우리는 권력지향적 목표의 장단점에 관해서 생산적인 대화를 나눌 수 있다. 그렇게함으로써 코치는 클라 이언트에게 권력지향적 목표의 악영향을 경고하면서 목표의 또다른 긍정적 면을 생각하도록 도움을 줄 수 있다.

Coaching Point

친밀감과 영성, 생산성에 관련된 목표는 행복을 증진시키지만 권력지향적 목표는 그렇지 않다.

목표에 대한 동기부여

에몬스를 비롯한 또다른 심리학자들은 '동기부여'의 측면에서 목표 를 연구하기 시작했다.[13] 이들은 성공이 결국 무엇을 원하느냐의 문 제가 아니라 왜 원하는가의 문제라고 말한다. 우유를 사거나 박사학 위를 취득하거나 10건의 계약을 성사시키는 일에 대한 동기는 성공 여부뿐 아니라 목표에 대한 우리의 기분에도 큰 영향을 미친다. 정직하게 돌아보면 우리는 고상하거나 하찮은 것, 또는 내면의 진정한 열정이나 외부의 압력에 의해 끊임없이 동기화되고 있음을 알 수 있다. 가령 우리는 타인을 돕기 위해 진심에서 우러나는 마음으로 희생을 무릅쓰기도 하지만 때로는 걷는 수고가 번거로워 출입구에 가까운 주차공간을 확보하기 위해 다른 운전자와 신경전을 벌이기도 한다. 오래전부터 배우고 싶었던 악기를 살까 말까 한참을 고민하지만 어떤 때는 유행에 따라 최신형 핸드폰을 충동구매하기도 한다.

이론가들은 목표에 대한 동기를 내재적인 것과 외부적인 것으로 분류했다.[14] 내재적 목표란 보람과 기쁨을 얻고 사회에 공헌하기 위해 일하는 것처럼 그것 자체에 만족스러운 요소가 내재되어 있는 경우를 말하고, 반면 외부적 목표는 외부로부터의 보상이 동기가 되는 경우로, 연봉에 따라 일을 선택하는 것이 대표적인 예라고 할 수 있다. 심리학자인 켄논 셸던Kennon Sheldon과 팀 케이서Tim Kasser는 내재적 목표와 주관적 행복감 사이에 긍정적인 상관성이 있음을 밝혀냈다.[15] 내재적 목표가 행복을 높여주는 이유는, 내재적 목표가 훨씬 가치 있는 것으로 여겨지고 개인에게 보람과 성숙과 자립심을 느끼게 하기 때문이다. 이에 반해 인기나 외모, 돈 등의 외부적 목표는 불안을 가져오고 대인관계에서 문제를 쉽게 일으킬 수 있는 것으로 밝혀졌다. 셸던과 케이서는 외부적 목표가 경쟁심을 자극하거나 감정을 억제시켜 스트레스를 가중시킬 수 있다고 경고한다.

하지만 안타깝게도 모든 사람이 내재적 목표만 추구할 만큼 현명하거나 그럴 수 있는 상황에 있는 건 아니다. 때때로 외부적 목표를 지향하는 데는 사회와 부모의 기대, 판단력 부족, 앞으로의 삶에 대한 전망 등 다양한 요인이 작용한다. 명성과 부와 권력과 아름다움에 끌리지 않을 사람이 몇이나 되겠는가. 돈을 많이 벌고 몸매를 아름답게 가꾸고 다른 사람에게 권력을 행사하고 싶지 않을 사람이 어디 있겠는가. 사람들은 대개 이러한 목표를 최종적인 성과나 결과물로 보기보다 '정말로 원하는 것'을 얻기 위한 수단으로 생각하는 경향이 있다. 여기서 문제가 되는 건 외부적인 목표를 중시하면서 점점 이러한 비본질적 목표를 '자신이 진정 원하는 것'과 혼동한다는 사실이다. 이 문제를 해결하기 위한 방법은 최종 목적에 연결되는 '목표 고리'를 만들어보고 클라이언트가 본질적으로 원하는 것이 무엇인지를 점검하는 것이다. 예를 들어 외모를 치장하는 목적이 무엇인지, 돈을 모아서 어디에 쓰려는지 등 상위 목표를 거슬러 올라간다면 클라이언트는 목표를 달성하고 성취감을 얻는 데 큰 도움을 받을 수 있다.

⊣ Coaching Point ⊢

만족의 요소가 내재된 목표는 외부적 목표보다 훨씬 큰 행복을 가져다준다.

⊣ ⚐ Tip ⊢

사람들은 외부적 목표를 최종 결과물로 보지 않고 '자신이 원하는 것'을 얻기 위한 수단으로 생각하곤 한다. '목표 고리'를 그려봄으로써 우리는 내재적 목표를 통해서도 동일한 성과를 거둘 수 있음을 깨달을 수 있다.

오타와대학교의 심리학자 프레더릭 그루제Frederick Grouzet 연구팀
은 다양한 문화권의 목표 내용과 동기를 조사한 후 심리학 이론이 실
생활에도 적용될 수 있는지를 알아보았다. 그들은 15개 문화권에서 2
천명을 대상으로 11종류의 목표를 분석했는데[16] 주로 사람들이 어떤
결과를 얻기 원하는지, 또 목표 달성을 위해서 어떠한 심리기제를 사
용하는지에 주목했다. 그결과 흥미롭게도 사람들은 문화권에 관계없
이 건강이나 돈, 화목한 가정을 공통적으로 추구했으며 그러한 목표
를 체계화하는 정신과정도 거의 유사했다. 〈그림 3-1〉은 사람들이
목표를 생각할 때 고려하는 두 가지 요소, 목표의 내용과 동기에 대한
것이다. 이들의 복합순환적 관계를 살펴봄으로써 우리는 클라이언트
가 삶의 균형을 유지하고 목표를 설정하고 수행과정을 정리하는 데
도움을 줄 수 있다.

목표 상충

목표에는 당연히 가치가 개입되며 저마다 소중하게 생각하는 가치가
여러 개 있을 수 있기 때문에 한 개인이 가진 목표들은 서로 상충할
수 있다. 가령 어떤 여성은 좋은 엄마가 되는 것을 중요하게 생각하기
때문에 자녀에게 책을 읽어주고 건강식을 만들고 아이의 놀이방에 참
여할 계획을 세우겠지만 동시에 유능한 직장여성이 되는 것에도 가치
를 두기 때문에 동료들과 사무실에서 기획회의를 하느라 여념이 없는
자신의 모습을 상상할 수 있다. 이럴 경우 두 개의 가치체계가 대립하
게 된다. 로버트 에몬스와 로라 킹Laura King은 목표가 서로 상충될 경

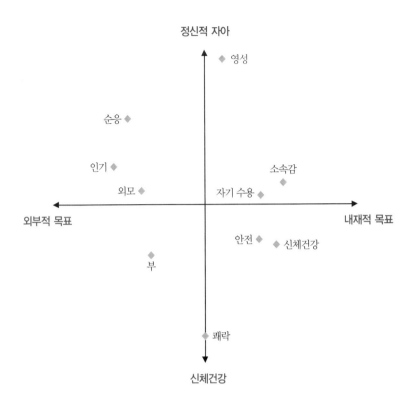

정신적 자아

영성

순응

인기   소속감

외모   자기 수용

외부적 목표   내재적 목표

안전   신체건강

부

쾌락

신체건강

〈그림 3-1〉 15개 문화권의 2천명을 대상으로 한 다차원 척도 분석으로, 목표의 두 가지 주된 요소를
보여준다. 2005년 그루제가 성격 및 사회심리저널〈Journal of Personality and Social
Psychology, 89(5)p. 808. Reprinted with permission〉에서 발표한 〈15개의 문화권에서 연구된
목표 내용의 구조화 (The Structure of Goal contents across 15 cultures)〉에서 인용한 것이다.

우 스트레스는 물론 두통이나 위궤양 같은 신체적 증상까지 겪게 된
다고 말한다.[17] 당신도 예외는 아닐 것이다. 누구든지 상충되는 목표
사이에서 분열을 경험하면 스트레스와 불면에 시달리고 심지어 병에
걸릴 수 있다. 더 안타까운 것은 상반된 가치의 목표들이 충돌할 때마
다 사람들은 무언가 행동하려고 하기보다 생각에만 골몰할 때가 많다

는 점이다. 상충되는 목표들은 마음을 마비시키는 독극물 같아서 사람들로 하여금 문제해결을 시도하기는커녕 그 문제에 주저앉아 포기하게 만든다.

코칭을 하다보면 서로 상충되는 목표들로 힘겨워하는 클라이언트를 만나게 된다. 그럴 경우 코치는 클라이언트가 정해놓은 목표에 전제된 가치체계를 알아보거나 클라이언트에게 각 목표의 장단점을 비교해보라고 권할 수 있다. 클라이언트에 따라서는 부정적인 생각으로 갈등을 심화시키고 결국 이도저도 못하는 무력감에 빠지는 경우도 있다. 그들은 어떻게든 해결할 수 있을 거라고 믿고 생각에 생각을 거듭하지만 이것은 또 하나의 덫이 되어 갈등을 눈덩이처럼 불어나게 할 뿐이다. 긍정심리학 이론가들은 일단 생각을 멈추고 행동할 것을 제안한다. 코치는 클라이언트에게 하루나 이틀 동안 모든 일을 제치고 휴가를 떠나라고 권할 수 있다. 당장 처리해야할 업무가 없다면 가능할 것이다. 그리고 '휴가'에서 돌아온 클라이언트에게 비슷한 딜레마에 빠진 사람과 이야기를 나누거나 이상적으로 생각하는 목표에 대해 글을 써보는 등의 작은 행동을 하게 한다. 갈등 해소의 방법에 골몰하기보다 이런 행동을 하게 해서 클라이언트의 관심을 전환시키는 것은 클라이언트에게 힘을 실어주고 문제해결의 발판을 마련해줄 수 있다.

목표 불안

삶의 의미를 만들고 체계화하는 데 목표가 중요한 역할을 하긴 하지만 그 이면에는 역기능이 숨어 있는 것도 사실이다. 상담을 하다보면 목표가 세워지고 임무가 주어질 때 공황상태에 빠지는 클라이언트들을 흔히 볼 수 있다. 이런 현상을 가리켜 에바 포메란츠Eva Pomerantz 연구팀은 '목표투자에 따른 심리적 부담'이라고 일컬었는데,[18] 포메란츠에 따르면 목표 달성을 위한 과도한 투자는 의욕이나 보람 등 긍정적인 감정을 유발할 수 있지만 동시에 불안감도 가중시킬 수 있다. 그렇다면 목표의 순기능과 역기능, 이 모순을 어떻게 다뤄야 할까? 포메란츠 연구팀은 다행히도 목표 달성에 있어서 불안이 담당하는 역할에 주목했고 그들의 연구 결과는 코치들에게 매우 유익한 통찰을 제공했다. 아동 집단과 성인 집단을 대상으로 한 연구에서 포메란츠는 '성취에 대한 지각', 즉 목표를 이미 달성했거나 달성하고 있다는 확신이 들 때는 긍정적인 감정이 생기고 불안감이 해소되지만 목표를 이루지 못할 경우 심리적으로 동요할 것이라고 믿는 '실패에 대한 예견'은 불안감을 가중한다. 이것은 목표달성에 더 많은 것을 투자할수록 성공가능성이 높아지고 목표달성의 실패를 예견할수록 염려가 커진다는 것을 의미한다.

상담을 진행하다보면 코치는 본의 아니게 클라이언트의 불안감을 가중시킬 수 있다. 그러므로 코치는 클라이언트의 심리적 성향과 선입견을 잘 파악하고 있어야 한다. 당신은 클라이언트가 진심으로 만족하기를 바라는 사람인가? 불안과 같은 부정적 감정을 얼마나 받아줄 수 있는가? 클라이언트가 당신과 상의한 끝에 어떤 결정을 내렸지만 결국 좋지 않은 결과를 얻게 된다면 당신은 얼마만큼 책임을 느끼는가? 어떤 의미에서 불안감은 사람들에게 목표에 대한 동기를 부여한다는 점에서 유익하다고 볼 수도 있다. 실제로 불안감 같은 부정적인 감정은 누구나 겪을 수 있는 당연한 감정이며 바람직한 행동이나 성공을 촉진하고 점검해주는 순기능적 측면이 있다. 코치는 클라이언트의 목표수행에 수반되는 얼마간의 불안감을 당연하게 생각하고 받아주어야 한다.

> **┤ Coaching Point ├**
>
> 목표를 수행하는 과정에서 클라이언트가 얼마간의 불안감을 느끼는 것은
> 자연스럽고 유익하기도 한 현상이다.

대개 코치의 역할은 클라이언트와 목표에 관해서 대화를 나누는 것이다. 코치는 목표들을 구체화하여 그들이 보다 열심히 추구하고 달성할 수 있게 해야한다. 또 클라이언트의 동기를 북돋워주며 상충되는 목표가 잘 조율되도록 도와야 한다. 체계적 이론을 숙지하고 있고 목표의 기능, 바람직한 목표의 특징, 목표의 내용과 동기의 차이를 잘 이해하는 코치는 다양한 상담도구와 접근법으로 클라이언트를 도울 수 있다. 켄논 셀던은 바람직한 목표 추구의 비결을 다음과 같이 정리했다. 우선 즐길 수 있는 목표를 세워 최선을 다하라. 그리고 목표를 장단기로 세분화하라. 의미 있는 목표를 추구하라. 제대로 진행되지 않으면 목표를 수정하는 것도 생각해보라. 인기와 돈처럼 자기 만족을 위한 목표에 치중하지 마라.[19] 물론 셀던의 충고는 예전부터 귀에 못이 박히도록 들었던 터라 진부하게 느껴져 그만큼 쉽게 지나칠 수

있다. 그러므로 집과 사무실 어디에든 붙여놓고 기억하라.

사회적 관계

가족이나 친구, 동료와의 관계는 행복에 큰 영향을 미친다. 십대 자녀를 키운다거나 자신의 청소년기를 돌이켜보면 '죽이 맞는 친구들'과 어울리겠다고 고집 피우는 광경을 쉽게 떠올릴 수 있다. 누구라도 인간관계의 중요성을 인정하겠지만 행복에 관한 연구 결과는 좋은 인간관계가 정서적 만족감에 매우 중요하다는 사실을 또한번 확인시켜준다.[20] 당신의 삶도 마찬가지다. 가령 배우자와 갈등을 빚거나 힘겨워하는 친구를 돌봐야 할 때는 당신의 마음도 그에 못지않게 힘들 것이고, 화목하게 지낼 때는 행복지수가 높아질 것이다.

관계란 영화를 보고 하룻밤 즐기거나 카드게임을 하기 위해 상대를 구하는 것 이상의 의미가 있다. 사람이라면 누구나 집단에 소속되고 타인과 소통하고 가정을 형성하려는 기본적인 욕구가 있다. 가족 단위로 움직이는 침팬지, 군집생활을 하는 북인도산 원숭이의 예에서 알 수 있듯이 관계는 누구에게나 늘 중요한 것이다. 위스콘신대학교의 심리학 교수인 해리 할로우Harry Harlow는 애착형성에 관한 고전적 연구라고 알려진 '철망 원숭이' 실험에서 이러한 사실을 증명했다. 그는 인간과 유사한 북인도산 원숭이들을 두 우리에 가둬놓고 각각 철망과 부드러운 헝겊으로 만든 엄마 모형의 원숭이를 우유와 함께 매달아 우리 안에 갖다놓았다. 두 집단의 적응을 비교한 결과 철망 엄마에게서 우유를 빨아먹은 원숭이들은 우유를 잘 소화하지 못하고 빈번히 설사를 일으켰지만 부드러운 헝겊과 접촉했던 원숭이들은 심리적 안정과 정상적인 발육 상태를 보였다. 우리는 여기서 신체접촉과 애정, 관계성이 성장에 얼마나 중요한지 알 수 있다.[21] 인간에게 감금과 추방과 단절은 반사회적 행동을 제지하기 위해 합법적으로 사용되는 극단적인 조치 중 하나다. 실제 감옥생활을 했던 잭 헨리 애버트 Jack Henry Abbott는 자신의 저서인 《짐승의 뱃속에서 *In the Belly of the Beast*》를 통해 타인과 단절되는 고통이 어떠한지 잘 묘사해놓았다.[22]

그렇다면 대인관계는 행복을 느끼는데 얼마나 중요한 역할을 할까? 에드 디너와 마틴 셀리그먼은 널리 사용되는 평가도구로 행복지수를 측정한 뒤 최상위, 최하위권 사람들을 대상으로 실험했고[23] 행복한 사람에게만 공통적으로 나타나는 일관된 특징을 발견했다. 그것은 바로 친밀하고 신뢰할 만한 대인관계였다.

행복을 형성하는데 왜 대인관계가 지능이나 경제력, 교육수준보다 더 중요한 것일까? 인간은 사회적 동물이며 친구와 가족, 연인을 통해서 소속감과 안정 같은 필수적인 감정을 경험한다. 이것은 '소속에 대한 욕구'를 연구한 로이 바우마이스터 Roy Baumeister와 마크 리어리 Mark Leary의 견해와도 일치하는데, 그들은 "유대감의 부족이 건강과 적응력, 만족감에 부정적인 영향을 미친다."고 주장했다.[24] 어려운 상황에서 가족에 의지하고 친구들로부터 격려와 위안을 얻으며 자신이 속한 집단에서 한 일원으로 인정받고 있음을 안다는 것은 다행스러운 일이다. 어딘가에 속해 있다는 느낌은 심리적으로 중요한 안전망처럼 작용하여 우리로 하여금 위험을 무릅쓰거나 다양한 일에 관심을 쏟을 수 있게 한다. 행복한 사람들을 연구하면서 디너와 셀리그먼의 결론은 비록 좋은 대인관계가 행복을 보장해주는 충분조건은 아니지만 좋은 대인관계 없이 행복할 수 없다는 사실이었다.

필자(로베르트 비스바스 디너)는 극도로 빈곤한 사람들에게도 대인관계가 행복에 영향을 미칠 수 있다는 사실을 발견했다. 연구를 위해 지구의 반을 돌아 인도의 콜카타까지 날아가 에드 디너와 함께 역과 병원 근방을 돌며 노숙자와 매춘부, 빈민촌 사람들을 대상으로 폭넓은 인터뷰를 시도했던 적이 있었다.[25] 그들은 열악한 환경에서 최소한의 의료혜택도 받지 못한 채 구걸하며 살고 있는데도 불구하고 놀랍게도 그런대로 행복하다고 대답했다. 자신의 사회적 지위와 복지 상태에 대해 불만을 나타내긴 했지만 불행하다고까지는 생각하지 않는다는 것이었다. 가족이나 이웃과의 유대감은 극심한 빈곤에서 야기되는 심리적 고통까지도 어느 정도 상쇄시킬 수 있다는 사실이 입증된 셈이다. 또 생활환경보다 인간관계와 같은 개인의 선택이 행복에 보다 큰 영향을 끼친다는 점도 알 수 있다. 그들은 질병과 가난에 대해 불만을 토로하긴 했지만 인간관계에서는 대체로 만족한다고 말했다. 그들이 극단적인 빈곤상태에 있다는 점에서 이번 연구는 만족스러운 인간관계가 얼마나 큰 효력을 발휘하는지를 단적으로 보여준다고 하겠다.

대부분의 사람들은 우정이나 사랑을 투자와 효용 개념으로 생각하지 않는다고 하지만 꼭 그런 것만은 아니다. '다다익선'이라는 말이 인간관계에도 적용되는 진리처럼 들리는 것은 일반적으로 사람들이 인간관계를 돈과 같은 재화財貨로 여기고 있기 때문이다. 하지만 일정한 한계, 즉 우정의 한계효용치가 0이 되는 시점부터는 심리적 효과 측면에서 볼 때 친구 수가 늘어나는 것은 별 의미가 없다. 경제학에서는 이를 '한계효용 체감의 법칙'이라고 하는데 '한 단위가 늘어남에 따라 효용 혹은 만족의 상승폭이 감소한다'는 의미다. 가령 가까운 지인이 9명 있어도 5명의 절친한 친구보다 못하다는 얘기다. 이는 개인의 자원 배분을 최적화하는 방법에 대해 암시하는 바가 크므로 매우 중요하게 생각해야할 이론이다. 여느 인간관계와 마찬가지로 우정은 적극적인 대화나 접촉을 지속적으로 반복하는 노력이 필요하다. 하지만 인간관계가 넓어질수록 전화나 식사, 이메일, 연하장 등 시간과 정성을 쏟아야 하는 일이 걷잡을 수 없이 늘어난다. 어쩌면 우리는 생각했던 것과 달리 지금처럼 친구들과 우정을 나누는 것으로 충분할지 모른다.

인간관계에 관한 주제는 코칭 발전에도 큰 영향을 미쳤다. 클라이언트가 직장상사와 갈등을 빚고 있든, 의기투합할 동료를 만나고 싶든, 일과 가정에 모두 충실하고 싶든 간에 사회적 관계는 모든 사람의 삶에서 매우 중요한 주제다. 관계에 관한 긍정심리학계의 연구 성과를 어떻게 클라이언트에게 적용할 수 있을까? 다행히 방법은 매우 많다. 인간관계와 그 관계를 유지하려는 노력이 중요하며 관계의 범위가 넓어질수록 우정의 효용도 줄어든다는 사실을 이야기하는 것이 좋은 시발점이 될 수 있다. 뿐만 아니라 클라이언트에게 '돕는 관계'에서 얻을 수 있는 많은 유익한 점에 관해 이야기하면 좋을 것이다. 시간이나 돈을 들여 봉사활동에 참여하거나 학생 상담을 하는 등 누군가를 돕는 행위는 큰 행복을 안겨준다.[26] 타인을 돕게 되면 자존감과 자신감이 높아지고 뿌듯한 기분을 느끼게 되는데 이는 아이들에게서 가장 뚜렷하게 나타난다. 대부분의 시간을 일에만 몰두하려는 사람은 자녀나 친지들과 '지킴의 시간'을 정해 함께 해보는 것도 좋은 방법이다. 수많은 연구 결과에서 알 수 있듯이 돈과 편리함을 중요한 가치로 삼는 사람은 행복과 정반대 방향으로 치닫게 된다.[27] 이처럼 물질주의 가치관이 행복에 위배되는 이유는 풍성한 관계를 추구하고 가꾸어가는 데 필요한 시간과 관심이 돈이나 사치, 성공으로 흘러가기 때문이다.

인간관계는 특히 직장인들에게 중요하다. 미시간대학교의 저명한 조직심리학 박사인 제인 더튼Jane Dutton은 관계가 조직생활에 미치는 영향력에 관해 연구한 결과[28] 조직이 성공적으로 운영되려면 구성원들의 탁월한 업무수행력 못지않게 건강한 소통문화도 중요하다는 점을 발견했다.

자문위원회, 소규모 프로젝트팀, 감독관과 수습사원 혹은 직장 동료 등 어느 집단에서든 좋은 인간관계는 매우 중요하다. 여기서 좋은 인간관계란 개방적인 태도로 갈등을 수습하고 관계를 쉽게 회복시키거나 활기찬 분위기를 만들고 상호교감을 이루는 것을 의미하는데 누구나 학교와 직장, 혹은 상담실에서 이런 관계를 한번쯤 경험했을 것이다. 좋은 관계는 우리에게 성숙하고 있다는 느낌과 창의성을 북돋워주고 주어진 일에 대한 열정과 새 목표를 향한 동기를 심어준다.

하지만 한 가지 기억할 것은 좋은 관계란 예기치 못한 행운처럼 저절로 깃드는 것이 아니라는 사실이다. 우주 한가운데 던져진 주사위처럼 종잡을 수 없는 기준에 따라 좋은 사람, 나쁜 사람을 가를 수는 없다. 관계는 어디까지나 유지하고 발전시키는 노력을 필요로 한다. 그러므로 코치는 클라이언트가 사람들과 접촉하고 관계를 맺어가는 과정에서 마음이 맞는 사람을 찾아내고 서로 상승효과를 낼 수 있도록 격려해야한다. 그럴 때 클라이언트는 인간관계가 곧 다른 관점을 접하고 새로운 기술과 아이디어를 학습할 수 있는 기회라는 사실을 깨닫게 될 것이며 이러한 값진 경험을 얻기 위해 더욱 노력할 것이다.

사고방식

인간의 통제력 분야에서 가장 많은 연구와 관심의 대상이 되었던 것은 아마도 긍정적인 사고일 것이다. 수십년 동안 임상심리학자들은 개입방법에 관한 통찰을 캐낼 수 있는 금광으로서 사람들의 사고방식을 관찰해왔다. 학계의 관심은 일반 대중에게도 고스란히 전해져 긍정적 사고의 힘을 다룬 자기 계발서가 서점의 진열대를 상당 부분 차지하기도 했다. 하지만 이러한 관심이 대중 심리학이라는 유행으로 끝나지 않을 것이다. 이미 수차례의 체계적인 연구를 통해 긍정적 사고의 힘은 효과가 있는 것으로 나타났다.[29] 또 수많은 연구와 임상실습, 현장보고는 긍정적으로 사고하는 습관이 얼마든지 학습될 수 있다는 사실을 뒷받침하고 있다.

긍정적 사고는 물이 '절반밖에 남지 않았다'고 보기보다 '물이 절반이나 남았다'고 보려는 정신 수행과 같다. 무조건 자신을 비판하는 사람이 있는가 하면 오로지 밝은 면만 보려는 사람도 있는데 분명한 사실은 이러한 심리 태도가 삶에서 체득하고 활용한 사고방식이 누적된 결과라는 점이다. 가령 낙관적인 사람은 성공에 대한 자신의 공로를 인정할 줄 알기 때문에[30) 승진 소식을 들으면 '노력했으니 당연한 결과'라며 자신의 성취를 기뻐한다. 반면 비관적인 사람은 성공의 요인을 자신에게서 찾으려 하지 않는다. 스카우트를 제의받거나 목표한 바를 이룰 때 그는 '그저 운이 좋았을 뿐'이라며 외부적 요인을 끌어들인다. 다행히도 인지심리학자들은 '자기 대화self-talk'를 통해 긍정적인 사고방식을 받아들이고 통합하는 방법을 가르치면서 매우 놀라운 성과를 거두었다. 자기 대화는 오늘날에도 광범위하게 연구되는 주제이므로 이 장 끝 부분에서 보다 자세히 다룰 것이다.

긍정적 사고가 대중의 관심을 사로잡는 주제이긴 하지만 코칭 현장에 적용되기 위해선 여전히 탐구할 것들이 많다. 코칭 중에 클라이언트가 언뜻 내비치는 좌절이나 낙관, 흥분, 불만은 보이지 않는 그의 사고과정을 반영한다고 볼 수 있다. 즉 사람들은 자신도 모르게 성공과 실패의 원인을 스스로 만드는데, 가령 회사에 애정을 갖고 있는 사람은 동료의 칭찬 한 마디도 의미 있게 받아들이고 자신이 잘해낸 일을 마음껏 즐기거나 더 잘 할 수 있을 방법을 생각해본다. 마틴 셀리그먼은 인지심리 연구를 통해 사람마다 생각하는 방식에 차이가 있다는 사실을 밝혔다. 자신을 혹독하게 다그치거나 비관적으로 생각하는 사람이 있는가 하면, 생산적이고 유익한 방향으로 생각하려는 사람도 있는 것이다.[31] 다음은 보편적인 네 가지 사고유형인데, 이는 모두 정서적 행복감에 영향을 미치며 자신의 의지로 통제할 수 있는 것들이다.

1. **완벽주의형** : 코치라면 한번쯤 지독한 완벽주의자를 본 적이 있을 것이다. 개인 코칭이건 집단 훈련프로그램이건 적극적이고 부지런하고 창의적이고 자기 계발에 열심인 사람이 있기 마련인데 적어도 코칭에 참여했다면 자기 계발에 관심이 높다는 의미이기 때문이다. 하지만 이러한 클라이언트의 화려한 성취 이면에는 어둠이 드리워져 있는 경우가 많다. 높은 기준과 기대치가 바로 그것이다. 엄격한 자기 기준은 칭찬할 만한 일이지만 지나치면 오히려 역효과만 있을 뿐이다.

   당신이 만나고 있는 클라이언트가 완벽주의의 사고 습관을 갖고 있는지 생각해보라. 직장, 달리기 시합 등에서 1등이 되려고 애쓰다가 2등이라도 할라치면 당황하고 실망스러워하는 사람이라면 완벽주의일 확률이 높다. 그는 한 사람을 제외한 모두를 이겼다고 생각하기보다 최고의 자리를 놓쳤다고 아쉬워하는 사람이다. 이러한 사고방식은 자신을 혹독하게 몰아세우고 심리적인 고통을 가중시키며 지나친 경쟁의식으로 주변 사람을 힘들게 한다. 코치는 완벽함과 우수함 사이의 미세하고도 중요한 차이를 클라이언트에게 알려줄 필요가 있다.

대부분의 사람들은 성공하고 싶어하지만 완벽주의자는 완벽해지기를 원한다. 이런 부류의 클라이언트에게는 완벽이란 어디까지나 주관적인 평가라는 점을 이해시키면서 성공을 평가할 수 있는 다양한 기준을 찾게 해야한다. 타인과 경쟁하면서 관계를 어렵게 만들기보다 과거와 현재의 자신을 비교하도록 유도하고 주어진 상황에서 '훌륭하게' 해낸다는 의미를 정확히 깨달아 성공의 새 기준을 갖게 해야한다. 또 성공에 대한 열망과 가능성은 일치하지 않을 수 있으며 그 간극이 좁아질수록 행복을 더 느낄 수 있다는 점을 알려주어야 한다.

2. **고통감내형** : 대부분의 사람들은 자신이 심리적으로 강하기 때문에 어떠한 상실이나 역경도 견뎌낼 수 있다고 생각한다. 실제로 심리적 회복에 관한 연구에 따르면 사람들은 놀랄 만한 회복 능력을 지니고 있다. 그렇다면 왜 많은 사람들이 실패를 극복할 수 있는 자신의 능력을 과소평가하는 걸까? 인정하고 싶지 않지만 우리는 무의식적으로 '더 이상 참을 수 없어.', '내가 감당하기엔 벅찬 일이야.', '이게 한계인가 봐.' 라는 말을 습관적으로 뇌까린다. 물론 실제로 그러한 상황이 있을 수 있지만 대개 우리는 두려움 때문에 모험하기를 주저하고 변화를 추구하거나 과거의 실패를 돌이키려는 시도를 포기한다.

인지치료 모델을 주창한 사회심리학자 앨버트 엘리스Albert Ellis는 상담현장에서 강경책을 쓰는 것으로 유명하다. 이혼이나 실직, 파산 위기에 처한 클라이언트들은 참담한 실패에 뒤따르는 심리적 고통을 도저히 견딜 수 없다고 토로하곤 하는데[32] 그들이 하는 하소연의 이면에는 "이 상실감과 좌절, 슬픔, 당혹감, 열등감을 견뎌낼 수 없다."는 자기 대화가 숨어 있다. 그럴 때마다 아흔세 살의 나이에도 위풍당당하고 열정이 대단하기로 유명한 엘리스는 "앞으로 어떻게 하겠는가?", "죽기라도 할 텐가?", "아무런 시도도 안하고 남은 인생을 슬픔으로 허비하겠는가?", "그토록 우울한 감정에 저항해볼 아무런 생각조차 없는가?" 하고 물으며 클라이언트가 자기 파괴적이고 소극적인 태도로 숨어드는 것을 용납하지 않는다.

물론 코칭 현장에 적용하기에 엘리스의 방식이 다소 과격하게 느껴질 수 있지만 그가 진정으로 일깨우려는 메시지에는 큰 의미가 담겨 있다. 대부분의 사람들은 실패를 견디고 고난을 극복할 수 있는 자신의 능력을 충분히 깨닫지 못한다. 하지만 곰곰이 생각해보면 초등학생 시절에 따돌림을 당하거나 직장에서 실책을 범하는 등 인생의 어느 시점에서 겪은 실패를 훗날 이겨낸 적이 누구나 있었을 것이다. 그럼에도 불구하고 아쉽게도 성공적으로 극복했던 사례를 잊고 실패에 수반되는 심리적 대가에만 초점을 맞추곤 하는 것이다.

이는 어찌 보면 당연한 성향이므로 비난의 여지가 있을 수 없다. 노벨 경제학상을 수상한 심리학자 대니얼 카너먼은 대부분의 사람들이 재정문제나 직장업무 혹은 일상사에서 잠재적인 이득보다 잠재적인 손실 여부에 주목하게 된다고 밝혔다.[33] 그는 손실로 인해 겪는 아픔이 그에 상응하는 이득이나 만족보다 클 것이라는 믿음을 '손실기피'라고 명명했는데, 이것이 실제로 사람들의 의사결정에 큰 영향을 미치는 것으로 나타났다. 클라이언트에게 자신의 삶을 연대별로 짚어가며 어느 시점에선가 겪었던 실패나 불행한 경험을 떠올리게 하라. 사람들은 보통 힘들고 절망스러운 상황에 직면할 당시에는 즉시 불쾌감이 들지만 2~3개월, 혹은 1년쯤 지나면 격렬한 감정적 반응이 누그러지게 마련이다. 가령 이혼으로 심한 슬픔과 스트레스를 느꼈던 사람도 1~2년 지나면 아픔이 한결 잦아들었다는 걸 알게 될 것이다.

모든 사람은 자신이 생각하는 것 이상으로 고통과 좌절을 잘 견뎌낸다. 그리고 지금도 그렇게 견디고 있다. 뿐만 아니라 과거에 겪었던 수많은 실패와 좌절의 순간을 배움과 변화의 계기로 삼고 있다. "죽기보다 더하겠는가? 나를 죽이지 못하는 것은 나를 더욱 강하게 만들 것이다."라는 격언처럼 우리는 실직이나 이혼, 파산 등 인생의 수많은 위기를 충분히 이겨낼 수 있다.

3. 흑백논리형 : 1970년대 이후로 최첨단 컴퓨터 공학이 발전하면서 일상의 자질구레한 일까지 기계에 맡길 수 있게 되었다. 퍼지논리('예, 아니오'의 이치논리가 아닌 대략적, 상대적, 주관적, 복합적 개념과 규칙으로 설명하는 이론−옮긴이 주)를 응용한 컴퓨터 칩이 가전제품에 장착되어 이제는 건조기가 세탁물의 물기를 감지하여 열기의 강도를 스스로 조절하고 진공청소기는 마룻바닥의 먼지 양과 양탄자의 두께에 따라 흡착력을 변화시킨다. 자동차의 와이퍼는 떨어지는 빗방울의 양에 따라 움직임을 달리하고 주방의 전등은 저녁식사가 끝나면 자동으로 어둡게 변한다. 이처럼 상대적이고 다중적인 개념을 응용할 줄 아는 첨단기기가 획기적으로 개발되고 있지만 아이러니하게도 사람들의 사고는 여전히 흑백논리의 틀에서 벗어나지 못하고 있다.

흑백논리식 사고란 중도를 인정하지 않고 둘 중 하나만 진실이라고 믿는 경향을 말한다. 많은 사람들에게서 발견되는 이 인지적 오류는 소단위로 분류하거나 양자택일을 강조하는 서구식 사고에서 비롯되었다. 대체로 서구식 사고를 가진 사람은 부분적인 승리나 적당한 성공, 기대와 불안이 공존하는 목적의 개념을 좀처럼 이해하지 못하는데 이는 양극을 아우르는 사고체계가 서구 문화의 가치기준이나 세계관에 부합하지 못하기 때문이다. 성공과 실패 혹은 정체와 발전 여부만을 가리기 위해 단순하게 저울질하던 적이 얼마나 많았던가? 당신도 예외는 아닐 것이다.

시간과 노력을 들인다면 우리는 얼마든지 흑백논리식 사고의 틀을 깨뜨릴 수 있다. 분명한 사실은 우리의 삶이 이분법적 체계로 설명하기에는 지나치게 복잡하다는 점이다. 이분법적 사고는 정보를 체계화하여 알기 쉽고 명료하게 만들어주지만 지나치게 단순화할 수 있다는 부작용이 뒤따른다. 특히 단순하게 내린 결론을 고집하려고 할 때 위험성은 커진다. 한걸음 물러나 숨을 고르고 생각해보면 우리의 삶에 흑과 백이 뒤섞여 회색으로 나타나는 부분이 상당하다는 사실을 깨닫게 될 것이다. 사고의 유연성을 키운다면 우리는 어깨에서 무거운 짐을 내려놓는 해방감을 느낄 수 있을 것이다.

4. **낙관주의형** : 운 좋게도 늘 기분이 좋은 사람들이 있다. 세상에 가득한 부조리를 알아채지 못하거나 인정하지 않으려는 순진한 사람들에 관해 말하려는 게 아니다. 삶 자체가 소중하기에 깊이 통찰하고 어떠한 불행에도 의연하게 일어서는 사람들에 관한 이야기다. 그들은 자신의 삶을 어떻게 생각할까? 무엇보다 그들의 사고습관은 후천적인 요인에서 비롯된 것일까? 그들은 정상적인 의식 상태일까? 다른 사람보다 쉽게 긍정적으로 기

울어지는 사람이 있는 것도 사실이지만 긍정적인 사고방식은 운동기술처럼 후천적으로 학습될 수 있는 것일까? 심리학자인 캐럴 리프Carol Ryff는 긍정적 사고란 모두가 부정적으로 판단하는 상황에서도 긍정을 추구하려는 의식적인 노력이며 이런 의미에서 행복은 개방적인 태도로 살아가는 것을 의미한다고 최근 인터뷰에서 말했다.

늘 그런 것은 아니지만 우리는 관심 있는 것에서 행복을 발견하게 된다. 칭찬을 듣거나 목표를 이루거나 뜻밖의 행운을 누린다 해도 우리가 그것을 제대로 알아차리지 못하면 행복을 만끽할 수 없다. 성공과 칭찬, 영감은 그것을 추구하는 사람에게 주어지는 법이다. 자신의 성과를 즐길 줄 아는 사람은 과거를 긍정적으로 돌아볼 수 있을 뿐 아니라 미래에 대해서도 큰 희망을 품는다.[34] 삶의 긍정적인 측면을 바라보고 감사하게 여긴다면 창조적인 영감과 열정, 의욕을 지속적으로 유지할 수 있을 것이다.

미래를 어떻게 바라보는가도 행복한 사고와 관련이 있다. 낙관적인 전망은 실제로 성공을 부른다.[35] 상황이 나아지고 자신이 성공할 것이며 최상의 것을 기대하는 사람은 그렇지 않은 사람보다 훨씬 의욕적이고 열정적이다. 미래를 낙관적으로 바라볼 줄 아는 능력도 개인의 중요한 자산이다. 불안과 우울함에 빠져 무기력하게 지내는 클라이언트, 가정이나 직장에서 늘 의기소침해 있는 클라이언트를 생각해보라. 코치는 그들에게 희망을 심어줌으로써 앞으로 나아가는 힘을 실어줄 수 있다. 아이러니하게도 행복한 사람은 미래를 긍정적으로 바라보는 경향이 있으며, 미래를 긍정적으로 바라보는 사람은 행복을 쉽게 느낀다.

결론

행복은 우리가 생각하는 것 이상으로 깊은 의미가 있다. 행복은 단순히 슬픔에서 해방되거나 극도로 흥분된 감정을 말하는 게 아니라 오히려 잔잔하고 평범한 감정이 불연속적으로 나타나는 것을 말한다. 또 삶의 대부분 영역에서 대체적으로 만족을 느끼는 것이다. 우리는 대부분 행복해지려는 성향을 타고나기 때문에 어디서나 잔잔한 행복을 느낄 수 있으며 설사 낯선 환경에 직면한다 해도 본래의 행복한 상태를 회복할 수 있다. 행복에는 개인의 가치관이나 유전적 요인 등 복합적인 변수가 개입되지만 무엇보다 중요한 것은 우리가 얼마든지 통제할 수 있는 선택의 문제라는 사실이다. 코치는 우리의 인성에 감수성이나 외향성, 음악적 재능처럼 좀처럼 변화되기 어려운 측면이 있음을 이해시킴으로써 클라이언트가 불가능한 목표에 시간을 허비하지 않고 성과를 거둘 수 있는 영역에 투자하도록 이끌어야 한다. 결국 행복과 관련한 코칭이란 클라이언트가 현명하게 목표를 정하고 좋은 인간관계를 형성하고 긍정적인 사고습관을 기르도록 돕는 일이다.

　행복에 대한 연구 결과를 숙지한다면 보다 효율적으로 코칭을 진행할 수 있을 것이다. 행복한 사람은 대체로 건강하고 소득수준이 높으며 병가일수가 적고 업무수행도 효율적으로 한다.

1. 자신의 목표에 관해 생각해보라. 그리고 내적인 자원, 수행접근 및 과제회피와 같은 목표의 방향성, 목표에 대한 동기부여의 성격에 따라 목표를 평가해보라. 또 특정한 목표를 향해 얼마만큼 노력했는지, 목표가 좌절된 순간 어떤 반응을 보였는지 떠올려보라. 목표로부터 한걸음 물러났는가, 더 많은 자원을 투입했는가? 아니면 목표를 수정했는가? 이러한 통찰을 삶과 코칭현장에 적용해보라.

2. 목표와 관련하여 코칭을 체계화할 수 있는 방법을 찾아보라. 가령 목표와 목표를 이루는 데 필요한 자원들을 짝지어본다거나, 목표 자체에 만족스러운 요소가 내재되었는지 아니면 외부로부터의 보상이 목표의 동기가 되었는지 살펴보는 것이다. 목표에 초점을 맞춘 코칭이 되기 위해서 코치는 목표의 방향성에 관한 질문들을 만들어볼 수 있다.

3. 목표 수행에 뒤따르는 불안감에 대해 생각해보자. 의욕을 북돋고 분발을 촉구하여 목표달성에 도움을 주는 순기능적 불안감인가, 아니면 반추 과정에 동반되는 현상인가? 코치는 다양한 범위의 목표를 설정하고 성취하는 데 있어서 클라이언트의 불안을 어떻게 다루고 이해시켜야 할지 생각해야한다. 불안감은 클라이언트에게 어떠한 영향을 미칠 것인가? 불안감이 어느 수준에 다다랐을 때 혼란과 부담감을 초래하는가?

4. 사회적 관계를 살펴보자. 가령 코치는 클라이언트에게 사회적 관계와
   관련된 자원, 즉 직장을 비롯한 모든 활동 영역에서 친하게 지내는 사
   람들의 이름을 적어보라고 할 수 있다. 클라이언트는 함께 놀기에 편하
   거나 정신적, 물질적인 지원을 해주거나 도전과 기회를 제공하거나 마
   음이 잘 맞는다는 등의 이유로 친한 사람들의 명단을 적어갈 것이다.
   클라이언트는 코치와의 역할극을 통해 관계를 형성하고 유지하고 갈
   등을 해결하는 방법을 배울 수 있다.

5. 긍정적인 사고방식에 관해 생각해보라. 완벽을 추구하거나 흑백논리
   에 젖은 클라이언트를 어떻게 다룰 것인가? 코치는 현재의 사고습관이
   어떤 면에서 유익하고 해로운지 클라이언트에게 알려줄 수 있다. 또 연
   구결과를 제시함으로써, 사고습관을 바꾸는 것이 비교적 쉬운 일이며
   왜곡된 사고방식으로 고심하는 클라이언트에게 반드시 필요하다는 사
   실을 말해줄 수 있다.

행복을 증진시키는
효과적인 개입방법

랜디는 전자회사에서 프리랜스 컨설턴트로 일하고 있는 36세의 남자다. 그는 지난 2년 동안 성공적으로 경력을 쌓아왔지만 얼마 전 딸이 태어나면서 안정적인 수입원을 위해 새 직장을 구해야겠다고 생각했다. 그리고 일전에 좋은 업무조건과 보직을 몇 차례 제안한 일본계 회사를 떠올리고 그곳에 입사지원을 하기로 했다. 그는 코칭의 도움을 받아 여느 지원자처럼 모의 인터뷰를 해보고 자신의 경력과 가능성을 최대한 알릴 수 있는 '이력서'를 몇 주에 걸쳐 만든 다음 뉴욕 본사로 향했다. 인터뷰를 앞두고 점심식사를 하는 중에도 그는 틈틈이 잘못 기재한 게 없는지, 빠진 서류가 없는지 꼼꼼하게 검토했다. 서류 봉투에는 예일대학교 졸업장과 아내의 추천서, 그리고 이전 회사에서 받은 업무평가서가 들어 있었다. 다른 지원자들이 거울 앞에서 옷매무새를 가다듬고 표정과 말투를 연습하는 동안 랜디는 이력서의 내용을 여러번 되뇌며 자신이 왜 이 일에 적임자인지를 일목요연하게 정리해 보았다. 그리고 자신의 상품가치를 유감없이 적어놓은 '이력서'를 보면서 대기실에서의 긴장감을 이겨내고 자신감을 다질 수 있었다.

랜디처럼 가능한 방법을 모두 동원하여 문제를 해결하기 위해서 우리는 어떤 행동을 취해야할까? 기량을 충분히 발휘하고 일상생활에 최선을 다하면서 지속적인 행복을 누릴 수 있는 방법은 무엇인지, 어떻게 하면 보다 나은 삶을 만들 수 있을지는 누구나 궁금해하는 주제다. 대기업 임원, 야심찬 사업가, 좌절에 빠진 사람 등 누가 되었든지 그들이 코칭을 의뢰한 이유는 짧고도 소중한 인생을 그럭저럭 대충 살아서는 안 된다고 생각했기 때문이다. 클라이언트에게 동기를 심어주고 성장 기회를 제공하고 긍정적인 기분을 느끼도록 돕는 것은 클라이언트뿐 아니라 코치에게도 매우 유익한 경험이다. 클라이언트는 코칭을 통해 삶의 변화를 실제로 경험할 것이고 코치 역시 성공적인 경력을 쌓을 수 있는 것이다.

인류의 역사를 살펴보면 철학자와 종교지도자, 일반대중까지 수많은 사람들이 행복을 추구하는 방법에 관해 다양한 견해를 보여주었다. 기도나 묵상, 내면의 성찰, 자아실현 등을 행복의 비결이라고 생각하는 사람들이 있고 식이요법이나 규칙적인 운동으로 심신의 건강을 지키는 게 중요하다고 말하는 사람도 있다. 또 타인을 위해 희생하는 삶에서 자신의 행복을 발견하려는 사람도 있다. 감사하게도 우리는 어느 때보다 행복에 대한 관심과 열망이 높아진 시대에 살고 있다. 지난 30년 동안 행복의 정의와 구성요소, 행복을 예견하는 생물학적, 신경학적 요인에 관한 연구가 활발히 이뤄졌고 행복을 증진할 수 있는 개입방법들이 계발되어왔다. 이러한 개입방법은 긍정심리학 이론 가들에 의해 과학적으로 검증되고 실제로 그 효과가 입증되고 있다.

　행복은 더이상 사교클럽이나 설교, 잡지에서나 볼 수 있는 주제가 아니다. 과학적으로 연구되기 시작하여 이제는 행복에 관한 주관적 견해들이 뒷전으로 밀리는 상황이다. 이미 학자들은 유도심상이나 긍정적 사고가 행복과 밀접한 관계에 있다는 사실을 발견했고, 과학적으로 검증된 개입방법의 도입을 통해 코치는 자신감을, 클라이언트는 신뢰감을 얻게 되었다. 새로운 심리학의 한 지류로 각광받는 긍정심리학을 통해 개입방법을 검증하고 이를 코칭에 도입한다면 최신의 엄선된 코칭서비스를 원하는 클라이언트들로부터 큰 호응을 얻게 될 것이다.

　이제 우리는 행복 연구에서 사용되는 어휘를 살펴보고 긍정심리학의 여러 주제 중 하나인 '행복'을 클라이언트가 어떻게 이해하고 있는지 알아볼 것이다. 지금까지 행복은 순진하고 어수룩하고 현실감각이 부족하거나 쾌락만 추구하는 사람들이 주로 사용하는 말로 여겨졌다. 또한 덧없이 스치는 감정, 혹은 부차적인 관심사로 취급되곤 했다. 코치는 클라이언트가 이런 식의 편견을 조금이라도 갖고 있을 수 있다는 점을 염두에 두어야 한다. 행복은 최근에야 주목받기 시작했고 너무 가볍게 느껴지기 때문에 진지한 연구 대상이 되기엔 부적당하게 보일 수 있다. 긍정심리학을 도입한 세계적인 인재연구소 KFIKorn/Ferry International에서 리더십 계발을 담당하는 산드라 포스터 Sandra Foster는 행복이나 그와 관련된 심리학 용어를 클라이언트가 쉽게 이해할 수 있는 언어로 바꿔야 한다고 주장했다.[1] 예를 들면 클라이언트에게 인내라는 말 대신 '계속 울려대는 판촉 전화에도 얼굴을 찌푸리지 않는 능력'이라고 표현하라는 것이다. 특정 분야에서 사용되는 전문용어는 외부 사람에게 생소하게 들리지만 그 분야 사람들에겐 훨씬 정확하게 이해될 수 있다. 코치는 어떻게든 클라이언트의 행복을 증진시키는 데 온 힘을 기울여야 하므로 행복에 관한 이야기를 나누기보다 '업무, 최적 수행, 생산성 향상, 회복세, 처세 경영' 등 그들에게 익숙한 언어를 활용하는 것이 좋다.

 Tip

클라이언트의 이력과 생활환경을 조사해보라. 클라이언트가 자신의 문제를 언급하고 분석할 때 주로 사용하는 단어는 무엇인가? 재단사가 고객의 요구사항에 맞춰 옷을 재단하듯 코치는 클라이언트가 쉽게 이해하고 수용할 수 있는 어휘나 개념을 찾아내어 활용해야한다.

회의론자들은 클라이언트가 행복을 염두에 두기나 하는지 모르겠다고 말할 수 있다. 얼토당토않은 문제제기라고만 할 수 없는 게, 실제로 상담실을 찾아오는 클라이언트 대부분이 행복이라는 측면을 크게 생각하지 않기 때문이다. 그들은 행복지수를 높여보겠다는 목표를 세우지 않을 뿐더러 코칭의 성과를 행복과 직접적으로 연관짓지도 않는다. 하지만 어떤 코칭이든 궁극적인 목적은 클라이언트의 행복을 증진시키는 것이다. 긍정심리학 연구에 따르면 전세계 모든 사람들이 사랑과 물질적 풍요, 구원 못지않게 행복을 중요한 목표로 생각하고 있었다.[2] 이는 현장에 몸담고 있는 코치들뿐 아니라 크리스 피터슨 연구팀에 의해서도 확인되었는데 이 연구팀은 사람들이 행복을 원하고 있으며 여가활동이나 일, 삶의 의미를 통해 행복에 이르는 다양한 길을 모색한다는 사실을 밝혀냈다. 피터슨은 이러한 태도를 가리켜 '충만한 삶'이라 표현했고, 충만한 삶을 지향하는 사람일수록 삶에 대한 만족도가 높다고 말했다.[3]

여기서 우리는 행복에 관한 중요한 질문을 하나 던져야 한다. "과연 더 행복해질 필요가 있는가?"이다. 코칭의 효과를 못미더워하는 클라이언트나 회의론자는 행복을 얻기 위해 수많은 자원을 투자하기에 앞서 확실한 성과를 보장받고 싶어한다. 그들은 "행복이라는 게 한순간 스쳐가는 감정 아닌가?", "행복하면 뭐가 좋다는 거지?" 하고 반문하기도 한다. 다행히 우리는 긍정심리학을 통해 다음과 같은 확실한 대답을 얻을 수 있다. 행복은 가정이나 일터에 확실히 유익한 영향을 미친다. 다양하게 실시된 연구 결과를 살펴보면 행복이 인간관계나 사회참여도, 업무수행력, 경제력, 건강, 희생정신, 위기대처 능력뿐 아니라 생존력에도 밀접하게 연관되어 있음을 알 수 있다.[4] 만족감을 느끼고 적극적인 태도를 갖춘 사람은 삶의 다양한 영역에서 분명한 혜택을 누린다. 행복에서 비롯된 혜택을 직접 맛본 사람은 어떻게 행복을 증진시킬 수 있는지의 문제로 고민하지 않는다. 그들이 진정으로 묻는 건 "어디에서 시작할 것인가?"이다.

 Tip

행복에 대한 연구 결과를 숙지하면 보다 효율적으로 코칭을 진행할 수 있을 것이다. 행복한 사람은 대체로 건강하고 소득수준이 높으며, 병가일수가 적고 업무수행도 효율적으로 한다.

행복을 얻는 방법은 과거의 경험을 떠올리거나 일반 상식을 통해서 쉽게 생각해낼 수 있다. 가령 아침마다 운동하면서 스트레스를 해소하고 원기를 충전하거나 크리스마스 보너스로 디지털 카메라를 장만하거나 주말여행을 떠나거나 부엌의 실내장식을 바꿈으로써 행복을 느낄 수 있다. 오래전부터 사람들은 행복하려면 환경을 바꿔야 한다고 생각했다. 즉 안정된 결혼, 안락하고 깨끗한 주거환경, 교육 혜택, 종교, 안정적인 수입원 등 환경이 잘 조성되면 행복을 극대화할 수 있다는 것이었다. 하지만 연구 결과 삶의 환경이 행복에 미치는 영향력은 미미한 수준인 것으로 밝혀졌다.[5] 신앙과 재산, 결혼이 어느 정도 행복을 가져다주기는 하지만 극히 제한적일 뿐만 아니라 환경적 요소는 우리의 통제 범위를 벗어난 경우가 많다. 가령 배우자를 바꾼다거나 이웃과의 관계를 재조정하거나 학력을 높이거나 월급을 인상하는 일은 노력과 시간과 재능을 아무리 쏟아 부어도 불가능하거나 어려운 일이다. 그러므로 행복을 얻기 위해 환경을 바꾸려고만 한다면 수고에 비해 적은 보상을 얻을 수밖에 없다.

Tip

행복해지기 위해 환경을 바꾸겠다는 생각은 하지 않는 것이 좋다. 환경을 바꾸려면 많은 자원이 필요하고, 환경을 바꾸려고 시도한다고 해서 행복이나 성공이 보장되지도 않는다. 오히려 평범하고 일상적인 활동을 통해 행복을 추구하는 게 바람직하다.

그렇다면 우리는 어디서부터 행복을 키워가야 할까? 소냐 류보머스키와 켄논 셸던은 우리가 충분히 통제할 수 있는 일상적 활동에서 시작하라고 제안한다.[6] 국적을 바꾸거나 유전인자를 조작하는 건 쉽지 않지만 일상의 습관을 바꾸는 것은 비교적 수월하기 때문이다. 차를 다른 주차장에 세우고 출근길을 바꿔보는 것만으로도 새로운 활력을 얻게 되고 케케묵은 관행의 틀을 깰 수 있다.

쉽게 선택하고 습관화할 수 있는 작은 행동들은 그동안 코칭의 개입방법을 개발하려는 연구원들의 주된 관심 대상이었다. 과거에는 개인의 목표와 만족이 중점적으로 연구되었지만 이제는 행복을 증진시킬 수 있는 작은 행동으로 관심이 기울어지고 있다.

우리는 이 장에서 긍정심리학자들이 개발한 개입방법들을 살펴볼 것이다. 물론 여기에 제시된 개입방법이 누구에게나 모든 상황에서 적용될 수 있는 건 아니다. 우리는 철저히 과학적으로 연구되고 효과가 입증된 개입방법을 몇 가지 선별했지만 클라이언트와 상의하여 가장 적절한 방법을 선택하는 것은 어디까지나 코치의 몫이다.

과학적 연구와 검증을 거친 개입방법이 지금도 끊임없이 개발되고 있으므로 코치는 늘 촉각을 곤두세우고 이에 발맞추기 위해 최신 연구 동향을 살펴야 한다. 긍정심리학회에서 자동적으로 전송되는 이메일www.ppc.sas.upenn.edu/listservsignup.htm을 참고하거나 긍정심리학회 사이트www.ppc.sas.upenn.edu를 방문하거나 〈행복 연구에 관한 저널〉, 〈긍정심리학 저널〉과 같은 전문잡지를 구독하는 것이 좋은 방법일 것이다. 어떤 경로를 통해서든 긍정심리학의 새로운 연구 결과를 숙지하는 것은 매우 중요하다. 새로운 평가도구와 개입방법을 도입하고 최신 정보를 접함으로써 코치는 경쟁력을 갖추게 되고 자신의 일에 보다 큰 애정과 보람을 느낄 수 있기 때문이다. 이제 다양한 개입방법을 살펴보기로 하자.

행복을 증진시키는 과학적인 개입방법

삶의 질 요법(Quality of Life Therapy)

'요법'이라는 말에 괜히 주눅들 필요는 없다. '삶의 질 요법(이하 QOLT)'은 병리적이지 않은 문제에도 쉽게 적용할 수 있다는 점에서, 신경증 분석과 치료에 동원되는 프로이트 이론보다 훨씬 보편적이다. 지난 수십년 동안 정신분석학자들은 문제를 해결하고 과잉된 감정을 통제하여 보다 나은 삶을 만들기 위해 노력해왔다. 그결과 우울증, 정신분열과 같은 심각한 정신장애에 대해서는 다양한 치료법이 발달되었지만 일반 사람들이 흔히 겪는 문제, 가령 이사나 이직 후에 겪는 적응문제라든지, 부진한 업무실적, 일과 가정의 불균형, 부부 갈등에 관해서는 많은 연구가 이뤄지지 못했다. QOLT는 비교적 정상적인 수준의 슬픔이나 불안, 좌절을 겪는 사람에게 큰 도움이 될 것이다.

긍정심리학의 비약적인 발전에 힘입어 '삶의 질 요법'을 처음으로 제안한 사람은 베일러대학교의 심리학 교수인 마이클 프리쉬Michael Frish였다.[7] 비록 그는 상담 분야의 전문가였지만 그가 고안한 이론은 코칭에 매우 유용하게 접목될 수 있다. 프리쉬의 요법은 코칭과 유사한 점이 많은데 우선 그의 말대로 QOLT는 우울증을 앓고 있는 클라이언트뿐 아니라 대기업의 임원이나 인성계발에 관심 있는 개인에게 탁월한 효과를 나타내며, 우울과 불안을 경감시키는 데 그치지 않고 사람들의 수행능력을 최적화하도록 돕는다. 그는 이 요법이 '내적인 충만감'을 더하여 행복을 증진시킨다고 주장하면서 의사나 변호사, 성직자, 학자에게도 권장했다. QOLT는 전략적인 자기 개방self-disclosure을 시도하고 클라이언트에게 과제를 부여하며 삶의 균형이나 성장 기회, 긍정성 함양 등을 중시한다는 점에서 기존의 전통 요법과 크게 다르다. 프리쉬의 QOLT는 크게 성공을 거둬 최근에는 '삶의 질 코칭'으로 확대되었다.

QOLT는 검증된 컴퓨터 시스템을 사용하여 건강과 직업, 목표, 창의력, 자녀 등 삶의 전반적인 영역에 걸친 만족도를 측정하는데 그중 하나인 '삶의 질 목록QOLI'은 www.pearsonassessments.com/tests/qoli.htm에 올라와 있다. 이 방법을 통해 심리치료사와 상담가, 코치는 클라이언트의 삶에서 원활하게 기능하는 영역과 수정, 보완이 필요한 영역을 잘 판단할 수 있다. 기존의 요법 체계에 획기적인 변화를 가져온 프리쉬의 평가도구는 정확성이 높고 저렴하고 클라이언트가 이해하기 쉬우며 컴퓨터로 전산화할 수 있어서 긍정심리학 코칭에 효과적으로 접목될 수 있다. 코칭과 관련하여 QOLI의 최대 장점은 개입이 필요한 부분이 어디인지를 알려준다는 점이다. 코치는 클라이언트의 전반적인 행복 수준을 살피고 코칭의 방향성을 정하기 위해 이를 도입부에서 활용하면 좋을 것이다. 물론 상담을 진행하면서 효과를 점검하고 상담 방향을 재조정하기 위해 사용해도 무방하다. 예를 들어 장기간 코칭을 받고 있지만 말수가 적어서 일주일에 한 번 있는 코칭을 부담스럽게 여기고 코치에게 '말할 거리'를 찾느라 곤혹스러워하는 클라이언트에게는 QOLI가 대화의 장을 열어주는 반가운 도구가 될 수 있다.

QOLI는 전산화 처리로 쉽게 사용할 수 있을 뿐 아니라 다양한 개입방법을 활용한다는 특징이 있다.[8] 프리쉬는 자신의 저서 《삶의 질 요법 *Quality of Life Therapy*》에서 다양한 개입방법의 종류와 특징을 소개하고 목표, 인간관계와 같은 삶의 영역에서 이를 어떻게 활용할 수 있는지 설명했다.

앞으로 소개할 개입방법들도 기존에 사용중이든 새로 개발된 것이든 모두 유용하지만 QOLI에 특별한 관심을 쏟는 이유는 이것이 주로 과학적인 평가도구를 활용하고 그것 자체로 행복을 높여주는 검증된 개입방법이기 때문이다.[9] 프리쉬의 QOLT를 일부분이라도 도입한다면 이는 곧 긍정심리학적 코칭이라고 할 수 있다.

글쓰기

글쓰기는 매우 중요한 코칭 방법중 하나다. 예를 들어 코치는 클라이언트에게 소중한 의미가 담긴 물건을 나열하거나 일람표, 일기, 하루 일과, 동기부여가 되는 슬로건, 개인적 소망 등을 쭉 적어보게 한다. 굳이 코칭 현장이 아니더라도 새해 결심이나 목표를 벽에 붙이면 꽤 효과적이었다는 것을 사람들은 경험상 알고 있다. 글로 표현할 때와 안 할 때의 차이는 매우 크다. 머리에 떠오르는 생각이나 희망 사항을 일단 글로 표현하면 그 의미가 보다 명료하게 다가오고 금방이라도 실천할 수 있을 것처럼 느껴진다. 텍사스대학교의 심리학 교수인 제임스 페니베이커James Pennebaker는 정신적 외상을 입었거나 힘겨운 상황에 있는 사람에게 글쓰기 방법이 상당히 효과적이라는 사실을 발견했다. 그는 정신적인 억압을 글로 표현하는 데 따른 효과를 관찰했는데 몇 차례 실험을 통해 실제로 글쓰기가 정신적인 극복과 건강 증진에 도움이 된다는 사실을 밝혀냈다.[10]

그렇다면 대체로 정신건강에 별 문제가 없는 사람들에게 글쓰기는 어떤 도움이 될까? 또 행복을 증진시키기 위한 방편으로 글쓰기가 어떻게 활용될 수 있을까? 미주리대학교의 심리학 교수인 로라 킹 박사는 페니베이커의 이론을 도입하여 글쓰기가 행복지수에 미치는 영향력을 연구했다.[11] 그녀의 연구방법은 매우 간단하지만 글쓰기의 막대한 영향력을 분명하게 보여주기에는 손색이 없었다. 로라 킹은 세 개의 실험군으로 나눠 각각 '최고의 자아상', '최대의 정신적 외상 경험', '앞으로의 계획'이라는 주제를 주고 나흘에 걸쳐 하루에 20분씩 그 주제에 관해 기록해보라고 주문했다. 또 글쓰기를 실행하기 전과 후의 감정 상태도 측정했다. 예상했던 대로, 꿈이 실현되는 미래에 관해 글을 써보도록 지시받은 사람들은 글쓰기가 끝난 직후 몇 주 동안 목표 성취도와 참여도, 행복지수가 높게 나타났다. 이 실험은 켄넌 셀던 연구팀에 의해 다시 한 번 확인되었다.[12]

글쓰기를 이미 시행했거나 시행하려고 계획하던 사람은 위의 결과에 회심의 미소를 지을 것이다. 긍정심리학이 확실하게 보증해주었으므로 자신감을 가지고 계속 추진하라. 글쓰기를 활용할 수 있는 방법은 다양하다. 가령 급변하는 환경 속에서 불안과 스트레스에 시달리는 클라이언트에게 그런 감정을 표현할 수 있는 글쓰기 과제를 내주거나 성공적이고 낙관적인 미래를 떠올리게 함으로써 행복과 동기를 높여줄 수 있다. 하지만 스트레스가 지나친 클라이언트에게는 글쓰기 과제가 부담스럽게 느껴져서 오히려 역효과가 날 수 있다. 그러므로 코치는 클라이언트의 감정 상태를 잘 살피고 그가 과연 글쓰기 방법을 신뢰하고 있는지를 확인한 후 시행해야할 것이다. 다음은 참고할 만한 글쓰기 견본으로, 상황에 따라 자유롭게 바꿔볼 수 있다.

도입 A: 잠시 동안 미래의 삶을 상상해보세요. 앞으로 일어나거나 성취될 것을 그려보십시오. 특히 모든 상황이 잘될거라고 생각하세요. 열심히 일하고 어려운 일을 극복하고 평소 바라던 것을 이루어내는, 그런 미래를 상상해보세요.

도입 B: 자신의 가장 멋진 모습을 상상해보세요. 바라던 것을 모두 이루었을 때 자신이 어떠한 모습일지 그려보세요. 자신의 장점과 대인관계, 성공을 생각해보세요. 이처럼 가장 이상적인 자기 모습을 묘사해보세요.

운동

규칙적인 운동의 중요성은 아무리 강조해도 지나치지 않다. 걷거나 뛰는 운동의 효과는 과학적으로 증명되었고 이미 대중에게도 하나의 상식처럼 받아들여진다. 축구 동호회나 헬스장, 조깅을 꾸준히 해본 사람이라면 감정, 집중력, 체력, 스트레스가 운동과 밀접한 관계에 있다는 것, 몸이 건강하면 보다 낙천적이고 열정적일 수 있다는 것을 경험상 알고 있다. 건강은 현재뿐 아니라 미래를 위한다는 점에서 매우 가치 있는 목표다. 몸이 부실한데 등산을 가겠다고 흔쾌히 나설 사람이 어디 있겠는가? 하와이에 놀러갔지만 바닷가에서 수영하거나 해변을 거닐 기운조차 없다면 너무나 아쉽지 않겠는가? 어떻게 보면 건강은 개인의 가장 중요한 자산이고 이를 유지하기 위한 노력은 계속되어야 한다.

　운동과 행복의 상관관계를 밝히는 연구가 최근에도 진행되었고 대부분의 연구가 누구나 예상하듯 건강한 몸이 행복감을 느끼게 해준다는 결론을 내고 있다. 옥스퍼드대학교의 전 심리학 교수인 마이클 아가일Michael Argyle은 운동을 하면 스트레스와 긴장이 완화되고 분노, 우울, 무력감이 해소되며 활력과 자존감이 올라가고 건전한 신체상이 정립되는 등 여러모로 효과가 크다고 말했다.[13] 실제로 그는 연구를 통해 운동하는 사람이 교회나 합창단에 참여하는 사람보다 훨씬 행복하다는 사실을 밝혔다. 운동이 신체와 정신건강에 막대한 영향을 미친다는 사실이 위와 같이 과학적으로 입증되고 있으므로 우리는 운동의 타당성에 대해 아무런 이의나 변명을 늘어놓을 수 없다.

물론 운동할 수 없는 데는 수많은 핑곗거리가 있을 수 있다. 몸은 하나인데 해야할 일이 산더미라는 둥 이유를 들라면 수십 가지가 되겠지만 그중 단연 으뜸은 일과 가정이다. 일과 가정은 우리가 일차적으로 시간과 수고를 들여야 하는 인생의 주요 영역이므로 이것을 제쳐두고 운동부터 하기란 쉽지 않다. 실제로 원고마감이나 식사준비, 장보기 등을 우선으로 생각하여 운동을 뒷전으로 미뤄두는 클라이언트가 대부분이다. 코치는 이런 클라이언트에게 운동과 건강이 밀접하게 연관되어 있다는 사실을 강조하면 된다. 일보다 운동을 포기할 수는 있지만 일보다 건강을 포기하기란 쉽지 않기 때문이다.

또 동기부여가 더 필요하다면 여러 종류의 운동이 가져다주는 이점을 쭉 적어보는 것도 좋은 방법이다. 이는 운동과 업무수행력 향상 간의 상관성을 분명하게 보여줄 것이다. 운동만큼 확실한 소득을 안겨주는 활동은 거의 없으며 건강은 어느 것과도 바꿀 수 없는 개인의 소중한 자산이다. 원고 마감일은 재조정할 수 있고 바쁜 가게 일은 종업원을 충원함으로써 해결할 수 있지만 건강은 그때그때 유지하기 위해 노력해야한다. 규칙적인 운동은 신체를 건강하게 하는 동시에 정신도 그만큼 윤택하고 활기차게 하므로 직장이나 가정생활을 성공적으로 이끌어주는 원동력이라고 할 수 있다. 코치는 클라이언트에게 여러 방법으로 운동에 대한 동기를 심어줄 수 있다. 예를 들어 일주일에 네 번, 하루에 20분씩 운동하면 스트레스를 효과적으로 다스리고 자신감과 열정을 얻을 수 있다는 확신을 심어주거나 클라이언트에게 적합한 운동, 함께 할 수 있는 운동 동호회를 소개해주고 강한 체력이 뒷받침되어야 효과적으로 할 수 있는 일들을 알려준다.

긍정적인 반추

임상심리치료와 코칭은 과거와 현재, 미래 중 어디에 초점을 맞추느냐에 따라 구별된다. 심리치료가 가족력이나 유년기 등 클라이언트의 과거를 탐구하는 데 많은 시간을 할애한다면 코칭은 미래의 활동이나 성과를 예측하는 미래지향적 특징을 지닌다. 코치는 과거와 현재와 미래를 각각 얼마만큼 조명해야할지 분별할 수 있는 '시간에 대한 태도'를 잘 갖추고 있어야 한다. 특히 노련한 코치일수록 클라이언트의 과거를 주의 깊게 살피는 것이 얼마나 중요한지 알고 있다.

긍정심리학에서도 반추가 정신건강에 미치는 영향을 매우 중요하게 생각하는데 이는 실험을 통해 여러번 입증되었다.[14] 고향에 대한 추억이 따뜻하고 부드러운 위로를 전해주듯, 과거의 옛 기억은 시간이 흐르고 상황이 변해도 일관되게 남아 있는 자신의 참모습을 지킬 수 있게 해준다. 몇몇 학자들이 언급한 것처럼 나이가 들수록 지나온 인생을 돌아보는 것은 심리적 완결성(복잡하고 무질서한 상태를 정돈하고 결핍된 부분을 메워 완전한 형태로 만들려는 경향 – 옮긴이 주)을 이뤄가는 중요한 과정이 된다. 분명 모든 사람에게는 나름의 긍정적인 추억거리가 있을 것이다. 먼지가 내려앉은 결혼 사진첩을 펼쳐들고 자신의 앳되고 사랑스럽고 풋풋한 모습에 새삼 놀라거나 서재의 선반 위에 놓인 트로피를 쳐다보며 그때의 벅찬 감격을 떠올릴 수 있다. 행복하고 만족스러운 과거의 기억이나 느낌은 깊은 우물물처럼 끌어올리기가 어려운 게 아니다.

시카고대학교의 심리학 교수인 프레드 브라이언트Fred Bryant는 행복을 증진시키는 방법을 찾기 위해 '긍정적인 반추'를 연구의 출발점으로 삼았다. 브라이언트 교수는 우선 대학생들에게 주로 언제 과거를 떠올리게 되느냐고 물었다. 그들은 대부분 혼자 있거나 기분이 울적할 때 자신의 인간관계를 돌아보거나 그동안 간과했던 행복을 발견하거나 새로운 통찰을 얻고 때론 현실도피 욕구를 느낀다고 답했다(여기서 우리는 반추도 위기에 대응할 수 있는 전략 중 하나일 수 있음을 발견한다). 뿐만 아니라 그들은 훗날에도 기억을 재생하기 위해 사진과 비망록, 일기 등을 남겼고 방금 전 일어난 일을 친구한테 들려주면서 기억을 생생하게 보존하려고도 했다.[15]

이후 브라이언트는 과거를 떠올리는 두 방법을 연구하기 위해 통제된 실험을 실시했다. 우선 그는 두 실험집단과 대조군(실험군과 달리 실험 결과가 제대로 도출되었는지의 여부를 판단하기 위해 어떤 조작이나 조건도 가하지 않는 집단을 말한다. -옮긴이 주)을 만들어 첫번째 실험집단에게는 일주일 동안 하루에 두 번씩 혼자서 10분의 회상 시간을 갖도록 지시했다. '인지활동'으로 마음을 안정시키고 심호흡을 하며 자유롭게 기억을 떠올리는 것이었다. 두번째 실험집단에게는 '구체적인 사물'을 가지고 그에 관련한 기억을 떠올리게 했다. 일주일 후 평가해보니 두 실험집단이 대조군보다 행복지수가 높았고 그중 '인지활동'에만 의존했던 첫번째 실험집단이 가장 행복한 것으로 나타났다. 이는 더 생생하고 자유로운 심상心象을 그려볼 수 있었기 때문으로 분석된다.

위의 실험을 통해 우리는 하루에 몇 분만 할애하여 과거의 성공사례를 회상한다면 보다 큰 행복을 누릴 수 있다는 사실을 알게 되었다. 구체적인 사물을 사용하든 순전히 인지 활동에만 의존하든, 과거를 기억하는 것은 클라이언트의 행복을 크게 증진시키며 자칫 지루하게 흐를 수 있는 코칭 분위기를 환기시켜준다. 위의 두 가지 기억방법을 도입하려면 우선 클라이언트는 '긍정적인 기억을 저장하는' 습관부터 길러야 한다.

하루나 일주일 동안 겪었던 유쾌한 일을 잠시 떠올리면서 과거에 관심을 기울이는 법을 배우거나 성공적으로 할 수 있는 무언가를 머릿속에 그리며 그때의 상황과 기분을 상상할 수 있다. 가령 세미나 발표를 앞두고 이 일에 어느 정도 자신감을 갖고 있는 클라이언트가 있다면 그에게 청중의 반응과 모임의 규모, 끝난 후 평가를 예상해보라고 하라. 이처럼 머릿속으로 미리 상황을 그려보는 습관은 훗날 기억을 한결 수월하게 할 수 있다.

반추를 유도할 수 있는 확실한 방법 중 하나는 기억을 불러일으키는 구체적인 물건을 사용하는 것이다. 훈장이나 상장, 수료증, 기념사진 혹은 개인적으로 아끼는 골동품이나 책을 사무실에 비치해두라. 명함, 명찰, 주차예약증, 사내출입증은 물론 사진첩, 추억이 담긴 옷

가지와 장소, 보석처럼 업무와 관련이 없는 것도 괜찮다. 사연이 담긴 소품이라면 무엇이든 기억의 촉매제로 사용할 수 있다.

브라이언트는 추억이 담긴 소품을 보고 만지는 것도 좋지만 긍정적으로 과거를 떠올리는 것만으로 배가된 효과를 거둘 수 있다고 말한다. KFI의 리더십 계발 담당자인 산드라 포스터는 업무가 끝날 무렵 일정한 시간을 할애하여 그날 이뤄낸 성과를 떠올려보라고 제안했는데,[16] 그렇게 하면 근무 시간의 경계가 분명해지고 보람된 기분으로 퇴근할 수 있기 때문이다.

물론 기억이 모든 사람에게 유익한 건 아니다. 실제로 브라이언트가 연구한 바에 따르면 남성보다 여성이 긍정적 반추로 인해 많은 도움을 얻는 것으로 나타났다.[17] 이는 남성이 여성보다 목표지향, 미래지향적이 되도록 사회화되었기 때문인 것으로 보인다. 코치는 클라이언트의 개별적인 특성을 고려하여 반추의 활용 여부를 결정해야한다. 또 긍정적인 반추positive reminiscence와 회한rumination의 차이를 분명히 인식하여 클라이언트가 불필요한 과거에 얽매이지 않도록 살펴야 한다.

류보머스키 연구팀은 일련의 연구를 통해 과거의 성공사례를 떠올리는 것이 행복에 도움이 되지만 그 요인을 분석하는 것은 도리어 역효과를 가져온다고 지적했다.[18] 기억을 떠올려 음미하는 것과 분석은 구분되어야 한다. 거듭 말하지만 코치는 반추의 적절성 여부를 가리기 위해서 무엇보다 클라이언트의 특성을 파악하고 그와 긴밀한 유대관계를 갖도록 노력해야한다.

용서

실천하기 어렵지만 개념만큼은 쉽게 이해할 수 있는 게 용서다. 용서는 가족이나 사회단체, 기업, 국가가 원활하게 움직이도록 하는 사회적 윤활제이며, 법규나 도덕체계를 무너뜨리고 선한 양심을 저버린 사람도 용납하고 받아들이는 과정을 일컫는다. 누구나 한번쯤은 충동적으로 나쁜 말을 하거나 험담을 늘어놓거나 약속을 어기는 등 작은 잘못을 저지르고, 심지어 절박한 상황에서 사기를 치거나 기회를 잡기 위해 허풍을 떨었던 경험이 있었을 것이다. 진정한 뉘우침은 사회관계의 회복을 이뤄가는 데 매우 중요한 과정이다. 하지만 마음에서 우러난 반성과 사과만으로는 충분치 않다. 용서가 뒤따라야 상처가 비로소 아물게 되는 것이다.

물론 용서가 늘 쉬운 건 아니다. 어쩌면 놀랍도록 힘겨운 과정이고 어떤 때는 거의 불가능하게 느껴지기도 한다. 타인에게 자비와 이해심을 보이는 것은 자신의 분노와 상처를 내려놓고 잘못한 상대를 받아들인다는 의미다. 용서가 고행처럼 힘든 과정이긴 하지만 용서가 가져다주는 유익은 매우 크고 다양하다. 우선 기분이 좋아지고 선한 양심을 지키거나 윤리관을 실천할 수 있으며 화해한 뒤 새로운 유대관계를 형성할 수 있다. 레스터대학교의 심리학 교수인 존 몰트비John Maltby는 용서하려는 결심과 실천이 실제로 행복과 건강으로 이어지고 불안과 우울을 경감시킨다는 연구 결과를 발표했다.[19]

용서의 효과가 과학적으로 입증되면서 많은 학자들은 용서에 초점을 둔 개입방법을 개발하기 위해 노력했다. 그들은 용서의 태도를 학습할 수 있고 용서를 통해 적대감을 해소하거나 기대감을 높일 수 있다는 사실을 발견했고 또 용서의 효과가 1년 가까이 지속된다는 점도 알게 되었다. 흥미롭고 흐뭇한 결과이긴 하지만 용서를 하나의 개입 방법으로 사용하는 데는 특별한 주의가 필요하다. 산드라 포스터는 직장인에게 용서 방법을 권유하는 것은 그리 바람직하지 않다고 경고했다. 자칫 슬픔이나 심리적 압박을 일으킬 수 있고 지나치게 사적인 영역을 침범할 수 있기 때문이다. 포스터가 지적했듯이 용서의 개입 방법은 고통스러운 경험이나 상처를 다루고 타인과의 관계에 초점을 두기 때문에 활용하기가 무척 까다롭다. 버팔로뉴욕주립대학교의 심리학 교수인 프랭크 핀챔Frank Fincham은 용서에 관한 그의 저서에서 "용서를 하나의 개입방법으로 활용하려면 용서에 해당하는 것과 그렇지 않은 것을 구분하도록 클라이언트에게 가르쳐야 한다."고 말했다.[20] 프랭크의 지적은 용서를 코칭의 개입방법으로 채택함으로써 파생할 수 있는 여러 문제를 사전에 예방하기 위한 중요한 첫걸음이 된다.

문제를 예방할 수 있는 방법 중 하나는 클라이언트가 자신을 먼저 용서하도록 하는 것이다. 당혹감이나 수치심, 억울함 등의 감정을 다루기보다 자기 자신을 용서하는 것이 훨씬 본질적인 일이다. 하지만 여기에도 세심한 지도가 필요하다. 자기 용서란 과거의 실수를 재평가하고 불가피한 외부적 요인을 고려하면서 과거로부터 무언가를 배우는 것을 의미하는데 클라이언트는 이렇게 함으로써 심리적 압박감에서 벗어날 수 있다.

감사

율법을 준수하는 유대인들은 아침에 일어나면서 'Modeh Ani'라는 말로 기도를 시작하는데, 이는 히브리어로 신에게 감사한다는 의미다. 유대교 외에도 수많은 종교에서 아침이나 식전食前, 특별한 축일마다 감사기도를 한다. 하지만 굳이 종교적 전통이나 신앙을 들먹이지 않아도 감사의 고백은 하루를 여는 가장 좋은 방법이다. 마치 '감사'라는 강장제를 한 알 먹고 시작하는 것과 같다. 주어진 축복에 감사하는 것은 사회에서 여러모로 권장되고 있는데, 가령 부모는 자녀들에게 감사인사를 하도록 가르치고 미국인들은 매년 가을에 추수감사절을 지낸다. 감사의 태도란 주어진 축복과 성공과 특권을 기꺼이 감사하게 여기는 습관이자 능력이다.

심리학자들은 감사에 여러 가지 중요한 기능들이 있다고 말한다. 우선 감사는 타인에 대한 친밀감을 높여준다. 과거에 격려와 지지를 보내주었던 고마운 지인들을 생각하면 자연히 그들에게 친밀한 감정이 싹틀 수밖에 없다. 또한 삶의 긍정적인 측면을 바라보게 되어서 부정적인 감정을 버릴 수 있게 된다. 마이클 맥컬러프Michael McCullough는 실험을 통해서 감사가 남을 돕는 행위나 만족감, 기대감과 깊은 관련이 있으며 우울과 불안, 질투, 물질주의 등과 배치된다는 사실을 밝혔다.[21]

맥컬러프 연구팀은 행복을 높여주는 개입방법으로서 감사가 어떠한 효과를 발휘하는지 관찰했다.[22] 그들은 실험대상자를 세 집단으로 나누고 각기 다른 과제를 부과했다. 첫번째 집단에는 일주일 동안 하루에 하나씩 감사할 주제를 한 문장으로 적게 했고, 두번째 집단에는 일주일 동안 하루치만 적으라고 했다. 그리고 마지막 집단에는 누군가에게 감사편지를 쓰게 했다. 예상했던대로 감사는 실험대상자들의 행복과 기대감을 높여주었다. 그리고 그 효과가 6개월이나 지속된다는 인상적인 결과가 나왔다. 앞서 언급된 개입방법 중에서 가장 효과적인 게 감사였다. 우리는 2장에서 감정의 적응기제에 관해 이야기한 바 있다. 사람들은 극도의 슬픔이나 흥분에 휩싸이다가도 감정의 '기본 한계선'을 지키기 위해 무의식적으로 평소와 같은 잔잔한 행복 상태로 회귀하려는 경향을 보인다. 하지만 감사는 행복과 달리 적응기제의 영향을 받지 않는 정신과정으로 이는 감사가 삶의 고귀한 측면을 적극적으로 감상하려는 의지적 노력이기 때문이다.

감사에는 분명히 긍정적인 영향력이 있지만 그 정도는 다양하게 나타난다. 가령 좋은 말을 여러번 듣다보면 진심처럼 느껴지지 않듯 감사인사도 지나치게 반복되면 효과가 반감되는 것으로 연구 결과 밝혀졌다.[23] 또 감사편지를 쓴 집단은 불안이 증가하는 것으로 나타났는데, 이는 자신의 편지가 발송되거나 공개될지 모른다고 생각하기 때문이었다.

클라이언트에게 일주일에 한 번씩 감사할 내용을 써보게 하는 등 감사의 개입방법을 적극적으로 활용하라. 맥컬러프에 따르면 감사를 공개적으로 표현할 때 감사의 태도가 더 길러질 수 있으며[24] 무엇보다 일상생활에서 감사할 것을 찾겠다는 의지와 결단을 키워야 한다고 한다.

이타심

다른 사람을 도와본 사람이라면 누구나 보람과 감사를 느꼈을 것이다. 장애인을 위해 문을 열어주고 자선단체에 기부하고 집을 비운 이웃을 대신하여 고양이에게 먹이를 주고 뺑소니 차량을 신고하고 자녀의 숙제를 도와주는 등 다른 사람을 도울 수 있는 기회는 도처에 널려 있다. 이타주의는 영웅심과 엄연히 다르며 소방관이나 군인처럼 특정한 사람만 실천할 수 있는 게 아니다. 누구나 한번쯤 경험했을 감정이고 바람직한 결과를 이끌어내는 요인으로 연구에 자주 등장하는 주제다.

지난 30여 년간 행복에 관한 연구의 성과를 돌아보기 위해 소냐 류보머스키와 로라 킹, 에드 디너가 한 자리에 모여 "행복이 성공을 가져다주는가?"라는 주제로 토론을 벌였다. 그들은 자료를 검토하는 과정에서 행복한 사람이 보다 이타적이고 지역봉사활동에 참여하는 비율이 높으며 공감능력과 시민의식이 뛰어나다는 사실을 다시 한 번 확인했다.[25] 이와 같이 행복과 이타심은 밀접한 관계에 있다. 하지만 '닭이 먼저냐 계란이 먼저냐'와 같은 선후先後관계의 문제가 제기된다. 즉 행복해서 이타심이 생긴 것인지, 아니면 이타심을 발휘해서 행복해진 것인지가 아리송해진다. 연구 결과에 따르면 어느 게 먼저랄 것도 없이 모두 맞는 이야기다. 행복한 기운이 넘치는 사람은 그 에너지를 다른 사람에게 흘려보낼 수 있고, 다른 사람에게 에너지를 흘려보낸 사람은 그만큼 행복을 얻게 된다.[26]

이타심은 유전적으로 이미 정해진 것인지도 모른다. 발달주의 이론에 의하면 우리는 가족이나 친구, 동료와 같은 내집단in-group을 돌보려는 성향이 있으며 가까운 사람을 무의식적으로 도움으로써 자존감과 선한 의지, 역량을 키우려고 한다. 하지만 이러한 유익은 차치하고라도 다른 사람을 도우려는 인간의 본성은 행복을 증진시키는 데 사용될 수 있고, 행복 증진은 또다시 개인의 성장과 코칭의 발전으로 이어진다.

로라 킹은 행복과 이타심의 상관관계를 강조하면서 행복에 도달할 수 있는 가장 확실한 방법 중 하나로 자원봉사를 꼽았다. 그녀는 주관적 행복감을 주제로 한 학회에서 "보다 행복한 삶을 원하는 사람은 자기 계발서를 덮어두고 다른 사람을 돕는 일부터 시작해야한다."고 말했다.[27]

비록 작은 일이라도 이웃과 사회에 기여할 수 있다면 우리는 만족과 보람을 느낄 것이다.

최근에는 친절을 통해 행복감을 높일 수 있다는 논문이 발표되었는데 여기에는 클라이언트의 이타적 성향을 활용할 수 있는 매우 간편한 방법이 소개되었다.[28] 일본의 케이코 오타케Keiko Otake 연구팀은 실험대상자에게 일주일 동안 자신이 베푼 친절한 행위를 적어보라고 한 뒤 대조군과 비교했다.

그결과 친절한 행위를 많이 한 사람일수록, 또 자신의 친절한 행위를 자주 떠올리는 사람일수록 행복을 더 느끼는 것으로 나타났다. 작은 선행을 떠올리는 것은 이타심을 활용하여 행복을 증진시킬 수 있는 효과적인 방법 중 하나다.

결론

지난 10년 동안 심리학자들은 행복을 증진시키기 위한 개입방법을 과학적으로 연구해왔고 우리는 그중 실제로 효과적이라고 입증된 것을 위주로 살펴보았다. 코치로서 우리는 코칭의 효과를 입증하기 위해 확실한 증거를 제시할 수 있어야 한다. 그러한 증거로 채택할 수 있는 것 중 하나가 긍정심리학 연구인데 긍정심리학의 창시자인 마틴 셀리그먼도 다음과 같은 통제실험을 설계함으로써 개입방법의 효과를 알아보았다.[29] 첫째는 감사편지를 작성하고 직접 전달하는 것이고, 둘째는 일주일 동안 저녁마다 감사할 일을 세 가지 떠올리고 기록하는 것이다. 셋째는 '최고의 순간을 기억하기' 인데 과거에 좋았던 순간을 짧게 적은 뒤 그 기록을 매일 읽어보는 것이다. 넷째는 VIA 분류체계를 통해 자신의 강점을 발견하고 '새로운 상황에서 발휘하는 것' 이다. 실험 결과 '감사편지를 작성하고 직접 전달' 해서 얻은 행복은 1개월 가량 지속되었고, '감사할 일을 구체적으로 떠올리거나 강점을 새로운 상황에서 발휘' 해서 얻은 행복은 6개월 정도 느끼는 것으로 나타났다. 위와 같은 연구 결과는 긍정심리학이 코칭의 수준을 한 단계 높여줄 수 있는 유용한 도구이며 새롭게 주목해야할 연구 영역이라는 사실을 말해준다.

1. 행복에 관한 연구 결과를 바탕으로 코칭의 수준을 한 단계 끌어올릴 수 있는 방법을 생각해보라. 또 이러한 연구 결과를 잘 정리하여 웹사이트나 명함, 홍보용 전단지에 실었을 때 어떤 이점이 있을지도 생각해보라. 클라이언트에게 행복에 관한 연구 내용을 어떻게 전달할 수 있을까?

2. 위에서 소개된 개입방법을 전반적으로 살펴보고 클라이언트에 따라 어떤 방법이 적합할지 생각해보라. 클라이언트와 코치의 관계, 클라이언트의 성격과 개인적 목표, 주의사항 등을 잘 고려하라. 개입이 필요한 시점은 언제인가? 개입방법이 적절했는지의 여부를 어떻게 평가할 수 있을까?

3. 클라이언트와 코치 모두에게 행복을 가져다주는 개입방법을 생각해보자. 행복한 순간을 발견할 수 있는 능력을 키워라. 그리고 감사했던 일, 만족스러웠던 일을 기록하여 나중에도 쉽게 기억할 수 있게 하라. 이러한 개입방법이 어떠한 효과가 있었는가?

part.2

강점을 개발하라

Positive Psychology Coaching

강점을
활용하는 코칭

강점을 성공적으로 활용한 사례를 소개하고자 한다. 워싱턴의 어느
빈민가 학교에서 시범 프로그램을 운영하던 중 일어난 이야기다. 프
로그램에 참여한 학생은 8학년생들로, 가난하고 소외된 아이들이 흔
히 그렇듯 목적의식이나 의욕이 부족하고 충동적인 행동을 일삼으며
기본적인 읽기조차 못했다. 학교에 매일 나오는 것 자체가 신기하다
고 말하는 사람도 있었다. 몇 년이 흘러도 상황이 나아지기는커녕 범
죄와 폭력, 임신 등의 문제가 걷잡을 수 없이 불거지자 아이들에게 희
망의 끈을 놓지 않았던 몇몇 교사들이 획기적인 프로그램을 제안했
다. 바로 8학년생들에게 신입생의 멘토 역할을 맡기는 것이었다. 비
록 읽기 능력이 3학년 수준에 머물러 있었지만 신입생을 가르치기에

는 충분했다. 효과는 예상 외로 극적이고 빠르게 나타났다. 프로그램에 참여한 학생들은 할 수 있다는 자신감과 기대감, 책임의식을 갖게 되어 타성에 젖은 패배자에서 적극적인 학습자로 급변했다. 더 놀라운 건 평소에 치명적인 약점이라고 여겨지던 것이 가장 강력한 장점으로 작용하게 되었다는 사실이다.

코치라면 누구나 개인의 재능과 자원을 사용한다는 생각에 익숙하다. 클라이언트에게 충분한 잠재력이 있고 이러한 잠재력이 문제해결이나 목표성취에 활용될 수 있다는 생각은 효과적인 코칭을 진행하는데 매우 중요하다. 영국의 대표적인 긍정심리학자인 알렉스 린리Alex Linley는 누구나 자신의 강점을 활용하기 좋아하기 때문에 강점 전략은 그것 자체로 활성화되는 특징이 있다고 했다.[1] 실제로 사람들은 약점을 보완하기보다 강점을 사용하도록 동기화되기 쉽고 더 큰 보람과 흥미를 느낀다. 수백 건의 논문에 따르면 사람들은 자신에게 '맞는' 업무환경을 원하고 그처럼 호의적인 환경에서 강점을 보다 효과적으로 발휘할 수 있다.

대부분의 코치들은 클라이언트에게서 숨겨진 강점을 찾아내야 한다는 사실을 알지만 정작 어떤 방법으로 찾아야 할지, 또 찾는다 해도 어떻게 활용해야할지 잘 모른다. 최근 긍정심리학계의 새로운 연구 주제로 등장한 것이 바로 강점 계발이다. 전통적으로 '미덕'과 같은 인간의 본성은 철학자들의 독점적인 사유 영역이었지만 근래 들어서 심리학자나 사회학자들도 이 분야에 관심을 보이기 시작했다. 그리고 불과 5년 만에 강점을 규명하고 분류하고 평가하고 강화하는 획기적인 방법들이 개발되었으며[2] 앞장에서 소개했듯이 강점을 활용함으로써 행복을 증진시키거나 스트레스, 심리적 고통을 완화할 수 있다는 연구 결과가 계속 나오고 있다. 긍정심리학 코치들은 위와 같은 최근의 연구 결과를 참고하여 클라이언트의 잠재력을 강화할 수 있는 체계적인 방법을 강구해야한다.

동기와 실천의지를 불어넣기 위해 강점을 활용한 예는 긍정심리학과 코칭 이론, 그리스철학이 생겨나기 이전으로 거슬러 올라간다. 길가메시나 오디세우스의 서사시, 토라 이야기는 끊임없이 실존을 위협하는 역경 속에서도 꿋꿋하게 승리하는 인간 본연의 강인함을 엿볼 수 있다는 점에서 웬만한 드라마 못지않게 박진감 넘치고 흥미롭다. 우리는 바빌로니아의 영웅인 길가메시에게 용맹스럽고 강인한 정신을, 출애굽 백성의 지도자 모세에게는 한결같은 충성심을, 그리고 그리스의 영웅 오디세우스에게서 온갖 유혹과 위험을 견뎌낸 분별력과 기개를 발견한다. 우리는 그 거장다운 면모에 가슴 벅찬 감동을 느끼고 그들의 모습이 일부분이나마 우리에게도 있을 거라고 생각하곤 한다. 고전 영웅담이 호소력 있게 다가오는 이유는 우리가 지닌 강점을 주인공들도 동일하게 사용하기 때문이다. 그들이 보여주는 충성심과 분별력, 용맹스러움은 우리 주변에서도 흔히 볼 수 있는 미덕이다. 모차르트의 천재적인 음악적 재능은 그저 경탄만 불러일으키지만 오디세우스의 불굴의 정신은 우리도 할 수 있다는 자신감과 도전의식을 일깨운다.

강점을 바라본다는 건 긍정성에 대한 막연한 기대감이나 순진한 낙천성을 의미하는 것이 아니다. 주요 연구에 따르면 약점보다 강점에 주목하는 것이 성공할 가능성이 높다고 한다.[3] 1955년경에 네브래스카 지역에서 교육학자들이 선행 여부에 따른 속독법 학습의 효율성을 연구한 적이 있었다.[4] 읽기 능력에 따라 학생들을 몇 그룹으로 나누고 여러 방법으로 속독법을 익히게 했는데, 그 결과 실험 전에 이미 읽기를 잘했던 학생들이 타 집단보다 높은 성취도를 나타냈다. 이는 학습부진 학생을 평균수준으로 끌어올리기보다 우수학생을 그만큼 지도했을 때 효과가 더 크다는 사실을 보여준다. 약점보다 강점에 초점을 맞추는 것이 유익하다는 이야기다. 사실 이러한 실험들은 긍정적 감정이나 대인관계, 강점 활용의 중요성을 알아보려는 연구의 일환으로 실시된 것이다. 강점에 주력하는 인력관리 프로그램은 이윤극대화를 추구하는 기업 경영인들 사이에서 이미 큰 호응을 얻고 있으며 앞으로 긍정심리학 코칭에서도 큰 성과를 안겨줄 것이다.

---| **Coaching Point** |---

연구에 의하면 약점을 보완하는 것보다 강점을 강화하는 것이 훨씬 효과적이다.

하지만 우리는 강점을 어떻게 파악할 수 있을까? 어떤 사람은 신속한 일처리를 중요하게 생각하는 반면 어떤 사람은 지체되더라도 빈틈없이 하는 것을 중요하게 여긴다. 역경을 있는 그대로 수용하는 것과 적극적으로 타파하는 것 중 어느 것이 더 바람직한가? 야망은 강점으

로 작용할까, 위험 요소로 작용할까? 강점에 대한 복합적인 관점은 우리를 매우 혼란스럽게 한다. 하지만 이러한 근본적인 질문에 답을 찾으려고 시도를 전혀 하지 않고 강점 전략을 적용하려 한다면 그저 즉흥적인 판단이나 지레짐작으로 클라이언트의 강점을 규정해버리거나 클라이언트가 소중하게 여기는 강점들을 간과할 수 있다. 다행히 긍정심리학은 통제된 실험들을 통해 이러한 문제를 다루었고 코칭에 사용할 수 있는 이론적 틀을 제공해준다.

강점에 대한 배경지식

현대 심리학의 눈부신 성과 중 하나는 크리스 피터슨과 마틴 셀리그먼이 공동으로 참여한 강점 연구다.[5] 특히 셀리그먼은 기존 심리학이 우울증과 같은 정신질환에만 초점을 둔다는 점에 착안하여 긍정심리학을 주장했고, 정신장애를 진단하는 데 사용되었던 DSM(정신장애의 진단 및 통계편람)에도 관심을 기울였다. DSM은 우울과 불안, 정신분열과 같은 정신질환의 증상과 진단법을 일목요연하게 집대성해놓은 것으로 정신의학계의 공식 경전과도 같은 것이다. 셀리그먼은 DSM이 정신의 병리적인 측면에만 치중한다고 지적하면서 그에 상응하는 강점 분류체계가 개발되어야 한다고 주장했다. 그는 인간의 왜곡된 정신만큼이나 호기심, 유머감각, 감사의 태도와 같은 강점의 특징과 발달을 연구한다면 이 사회가 조금은 달라질 수 있을 것이라고 생각했다. 성격적 강점과 내면의 풍부한 자원을 발휘할 수 있도록 긍정심리학이 체계적인 이론과 프로그램을 제공한다면 인류에게 큰 도움이 되지 않겠는가?

그 첫번째 시도로 피터슨과 셀리그먼은 성격적 강점을 규정하기 위한 기준을 찾기 시작했다. 가령 최근에 출시된 컴퓨터 프로그램을 단번에 다룰 줄 아는 기술, 아름다운 목소리로 노래할 수 있는 재능, 그리고 강점, 이 세 가지를 어떻게 식별할 것인가? 피터슨과 셀리그먼은 7개의 범주를 설정하여 기술과 재능과 강점을 분별할 수 있는 기준으로 삼고 또 자신들이 고안한 분류체계에 어떤 강점을 포함시켜야 할지 결정했다. 첫째, 강점은 사고와 행동, 감정 전반에 걸쳐 명확하게 드러나야 한다. 둘째, 강점은 그것 자체로 혹은 다른 요소를 활성화하면서 성공적인 삶에 기여해야한다. 셋째, 강점은 바람직한 결과를 이뤄낼 뿐 아니라 그 자체로도 윤리적인 가치를 지녀야 한다. 넷째, 자신의 강점이 타인의 강점을 방해해서는 안 된다. 오히려 통합적으로 상승 작용을 해야한다. 다섯째, 강점을 강화시키는 사회적 제도나 관습 등이 있다. 여섯째, 보편적인 합의가 이뤄져야 한다. 다시 말해서 사람들은 강점이 발휘되는 전형적인 상황을 떠올릴 수 있어야 한다. 마지막으로 강점은 하위 개념으로 나뉠 수 없다. 예를 들어 관용은 위의 여섯 항목을 모두 충족시키지만 개방적 사고와 공정성으로 나뉜다는 점에서 강점으로 분류될 수 없다. 위의 7개 기준을 바탕으로 셀리그먼과 피터슨은 가창력이나 기계작동 기술 등을 강점 분류체계에서 제외시키고 감사의 태도를 훌륭한 강점 중 하나로 선정했다.

강점의 정의와 종류를 명확하게 규정함에 따라 이제는 잠재된 강점을 보다 체계적으로 발굴하고 평가할 수 있게 되었다.

용기라는 강점을 생각해보자. 용기란 두려움을 직면하고 극복하며 불확실한 상황에서도 행동할 수 있는 능력을 말한다. 용기는 화염에 휩싸인 사고차량에서 사람을 구출해내는 영웅적인 행위만을 가리키는 게 아니다. 몸이 후들거리는 긴장감에도 불구하고 사람들 앞에서 자발적으로 발표를 한다거나 새로운 임무를 맡거나 회사를 그만두거나 결혼 혹은 이사를 하는 등 다양한 형태로도 나타난다. 어떤 상황에서든 용기는 피터슨이 말한 대로 인간의 진정한 강점 중 하나다. 용기는 그것 자체로 소중할 뿐만 아니라 주변 사람에게도 파급되며 행복한 삶을 이루는 데 중요한 역할을 한다. 또 사람들은 용기 있는 삶의 전형을 쉽게 떠올릴 수 있다. 반면 악기를 만드는 능력과 같은 경우는 정교하고 섬세한 기술을 요하지만 강점이 갖춰야 할 요건을 모두 충족시키지 못하므로 강점 분류체계에 포함시키기에는 부적합하다.

> **Coaching Point**
>
> 강점들은 개인이나 상호적으로 모두 유익하게 작용하며, 그것 자체로 가치를 지닌다.

이후 피터슨과 셀리그먼은 DSM에 상응하는 그들 고유의 분류체계에 어떤 강점들을 포함시켜야 할지 구체적으로 생각했다. 그들은 방대한 경전과 고대문헌, 철학 논문, 현대소설, 자기 계발서 등을 참고하면서 인간의 강점이 어떻게 규정되고 묘사되는지 주의 깊게 살폈다. 심지어 인기리에 방영되었던 드라마 스타트렉에서 외계종족이 가상적으로 사용한 클링곤Klingon 문서도 찾아볼 정도였다. 그들은 과거와 현재에 각각 중요하게 생각되는 강점들을 찾아보고, 또 보편적으로 알려진 강점들과 여성, 노인, 아동과 같은 특수한 집단에서만 인정되는 강점도 살폈다. 수개월에 걸친 자료검토와 인터뷰 끝에 그들은 강점 분류체계의 초안을 작성하고 몇몇 지역에만 국한된 '시간엄수'를 제외시키는 등 24개 항목으로 이뤄진 강점 리스트를 완성했다. 모든 문화권에서 사용될 수 있는 이 강점 분류체계는 〈표 5-1〉과 같다. 이후 피터슨과 셀리그먼은 마이어슨 재단의 후원에 힘입어 강점연구소의 발전을 돕고 이를 통해 강점 분류체계의 완결판을 만들어냈다. 다양한 사람들의 강점을 평가하도록 고안된 이 분류체계는 VIA-IS라고 불리는데 다음 장에서 자세히 소개할 것이다. 간단히 훑어보아도 우리는 24개의 강점 항목들이 얼마나 체계적으로 일목요연하게 정리된 것인지 알 수 있다. 물론 개인마다 강점을 발휘하는 역량에는 차이가 있겠지만 VIA-IS가 종교와 문화적 배경에 상관없이 모든 사람에게 사용할 수 있는 도구라는 건 분명하다. 모든 강점은 생산적이고 고무적이며 코칭과 긴밀한 관계에 있다. 강점을 매개로 한 코칭은 매우 효과적일 수 있다. 누구나 자신의 취약한 부분보다 장점과 능력을 얘기할 때 흥이 나고 동기를 얻게 되기 때문이다. 강점 전략은 클라이언트를 긴장시키거나 불편하게 하지 않을뿐더러 흥미를 돋우고 생산성을 높여준다. 그리고 클라이언트의 자원을 확장시키는 첫걸음이 된다.

● 학습에 관련된 강점: 새로운 정보를 습득하고 활용하는 능력

  1. 창의성
  2. 호기심
  3. 학습에 대한 의욕
  4. 통합적 관점 (지혜)
  5. 개방적 사고

● 용기에 관련된 강점: 반대에 부딪혔을 때 의지를 지속시키는 능력

  6. 용맹성
  7. 인내심
  8. 완결성
  9. 추진력

● 관계에 관련된 강점: 대인관계를 맺고 유지하는 능력

  10. 사랑하고 사랑받을 수 있는 능력
  11. 친절
  12. 사회지능

● 정의에 관련된 강점: 공동체 안에서 바람직한 상호작용을 지속하는 능력

  13. 구성원 의식
  14. 공정성
  15. 리더십

● 절제에 관련된 강점: 극단을 견제하는 능력

  16. 용서 / 자비
  17. 겸손 / 겸허
  18. 신중함
  19. 자기 통제력

● 초월에 관련된 강점: 완결을 향해 통합하는 능력

  20. 탁월함과 아름다움을 이해하는 능력
  21. 감사
  22. 희망
  23. 유머
  24. 영성

강점을 사용하여 코칭하기

여기서 잠시 문화적인 영향을 살펴보자. VIA가 처음 소개되었을 때 많은 사람들은 이 도구가 문화적 보편성을 띨 수 있을지 의구심을 나타냈고 어떤 사람은 서구적 가치관이 반영된 지극히 '미국적인' 도구라고 폄하하기도 했다. 필자(로베르트 비스바스 디너)는 문화적 차이가 극명하게 나타나는 세 집단, 즉 미국의 대학생들과 케냐 초원지대에 거주하는 마사이족, 북극해 연안에서 어로와 수렵으로 살아가는 이누이트를 상대로 VIA를 보여주며[6] 여기에 제시된 강점들을 얼마나 중요하게 생각하는지 물었다. 또 자녀에게 이러한 강점을 전수하고 싶은지, 강점을 키워주는 사회제도적 장치가 마련되어 있는지도 질문했다. 놀랍게도 세 집단 모두 강점이 타당하게 규정된 것 같다는 데 의견의 일치를 보였다.

하지만 이런 점을 감안하더라도 VIA를 시행하기에 앞서 고려해야 할 문화적 문제는 여전히 남아 있다. 첫째, 서로 다른 문화권의 사람들이 강점의 타당성에 모두 동의한다고 해도 그 강점을 언급하는 태도에서는 차이를 보였다. 우리는 영국에서 긍정심리학과 코칭에 관한 워크숍을 진행하면서 영국인 특유의 '내향성'이 걸림돌로 작용할 수 있다는 사실을 발견했다. 모의 코칭에서 클라이언트 역할을 맡은 사람들은 우쭐대는 인상을 남길까봐 자신의 강점을 공개적으로 말하길 꺼려했다. 그러므로 코치들은 클라이언트가 안심하고 말할 수 있는 '안전영역'을 확보해주고 그들이 민감하게 반응하는 부분에서는 신중을 기해야한다. 경험상으로 볼 때 문화적 차이를 충분히 고려하고 클라이언트가 정형성을 탈피하여 자유롭게 의견을 말할 수 있는 '한 시적인 특수문화'를 마련해준다면 문화적 장벽은 충분히 깨질 수 있다. 실제로 우리는 영국에서 이렇게 말하는 것만으로도 상당히 효과를 볼 수 있음을 알았다. "본인이 스스로 강점을 말하기가 쑥스러우실 겁니다. 자기도취에 빠진 사람처럼 보일까봐 염려되겠지요. 하지만 전 어떤 얘기를 듣더라도 그렇게 생각하지 않을 거예요. 당신이 잘할 수 있는 게 무엇인지 진심으로 궁금할 뿐입니다."

┤ Coaching Point ├

분류체계에 포함된 강점에 대해 다양한 문화권의 사람들이 그 타당성을 인정했지만 자신의 강점을 공개적으로 말하는 것에 대해서는 차이를 보였다. 긍정심리학 코치들은 클라이언트가 보다 편안함을 느낄 수 있는 환경을 조성해주어야 한다.

강점은 여러모로 유익해서 자신뿐 아니라 타인에게도 긍정적인 영향을 미친다. 대인관계나 일터에서 우리가 자신의 강점을 활용하려고 노력할 때 주변 사람들도 자극을 받게 되는 것이다. 버지니아대학교의 심리학 교수인 존 하이트Jon Haidt는 이런 감정을 '고양'이라 칭하고 이에 대한 연구를 실시했다.[7] 그에 의하면 사람들은 탁월하고 숭고한 인간의 정신을 볼 때 고양을 경험하는데, 가령 링컨기념관에 새겨진 게티즈버그 연설을 읽거나 에드먼드 피터스 다리에서 비폭력시위 행렬을 이끄는 마틴 루터 킹 목사의 사진을 보면서 경외감을 느끼고 마더 테레사를 떠올리며 진정한 박애정신이 자신에게도 전해지는

것을 느낀다. 고양감은 단지 기분 좋은 감정만을 의미하지 않으며 개인과 공동체 모두에게 유익한 영향을 미친다. 하이트는 고양을 경험할수록 낙천적이고 이타적인 특징을 보인다고 주장했다. 뿐만 아니라 실현 가능한 것을 발견하고 실행할 수 있는 의지를 얻게 된다고 한다. 그러므로 일터와 같이 공개적인 장소에서 자신의 강점을 발휘하면 당사자뿐 아니라 주변 사람들까지도 유익해지는 것이다.

⊣ Coaching Point ⊢

강점은 자신 못지않게 타인에게도 긍정적인 영향을 미친다.

클라이언트의 강점 파악하기

긍정심리학이 제공하는 수많은 혜택 중 하나는 성격적 강점을 파악할 수 있는 체계적이고 과학적인 평가도구가 개발되었다는 점이다. 이러한 평가도구가 코칭의 안전성과 효율성을 높여준다는 점에서 코치는 평가도구 개발에 보다 관심을 기울여야 할 것이다. 과거에는 코치가 대개 클라이언트로부터 그들의 강점과 소질과 자원을 듣고 목표달성을 위해서 적극 활용하라고 권하는 수준이었다. 물론 이것은 긍정심리학의 이점을 충분히 살리지 못한 데서 비롯된 접근법이며 결과적으로 억측과 직감이 난무하는 코칭 관행을 낳고 말았다. 하지만 이제는 강점을 객관적으로 측정할 수 있는 장치들이 마련되었으므로 코치는 클라이언트의 여러 강점을 효과적으로 통합하고 자신의 코칭 성과도 평가할 수 있게 되었다. 게다가 공인된 평가도구에 힘입어 이전보다 훨씬 효율적으로 클라이언트에게서 정보를 얻을 수 있다. 240문항으로 이뤄진 VIA를 통해 45분 만에 클라이언트의 강점을 정확하게 예측할 수 있다는 사실을 생각해보라.

VIA-IS 분류체계

VIA-IS는 전세계에 걸쳐 35만 명이 넘는 사람들에게 실시되면서 계속 수정, 보완되고 있다.[8] 240개의 자기보고식 문항으로 구성된 이 평가도구는 리커트 척도(특정 대상에 대한 개인의 태도 즉 생각, 지각, 감정 등을 측정하는 데 사용되는 척도의 한 유형으로 피험자에게 조사항목에 동의하는지의 여부를 묻지 않고 각각의 항목에 대한 동의 정도를 표시하게 하는 측정법이다. '매우 찬성, 찬성, 중립, 반대, 매우 반대의 범주에서 회답을 구한 다음 총 득점이나 평균값을 태도측정치로 본다. - 옮긴이 주)에 따라 24개의 강점이 자신에게 얼마만큼 부합되는지 표시하는 것이다. 문항 수가 많은 만큼 질문지를 완성하는 데 소요되는 시간도 상당하다(대개 45분 정도 걸리지만 응답자의 지적 수준이나 문항에 대한 친숙도, 인터넷 접속 상태에 따라 달라질 수 있다). VIS-IS의 가장 큰 장점은 누구나 인터넷 상에서 무료로 사용할 수 있다는 점이다. 또 계발해야할 강점보다 현재 '가진' 강점을 위주로 긍정적인 피드백만 제공한다는 점도 있다. 피험자는 우울이나 불안과 같은 자신의 취약 영역을 평가받을 때보다 훨씬 편안한 마음으로 VIS-IS에 임할 수 있다.

강점 연구를 활발히 하고 있는 박난숙 교수는 VIS-IS가 개인의 강점을 본인의 또다른 강점과 비교하는 '자체적' 평가방법을 써야지, 다른 사람의 강점과 비교하는 것은 옳지 않다고 주장했다.[9] 즉 어떤 사람보다 현명하다, 용감하다는 식의 경쟁구도 관점은 지양해야한다는 것이다. 지능검사와 달리 VIS-IS는 백분위 점수분포를 통해 개인의 상대적 위치를 보는 게 아니라 개인의 '대표강점'을 밝히는 것이기 때문이다. 대표강점이란 개인이 주로 발휘하게 되는 고유한 강점을 말한다. 또 VIS-IS는 클라이언트가 미처 생각하지 못한 강점을 밝혀주기도 한다. 우리는 VIS-IS를 통해서 클라이언트의 주된 강점 5가지를 파악할 수 있을 뿐 아니라 그것을 실생활에 적용할 방법도 궁리해볼 수 있다. VIS-IS는 강점의 발달 정도를 보여주기도 한다. 예를 들어 자신의 관리능력이 얼마만큼 강화되었는지 궁금한 클라이언트는 공정성이나 리더십, 구성원 의식과 같은 관리능력에 관련한 항목의 점수를 비교하며 자신의 성장 궤적을 추적해볼 수 있다.

크리스 피터슨은 VIS-IS에서 또다른 흥미로운 측면을 발견했다. 그는 수십만 명에 이르는 통계를 살펴보며 강점을 공유하는 사람들끼리 비슷한 양상을 보인다는 걸 알게 되었다.[10] 즉 어떤 항목에서 높은 점수를 보인 사람들은 공통적으로 다른 항목에서 낮은 점수를 보였는데 예를 들어서 '호기심'이 강한 사람들은 어느 누구도 자신의 대표강점 5가지 중에 '신중함'을 포함하고 있지 않았다. 이는 호기심이 행동을 추진케 하는 원동력 구실을 한다면 이에 반해 신중함은 낯선 것에 대해 성급히 반응하는 것을 자제시키는 역할을 하기 때문일 것이다. 또 창의성이나 호기심, 학습에 대한 의욕처럼 자기중심적 강점이 높은 사람들은 하나같이 겸손, 공정성, 구성원 의식과 같은 타인 지향적 강점에서 낮은 점수를 나타냈다. 마찬가지로 개방적 사고나 자기 통제력처럼 정신적 측면이 강한 사람은 감사나 영성을 포함한 감성적 영역에서 별로 두각을 드러내지 않았다. 물론 이것은 클라이언트가 상반된 강점을 동시에 갖지 못한다는 의미가 결코 아니다. 일관된 특징을 지닌 강점들이 한데 집중될 수 있음을 보여주는 결과다. 그러므로 어떤 클라이언트에게 친절함이 높게 나타난다면 비록 가시적인 결과로 나오지 않더라도 용서와 구성원 의식이 높을 것으로 예상할 수 있다. 표 5-1의 VIS-IS는 www.viastrengths.org에서 자유롭게 이용할 수 있다.

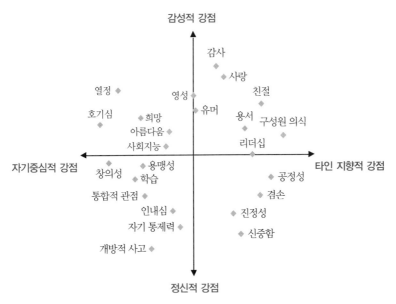

〈그림 5-1〉 성격적 강점들의 상관관계. note : 강점 간 거리가 멀수록 동일한 사람의 대표강점으로 함께 포함될 확률이 낮다.

갤럽사의 스트렝스파인더

스트렝스파인더StrengthsFinder는 전세계에 수십 개의 지부를 둔 갤럽사에서 직원들의 강점 활용을 극대화하기 위해 개발한 자기 발견 평가 도구로, 각종 기관과 단체에서도 널리 사용되고 있다.[11] 갤럽사는 직원을 채용하는 과정에도 스트렝스파인더를 활용하는데 업무에 대한 만족도가 낮은 직원이 거의 없는 것으로 알려졌다. VIS-IS와 마찬가지로 스트렝스파인더는 개인의 자질을 승부근성, 경쟁력 등 34개 항목으로 분류하였다. 하지만 기업체에서 개발한 도구인 만큼 VIS-IS보다 조직을 구축하고 관리하는 것에 초점을 맞춰 고안되었다. 180문항을 40분 만에 풀어야 하며 www.strengthsfinder.com에서 유료로 이용할 수 있다.

강점을 활용하는 개입방법

강점을 활용하는 것이 중요하다는 사실은 모두가 알고 있지만 실제로 그렇게 할 수 있는 사람은 많지 않다. 여기서는 클라이언트가 스스로 자신의 자질을 발견하고 계발할 수 있도록 돕는 개입방법 몇 가지를 소개하고자 한다. 청소년 인성 계발이나 학습 프로그램에서 알 수 있듯이 강점은 충분히 길러질 수 있고 강점 계발에 투자한 만큼 다른 영역에서의 성공 가능성도 높아진다. 셀리그먼 연구팀은 강점을 활용한 개입방법이 매우 효과적이라는 점을 밝히면서[12]

VIS-IS를 사용하여 대표강점을 발견하고 실생활에 적용할 때 행복감도 높아진다고 말했다.

VIS-IS를 통해 대표 강점을 발견하고 토론하기

VIS-IS는 코칭 도입부나 혹은 어느 정도 진행된 뒤 강점을 규명해야 할 필요가 분명해지는 시점에서 사용할 수 있다. 평가 결과를 놓고 대화를 나누는 것은 성장과 변화를 촉진하는 자극제와 같다. 온라인상에서 실시할 수 없다면 직접 대면하거나 팩스, 이메일 등으로 VIS-IS 항목을 제시하고 그중 자신에게 해당되는 한두 가지의 강점을 골라보라고 하면 된다. 다음의 대화를 예로 들어보자.

코치: 제시, 직장에서의 문제를 얘기하고 싶다고 하셨는데….

제시: 네, 과장님에 대해서요. 과장님만 생각하면 짜증이 납니다. 부하직원을 제대로 도와주지도 않으면서 시시콜콜 간섭하려고 하거든요.

코치: 무척 힘드시겠네요.

제시: 네, 그래요.

코치: 불만을 얘기해 보셨나요?

제시: 아뇨, 그냥 그러려니 하고 넘어갑니다.

코치: '넘어간다'는 말이 힘들다는 얘기로 들리네요. 어찌 보면 인내심을 가지고 어려운 상황을 잘 견디고 있다는 걸 의미할 수도 있겠지만요.

제시: 네, 그런 것 같아요.

코치: 인내심 말고 어떠한 강점이 또 있나요? 이 문제를 해결하는 데 도움이

될 테니 한번 살펴볼까요?

제시: 네.

코치: 그럼 일전에 이메일로 보내드렸던 강점 일람표를 꺼내보세요.

제시: 여기 있어요.

코치: 좋아요! 일람표를 훑어보시고 본인에게 해당되는 강점을 한두 개 골라 보겠습니까?

제시: (웃으면서) 전부 다인 것 같은데요.

코치: (웃으면서) 그래요?

제시: 제 생각엔 호기심과 유머감각이 좀 많은 것 같습니다.

코치: 제가 봐도 그런 것 같네요 …. 그럼, 둘중 어느 것을 가지고 과장님과의 문제를 논해볼까요?

제시: 음… 호기심이요.

코치: 호기심을 이 상황에 어떤 식으로 적용하면 좋겠습니까?

제시: 글쎄요. 우선은 제가 왜 불만을 털어놓지 못하고 있나 궁금해요.

코치: 저도 궁금하군요.

제시: 시간이 지나면 저절로 상황이 나아질 거라고 생각하는 것 같아요. 과장님이 업무에 익숙해지면 상사 노릇을 제대로 할 수 있을 테니까요. 그런데 문득 과장님은 무슨 생각을 하는지 궁금해지네요.

코치: 무슨 뜻이지요?

제시: 제 말은 과장님이 사무실의 상황을 어떻게 바라보는지 궁금하다는 거예요. 이제 막 업무를 파악하는 단계이기 때문에 부하 직원에게 시시콜콜 물어보는 것도 간섭하기 위해서가 아니라 협력과 의견을 얻고

싫어서일지도 모르죠. 아닐 수도 있고요.

코치: 과장님께 그런 얘기를 편안히 해볼 수 있겠어요?

제시: 네, 할 수 있을 것 같아요. 유머를 동원하면 한결 수월할 거예요.

코치: 그래요. 당신의 강점들을 이용하면 잘 될 것 같은데요.

호기심 키우기

코치는 클라이언트의 잠재된 호기심을 일깨울 수 있는 상황이나 행동
의 계기를 마련해줄 수 있다. 대개 사람들은 진기하고 복잡하고 모호
하고 다양하고 뜻밖인 무언가로부터 호기심을 느끼게 된다. 또 오래
되고 익숙한 것을 새것으로 대체하여 활력을 불어넣는 코칭의 개입방
법도 클라이언트의 호기심을 자극한다(동시에 유희와 공감능력 같은 강점도 활
성화된다). 특히 클라이언트가 곤경에 처했거나 문제에 대한 명확한 해
결책을 찾지 못할 때 이러한 방법이 큰 효과를 나타낸다. 코치는 클라
이언트에게 '새로운 관점'을 제공하고, 클라이언트가 자신에게 기꺼
이 협력할 것인지를 물어야 한다. 클라이언트가 코치의 개입방법을
수용하겠다고 하면 이번에는 그에게 문제와 관련된 다른 사람의 관점
을 취해볼 것을 권한다. 예를 들어 직장과 가정을 조화롭게 운영하는
데 어려움을 겪는 클라이언트에게는 직장상사와 자녀의 입장에서 이
문제를 조명하게 하는 것이다. 단지 그 입장에 서보는 것에 그치지 말
고 구체적인 상황이나 감정, 욕망을 상상하게 함으로써 관점에 살을
붙이게 한다. 10년 전이었다면 어떻게 생각했을까, 직장에 강력한 경
쟁자가 생기면 어떻게 할 것인가를 가정해보는 등 상황을 다양하게

변형해볼 수 있다. 어찌되었건 코치는 편안하고 유쾌한 분위기를 만들어주고 클라이언트에게 '만약 ~한다면'의 상황을 상상하게 함으로써 추진력과 새로운 관점을 제공할 수 있다.

유머감각 사용하기

유머는 우리를 즐겁게 한다. 텔레비전 시트콤이나 인도의 웃음클럽에서도 볼 수 있듯이 유머와 웃음이 우리의 건강과 행복을 증진시킨다는 건 분명한 사실이다. 하지만 안타깝게도 많은 사람들이 복잡하고 분주한 일상사에 치여 유머를 '여가시간'에만 즐기는 사치 정도로 생각한다. 우리는 유머를 생활화할 수 있는 다양한 방법을 찾아야 한다. 직장에서 '개그맨' 뺨치는 동료를 찾거나 이메일로 매일 발송되는 '오늘의 유머'를 신청하거나 데이브 베리Dave Berry(퓰리처상을 수상한 언론인 겸 유머작가 - 옮긴이 주)의 고정칼럼을 읽는 등 일상에서 유머와 웃음을 찾으려는 작은 노력은 우리에게 긍정적인 감정을 경험하게 한다. 한 번은 직설적인 성격 때문에 고민하던 한 여성이 코칭을 의뢰한 적이 있었다. 그녀는 VIS-IS의 항목 중 유희에서 높은 점수를 받았지만 12명의 직원을 둔 매니저로서 늘 바쁜 업무에 시달렸고 심지어 점심시간에도 서류를 결제해달라는 요청 때문에 맘이 상할 때가 많았다. 번번이 짜증과 질책으로 응수하는 자신의 태도가 못내 아쉬웠던 그녀는 자신의 강점인 유머를 사용하여 문제를 해결해보기로 하고 직원들을 한자리에 모았다. 그리고 〈스타워즈〉에 나오는 악당 다스 베이더Darth Vader의 사진을 들어 보이며 이렇게 말했다. "이 얼굴을 문 앞에 걸어

놓겠어요. 점심시간을 방해했다간 뼈도 추리지 못할 거라는 경고의 의미로!" 그녀는 자칫 분위기를 무겁게 할 수 있는 문제를 유머러스한 방법으로 언급했고 자신의 직설적인 언행습관을 통제할 수 있었다.

클라이언트의 강점에 주목하라고 누차 강조하지만 여기서 한 가지 주의할 점은 강점들을 단편적으로 이해해서는 안 된다는 사실이다. 한걸음 뒤로 물러나 강점들이 어떻게 상호작용하는지 살피고 최대한 이용할 수 있는 방법을 모색해야한다. VIS-IS가 유용한 도구임에는 틀림없지만 여러 강점이 실생활에서 어떻게 작용하는지를 제대로 알아야 더욱 효과적으로 사용할 수 있다. VIS-IS를 통해 나타나는 클라이언트의 대표 강점 5가지는 독립적으로 기능하는 경우가 드물다. 가령 용맹성이 높더라도 호기심과 창의성에 조합되느냐, 리더십과 열정에 조합되느냐에 따라 다른 양상을 띤다. 그러므로 강점 하나에만 초점을 맞추기보다 여러 강점을 종합적으로 다루는 게 현명한 것이다. 상체와 하체 운동을 병행해야하듯 여러 강점을 동시에 강화시키면 잠재력을 최대치로 끌어올릴 수 있다. 강점을 발견하고 강화하는 데 그치지 말고 통합하는 것까지 고려해야하는 것이다.

클라이언트가 자신의 강점들을 효과적으로 사용할 수 있게 되었다고 하자. 그렇더라도 강점을 어떻게 적재적소에 끌어내야 하는지 정확하게 판단하기는 쉽지 않다. 당신은 진심에서 우러나지 않았지만 상대방을 기분 좋게 해주려고 찬사를 보낸 적이 없는가? 호기심 많은 성격을 억누른 적이 없는가? 심리학자 배리 슈워츠Barry Schwartz와 케네스 샤프Kenneth Sharpe는 강점을 발휘할 시점과 방법을 정하려면 지혜가 필요하다고 주장했다.[13] 그들은 최근 〈행복연구저널 *Journal of Happiness Studies*〉에 개제한 논문을 통해서 강점을 적시에 최대한 활용하려면 다음 세 가지를 고려해야한다고 말했는데 바로 연관성, 대립성, 특수성이다. 상황과 강점의 연관성을 살피고, 상이한 강점들 간의 대립 가능성을 예측하며 특수한 상황에서 어떤 강점을 끌어내야 할지 분별할 수 있어야 한다는 말이다. 우리가 생각하는 것처럼 슈워츠와 샤프는 강점을 최대한 활용할 수 있는 능력이 결국 경험의 축적에서 비롯된다고 말한다. 강점을 적절히 사용해 보상을 얻었거나 그렇지 못해 낭패를 겪었던 지난 일을 회상해본다면 그동안 쌓였던 지혜를 일깨울 수 있을 것이다.

코치 자신을 위한 강점 전략

VIS-IS는 최근에 등장했지만 강점을 활용한 코칭 기술은 예전부터 있어 왔다. 목표와 마찬가지로 강점도 오랫동안 코칭에서 자주 사용하는 방법이었다. 바탕이 되는 이론과 철학에 관계없이 모든 코치훈련 프로그램은 클라이언트가 문제를 해결하고 극복하기 위해 수많은 자원을 동원할 수 있다는 사실을 전제로 한다.[14] 일반적으로 코치의 역할도, 클라이언트가 스스로 자원을 발견하여 목표를 달성하는 데 중요한 원동력으로 사용할 수 있도록 돕는 것이다. 하지만 모든 관심을 클라이언트에게만 향하는 것은 바람직하지 않다. 물론 대부분의 코치가 클라이언트에게 공감과 위로와 도움을 주려는 동기로 시작하지만 이러다 보면 자칫 자신을 잊을 수 있기 때문이다. 클라이언트와 마찬가지로 코치 자신도 꾸준히 성장하고 발전하며 자기 목표를 향해 나아가야 한다. 코치라면 대부분 코칭 분야에 관련한 목표를 가질 것이며 더 나은 코치, 분별력과 신뢰할 만한 인품을 겸비한 코치로 성장하기 원할 것이다. 강점에 대한 관심이 클라이언트에게 도약대를 마련해주었듯이 코치도 자신의 강점을 관찰하고 강화하고 사용함으로써 성공의 물꼬를 틀 수 있다. 이는 개인의 성장뿐 아니라 코칭 분야의 전반적인 발전에도 반드시 필요한 일이다.

하이디의 예를 들어보자. 하이디는 이제 막 전문코치 입문과정을 수료하고 3명의 클라이언트를 도운 게 경력의 전부인 신출내기 코치다. 그녀는 클라이언트를 격려하고 지지하기 위해 분위기를 활기차게 만들려고 애썼다. 클라이언트의 숨겨진 자질을 발견할 때마다 진심으로 환호해주고 그들의 가능성을 응원하며 정성껏 돌봤지만 시간이 지날수록 클라이언트는 물론 그녀 자신조차 코칭의 진행이 어딘지 부자연스럽고 억지스럽게 느껴졌다. 그녀는 동료 코치에게 고충을 털어놓았고 뜻밖의 조언을 들었다. 동료는 과장된 열의를 보이지 말고 본래의 성격대로 코칭을 진행하라면서 클라이언트에게만 제시했던 성격평가도구로 자신의 성격을 확인해보라고 권했다. 섬세하고 여리기까지 한 하이디에게는 다소 당혹스러운 충고였다. 하지만 그녀는 동료의 말을 받아들였고 코칭 분위기가 '지나치게 가라앉을' 위험을 무릅쓰고 본래의 성격대로 솔직하게 클라이언트를 대하기로 했다. 하이디는 클라이언트가 창의적이고 의욕적인 모습을 보일 때마다 지나친 감탄사를 피하고 대신 자신의 성격대로 차분히 응수해주었다. 클라이언트들은 하이디의 변화를 금세 알아차렸고 예전의 활기찬 반응에서와 마찬가지로 격려를 받고 있는 기분이라고 말해주었다. 이처럼 하이디는 클라이언트에게 제시했던 방식대로 자신의 강점을 정직하게 드러내고 사용했으며 코치로서 한 단계 도약할 수 있게 되었다.

　위의 사례는 더 나은 코치로 성장하기 위해서는 동료들의 적절한 평가와 지지를 받는 게 중요하다는 사실을 보여준다. 영국이나 호주, 특히 임상심리학적 배경을 가진 코치들은 전문코치에게도 지속적인 관리와 지도가 필요하다는 점을 강조한다.[15] 실제로 국제코치연맹에서 인증한 여러 프로그램에는 필수과정 중 하나로 평가가 포함되어 있다. 하지만 훈련 프로그램을 이수하거나 자격증을 취득한 후에는 어떻게 할 것인가? 비정기적으로 열리는 컨퍼런스에서 새로운 코칭 전략을 듣고 오는 것으로 우리의 코칭기량을 충분히 키워갈 수 있을까? 코칭은 다른 직업에 비해 개인적인 성격이 강하여 개입방법이 타당했는지, 올바로 진단했는지, 클라이언트에게 최상의 서비스를 제공했는지 등의 제반 사항을 점검하기가 어렵다. 코칭 현장에 오랫동안 몸담았던 전문코치들은 동료 간의 소통이 활발하게 이뤄져 건설적인 평가와 격려, 도전을 주고받을 수 있어야 한다고 말한다. 즉 선배 코치들로부터 지속적으로 평가를 받거나 동료 자문단을 결성하여 각자의 고충이나 의문점을 나누라는 것이다.

　이외에도 성장과 관련하여 자주 간과되는 점이 있는데 그것은 코칭의 효과를 극대화하기 위해서는 코치도 자신의 강점을 충분히 활용해야한다는 사실이다. 우선은 체계적인 평가도구인 VIA로 자신을 정확히 살펴볼 필요가 있다. 물론 대부분 사람들은 자신의 강점이나 성격을 직감적으로 알고 있고 코치도 분별력, 유머감각, 호기심 같은 강점이 자신에게 어느 정도 있다고 생각할 것이다. 하지만 VIA를 사용해보면 대표강점과 성격에 맞는 소통방식을 보다 정확히 파악할 수 있다. 또 분명하고 과학적인 피드백을 통해 막연했던 인식이 한층 명료해지고 확장된다. 제2의 천성과 다름없는 강점을 즐겁게 받아들이고 코칭현장에 활용한다면 작지만 분명한 효과를 경험할 수 있다. 언변과 유머감각을 타고난 코치는 클라이언트와 유쾌한 분위기에서 농담을 주고받는 것에 대해 망설일 필요가 없다. 낙천적인 코치는 심각한 문제에 처한 클라이언트에게 희망을 전해줌으로써 의도하지 않게 도움을 줄 수 있다. 감사의 태도에서 높은 점수를 받은 코치는 함께 할수 있어서 즐거웠고 서로에게 유익한 시간이었다고 말함으로써 클라이언트의 기분을 북돋워줄 수 있다. 결론적으로 말해 코칭은 협력과 관계를 통해 이뤄진다. 진정한 전문코치는 자신이 정확히 어느 영역에 힘을 쏟아야 할지 알아야 한다.

안타깝게도 사람들은 자신의 역량을 모두 인정하는 것에 어려움을 느낀다. 자신의 장점을 되도록 내세우지 말라는 사회적 통념이 있을 뿐 아니라 자만의 위험을 경계하도록 교육받았기 때문이다. 셀리그먼은 사람들이 자신의 강점을 수용하고 즐길 수 있는 기회를 사회로부터 제대로 얻지 못한다고 말한다.[16] 자신의 강점을 알게 되면 행복해지고 또 그에 관한 이야기를 나누면서 다른 사람에게 동기와 영감을 심어줄 수 있다는 점에서 이는 매우 안타까운 일이다. 그러면 이제 우리는 자신의 강점을 발견하고 그것을 어떻게 확신할 수 있을까? 거만하다는 인상을 주지 않으면서 다른 사람에게 내 강점을 이야기할 수 있는 방법에는 어떤 것이 있을까? 셀리그먼을 비롯한 몇몇 이론가들은 자신의 강점을 마음껏 터놓고 얘기할 수 있는 안전한 공간을 만들어보라고 제안한다.

예를 들어 '강점소개' 같은 것을 시도해볼 수 있다. 파티장이나 공항, 상담실 등에서 누군가를 처음 만날 때 우리는 대개 가족관계나 직장처럼 관계를 맺어가는 데 적합하다고 여기는 질문을 주고받는다. 처음부터 "안녕하세요, 전 데이비드예요. 이해력이 뛰어나고 인정도 많은 편이죠." 하고 말을 꺼내는 사람은 아마도 없을 것이다. 하지만 이처럼 의례적인 인사말 형식에서 과감하게 벗어나는 것이야말로 강점소개가 요구하는 것이다. 강점소개를 제대로 시도하려면 우선 자신의 강점을 정확하게 가려내고 그것을 최대한 부각시킬 수 있는 경험을 떠올릴 수 있어야 한다. 이런 상황에서 우리는 전복된 차량에서 다친 사람을 구했거나 자선단체에 기부한 일, 불륜에 빠진 배우자를 용서했던 일 등을 자연스럽게 꺼낼 수 있는 것이다. 하지만 사적인 주제나 자기 강점에 대한 얘기는 우리가 그동안 바람직한 대인관계에 대해 배웠던 것과 정면으로 배치되는 것이기에, 코치나 워크숍 운영자는 클라이언트에게 신뢰할만한 분위기를 만들어주고 조금은 떠벌리듯 얘기해도 괜찮다는 점을 확신시켜주어야 한다. 강점소개를 실제로 해본 클라이언트는 자유롭고 고양된 기분을 느끼게 되고 자신을 긍정적으로 바라볼 수 있을 뿐 아니라 타인에 의해서도 쉽게 영감을 얻는다. 강점소개는 클라이언트가 추구하는 감정이나 행동, 얻을 수 있는 강점에 관해 알려주므로 다음 단계의 코칭으로 나아가는 발판이 된다.

코칭의 발전을 위해서 개인의 강점을 활용할 수 있는 또다른 방법 중 하나는 코칭 이외의 시간에 클라이언트의 강점을 곰곰이 생각해보는 것이다. 코치는 클라이언트의 방침과 철학을 존중하고 그들 스스로 문제해결책을 강구할 수 있게 하는 것이 매우 중요하다는 걸 알지만 이를 실천하는 데는 어려움을 느낀다. 아무리 이해심이 많고 수용적이며 애정이 깊은 코치라 해도 클라이언트의 결정이나 의견에 수긍하지 못할 때가 있기 때문이다. 코치 자신의 관점을 어떻게든 관철시키려는 것일 수 있지만 클라이언트의 시도가 수포로 돌아갈지 모른다는 염려가 작용한 탓이기도 하다. 코치도 인간이기 때문에 코칭 결과를 놓고 후회할 때가 있는 법이다. 믿기지 않지만 클라이언트들의 이야기에 의하면 코치들이 종종 클라이언트가 엉뚱한 방향으로 목표를 잡은 건 아닌지 고개를 갸웃거리고 골똘히 생각하는 경우가 있다고 한다.

의도하지 않게 클라이언트를 비판하는 경우도 있고 그들이 불행을 자초하는 결정을 내리지 않았는지 염려하기도 한다. 우리는 이러한 딜레마를 어떻게 해결해야할까? 신념의 일부를 희생시켰다는 생각을 품지 않고 자신의 관점을 잠시 보류할 수 있는 방법은 무엇일까? 클라이언트가 싫어질 때는 어떻게 할 것인가? 이러한 난관을 극복할 수 있는 확실한 방법은 클라이언트의 강점을 되뇌어보는 것이다. 코치라면 누구나 강점을 파악하고 여러 개 나열하는 데 능숙하다. 이를 코칭의 당연한 일부로 받아들이고 꾸준히 실행에 옮긴다면 분명히 효과를 얻을 것이다. 클라이언트 개개인에 관해 마음에 드는 점과 높이 평가할 수 있는 자질들을 목록으로 만들어라. 그리고 코칭에 들어가기 몇 분 전에 목록을 훑어보며 그의 장점들과 그와 함께 해서 좋은 이유를 상기해보라. 그렇게 함으로써 우리는 부정적인 잣대를 긍정적인 것으로 바꿀 수 있고 클라이언트가 전적으로 그릇되고 몰상식하고 비윤리적이지는 않다는 사실에 주목할 수 있다. 아주 간단한 훈련이지만 클라이언트의 강점에 집중하는 훈련을 통해서 우리는 공감력을 키우고 우리의 코칭 수준을 향상시킬 수 있다.

1. 강점을 활용했던 과거의 코칭 경험을 떠올려보라. 클라이언트의 강점을 밝혀주고 이를 적극 활용하도록 격려했는가? 5장에서 배운 내용을 복습하고 앞으로 당신의 코칭에 어떻게 적용할 것인지 생각하라. VIA-IS와 같은 통합적인 평가도구를 언제, 어떻게 사용할 것인가?

2. 어떠한 방침과 분위기로 코칭을 진행할 것인가? 이러한 설정이 강점에 관한 대화를 촉진하는가, 방해하는가? 클라이언트가 자유롭고 편안한 마음으로 자신의 강점을 얘기할 수 있게 하려면 어떤 환경을 마련해주어야 하는지 생각해보라.

Positive Psychology Coaching

개인의 강점

희비가 엇갈리는 두 소식 중 어느 것을 먼저 듣기 원하는가? 우선 안 좋은 소식부터 듣고 희소식으로 언짢아진 기분을 환기해보자. 안 좋은 소식이란 클라이언트의 강점에 초점을 맞춘다는 발상이 그리 새롭지만은 않다는 사실이다. 이미 수십년 전부터 경영자와 인력 개발 컨설턴트, 교사, 상담가 등은 목표를 이루기 위해 개인의 강점을 사용하는 것을 이야기해왔다. 가정이나 학교, 특히 기업체에서 성공에 기여하는 결정적인 강점으로 꼽히는 리더십을 예로 들어보자. 우리는 리더십에 관한 책과 강좌, 상담 프로그램을 어디서나 손쉽게 구할 수 있다. 리더십은 추진력이나 탁월한 언변술, 설득력, 타고난 카리스마 등으로 다양하게 정의되곤 하는데, 분명한 사실은 리더십을 정의하고 계발하고 활용할 수 있는 방법을 찾기 위해 수많은 사람들이 오랫동안 골몰해왔다는 점이다. 특별히 이 분야에 헌신적으로 투신한 사람이 코치들인데, 그들은 클라이언트가 가장 잘할 수 있는 것을 탐색하고 본래의 능력을 뛰어넘어 목표를 성취하도록 북돋워주었다.

자, 그렇다면 이번엔 희소식을 살펴볼까 한다. 강점 중심의 코칭에 관련하여 무엇보다 우리를 기쁘게 하는 것은 긍정심리학을 통해 획기적이고 강력한 분류체계가 세워졌다는 사실이다. VIA-IS 덕분에 우리는 한 개인의 내적 자원들을 계량화하고 규명할 수 있게 되었다.[1] 앞 장에서 언급했듯 VIA-IS는 단순히 장점을 나열해놓은 열람표가 아니라 전세계적으로 보편성과 가치를 인정받은 강점들을 과학적으로 검증하고 정리해놓은 평가도구다. 또한 성격이 비슷한 강점들끼리 일정한 항목으로 묶어놓아 다양한 영역에서 활용할 수 있게 했다. 가령 공정성과 구성원 의식은 정의라는 상위 강점에 속하고 사랑, 친절, 사회 지능은 관계에 관련한 강점에 속하며 개방적 사고와 호기심은 학습에 관련한 강점으로 분류된다. 이처럼 연관된 주제에 따라 범주화함으로써 VIA는 강점을 보다 구체적으로 살필 수 있는 흥미로운 이론적 틀을 마련해준다.

강점은 크게 내재적 강점과 상호적 강점으로 나눠볼 수 있다. 내재적 강점이란 다양한 상황에서 전반적으로 표출되는 개인의 잠재적 탁월함을 말하는 것으로, 대개 지성이나 지혜, 희생처럼 누군가를 평가하고자 할 때 기준으로 삼게 되는 강점이다. 대표적인 내재적 강점 중 하나가 창의성이다. 창의성은 입사 여부를 결정하는 중요한 잣대일

뿐 아니라 가정이나 직장 업무에서도 매우 중요하게 사용되는 강점이다. 그럼에도 종종 내재적 강점은 쉽게 간과되곤 한다. 호기심을 예로 들어보자. 꿈에 그리던 직장에 들어가거나 부부 문제를 해결하기 위해 호기심을 발휘했다는 얘기는 거의 들어보지 못했을 것이다. 하지만 호기심이 얼마나 값지고 유용한 자원인지를 잠시 생각해보라. '지나친 호기심은 해가 된다'는 속담이 있긴 하지만 호기심이 긍정적인 심리 효과를 가져다주는 건 분명하다. 호기심이 많은 사람은 최신 정보에 밝고 배우려는 열의가 높으며 개방적이고 유연한 사고방식을 가지고 있다. 또 행복하고 의욕적이며, 지적인 분야뿐 아니라 대인관계에서도 탐색자의 역할을 할 때가 많다. 가령 호기심이 많아 당신에 관해 이것저것 물어보는 사람과 함께 식사를 한다고 상상해보라. 누군가 나에게 호기심을 느끼고 내 얘기를 들으려 한다면 무척 기분이 좋을 것이며 그 사람과 쉽게 친해질 수 있다.

긍정심리학자들은 인간의 강점을 과학적으로 조명하기 위해 수년간 애써왔고 상식과 직관을 뛰어넘는 놀라운 성과를 이뤄냈다. 그리고 이러한 연구 결과는 대개 코치들이 현장에서 경험적으로 체득한 사실들과 일치한다. 수많은 클라이언트를 만난 베테랑 코치들은 창의성과 지혜가 얼마나 중요한 자원인지 직감적으로 터득하고 있지만 이를 적절하게 사용해야할 시점과 방법에 대해서는 선뜻 대답하지 못한다. 가령 호기심이라는 강점이 직장상사와의 갈등을 해소하는 데 어떤 기여를 할 수 있을까? 혹은 갈등을 조장한다면 왜 그럴까? 호기심을 발휘하거나 자제해야할 상황은 언제인가? 호기심이 많으면 주의가 산만해지고 곁길로 빠지게 되는가? 아니면 호기심이 정보 습득과 학습을 촉진시켜 주는가? 내재적 강점에 관한 연구를 통해 우리는 자신의 잠재력을 새로운 시각으로 바라보고 동기를 얻게 된다.

한편 가정이나 직장 같은 집단에서 바람직한 구성원이 되게 하는 상호적 강점들도 있다. 이러한 사회적 미덕은 충분히 주목할만한 가치가 있음에도 불구하고 사람들로부터 외면당했고 대체로 사회지능이나 정서적 지지, 팀 결성, 리더십 위주로만 한정적으로 다뤄졌다. 우리는 관대함과 따뜻한 인간미와 매력을 두루 갖춘, 사회적 미덕을 갖춘 소유자의 전형을 쉽게 떠올려볼 수 있다. 6~7장에서는 다양한 내재적-상호적 강점에 관한 긍정심리학의 연구 결과들을 소개해보도록 하겠다.

내재적 강점들

명칭에서도 알 수 있듯이 내재적 강점은 인간의 깊숙한 곳에 존재하는 내부적인 요소다. 겉으로 화려하게 드러나는 상호적 강점과 달리, 내재적 강점은 행동으로 표출되는 경우가 드물다. 창가에 우두커니 서 있거나 의자에 앉아 있을 때도 내재적 강점이 작용될 수 있는데 이는 내재적 강점이 행동보다 사고나 감정의 형태로 존재하는 경우가 많기 때문이다. 시간이 지나면서 행동으로 표면화되기도 하지만 그 순간 쉽게 알아볼 수 있는 건 아니다.

주된 작용기제가 좀처럼 드러나지 않는 내재적 강점의 대표적인 예가 복원력resilience이다. 불행한 일을 겪은 사람은 상황을 이해하고 고통을 극복하기 위해서 자체적으로 심리적 훈련을 거듭하는데, 이러한 훈련 과정은 제3자의 입장에서 좀처럼 감지할 수 없다. 마음을 다지고 본래의 상태로 돌아가려는 일련의 과정은 제3자 뿐만 아니라 당사자 본인에게도 안개처럼 모호하게 느껴진다. 우리는 몇 차례의 시행착오를 겪으며 실패의 원인을 찾아내고 그에 따른 교훈을 헤아리면서 습관과 언행을 바꾸어보려고 다짐한다. 대부분의 사람들이 이러한 복원 과정을 거치지만 정작 단계와 전략을 제대로 파악하는 경우는 드물다. 긍정심리학은 개인의 내재적 강점이 무엇이고 어떻게 작용하는지 명확하게 이해할 수 있도록 이론적 틀과 답을 마련해준다. 긍정심리학의 훌륭한 성과 중 하나는 내재적 강점의 작용기제에 관한 통찰을 제공해준다는 점이다.

시간에 대한 태도(Time Orientation)

'인지적 강점' 하면 무엇이 떠오르는가? 아마도 지성이나 기억력, 집중력처럼 사고에 관련된 강점을 떠올릴 것이다. 사람들은 대개 '사고력' 하면 얼마나 많은 전문지식을 가졌는지, 얼마나 민첩하게 사고하는지, 언어구사력이 얼마만큼 뛰어난지와 같이 한정된 기준으로만 평가한다. 하지만 우리가 미처 생각하지 못하는 인지적 영역도 있다. 방향 감각이 그중 하나다. 여행을 하다보면 동서남북을 잘 구분하고 현재의 위치를 정확히 파악하는 사람들을 볼 수 있다. 시간관념은 또 어떠한가? 이미 밝혀진 대로 시간에 대한 개념은 심리학 연구에서 가장 흥미로운 변수 중 하나다. 사람에 따라 '현재'에 관한 얘기를 하거나 '미래'에 바라는 것을 주로 얘기하곤 하는데 이는 개인의 시간감각을 단적으로 보여주는 예다. 다행스럽게도 시간감각은 후천적으로 계발할 수 있는 기술이다. 어린 아이들을 예로 들어보자. 아이들은 현재에 머무는 경우가 대부분이며 미래를 내다보는 데 어려움을 느낀다. 그래서 '잘 시간'이라는 얘기가 떨어지면 금세 풀죽은 얼굴이 되어 볼멘소리를 늘어놓게 되는 것이다. 아이들에게 '잘 시간'은 현재 열중하던 행동을 멈추고 조만간 재미없는 상황으로 들어가게 됨을 의미한다. 하지만 아이들은 점점 자라면서 미래감각을 키우게 되고 이것이 곧 목표추구와 인내를 위한 핵심적인 능력이 된다. 심리학 연구의 고전으로 꼽히는 '만족지연실험'에서는 아이들에게 과자 한 개를 먹든, 조금 기다렸다가 두 개를 먹든지 선택하라고 했는데, 이를 통해 현재의 만족을 지연시킬 줄 아는 능력은 미래에 더 큰 보상이 주어진다는 것을 예상하는 능력과 연관되어 있음을 알 수 있다. 시간감각은 일상에서 잘 드러나지 않지만 강한 영향력을 갖는다.

캘리포니아주립대학교 프레스노의 사회심리학 교수인 로버트 레빈 Robert Levine은 심리학적 관점에서 시간의 개념을 연구했다.[2] 이곳저곳을 여행하다보면 지역마다 시간의 속도가 다르다는 것을 실감하게 되는데, 예를 들어 뉴욕의 증권가는 현기증이 날만큼 살인적인 속도전이 펼쳐지지만 중국의 산골마을은 오늘과 내일을 구분할 수 없을 정도로 시종일관 느릿하게 흘러간다. 레빈은 대도시에서 출근하는 직장인들이 동료를 얼마만큼 기다릴 수 있는지를 측정함으로써 그곳의 생활 속도를 살펴보았다. 기다림의 시간은 지역의 문화를 반영한다고 볼 수 있다. 사람마다 차이가 있긴 했지만 대체로 미국인들은 무의식 적으로 5분을 시간의 한 단위로 생각했으며 세 단위, 즉 15분을 기다 리는 게 보통이었다. 반면 중동권 사람들은 15분을 한 단위로 여기고 똑같이 세 단위를 기다리는 사람이 많았다. 미국인과 마찬가지로 세 단위지만 정확히 말하면 45분을 기다린 셈이다. 레빈은 또 삶의 속도 가 느릴수록 건강에 유익하다는 결과를 발표했다.

이와 비슷한 맥락에서 스탠포드대학교의 심리학 교수인 필립 짐바 르도Philip Zimbardo도 '시간관time perspective'이라는 연구를 실시했 다.[3] 시간관이란 간단히 말해서 사람들이 과거나 현재, 미래에서 보 내는 시간의 정도를 가리킨다. 장래 계획만 세우거나 언제 들이닥칠 지 모를 불행에 마음을 졸이는 사람이 있는가 하면 앞으로의 일은 아 랑곳없이 지금 닥친 일에만 열중하는 사람도 있다. 짐바르도에 의하 면 과거, 현재, 미래의 어느 한 시점에 치우치는 성향은 심리적인 건 강에 영향을 미친다. 시간관에 관한 몇 가지 실험을 통해 짐바르도 연 구팀은 다음과 같은 특징을 발견했다.

● **과거지향형 사람들**(Past-oriented folks) : 과거지향형 사람들은 전통문화와 가문, 개인의 내력을 중시하며 과거와 사물에 그리움을 쉽게 느낀다. 그 들은 가치 있는 삶을 살았다는 자긍심과 만족을 느끼지만 어디까지나 긍 정적인 과거를 회상할 때에만 해당한다. 부정적인 기억에 머무는 사람들,

즉 짐바르도의 표현대로 '적대적인 과거'를 경험한 사람은 변화를 하나의 위협으로 생각하며 편협하고 반추적인 특징을 보인다.

- **현재지향형 사람들**(Present-oriented folks) : 짐바르도는 현재지향형 사람들을 크게 현재-쾌락주의자와 현재-운명론자로 나누었다. 서구문화권의 현재지향형 사람들은 대체로 열정적인 삶의 에너지를 중요하게 여기고 즐거움을 추구한다. 몇몇 연구에 따르면 마약이나 술, 담배에 탐닉하는 사람들도 이 부류에 속한다고 한다. 그들은 장래에 일어날 일을 염두에 두지 않고 현재의 쾌락만을 추구한다. 현재-운명론자도 현재를 중심으로 살아가지만 삶에서 발생하는 여러 가지 일들이 자신의 통제권 밖에 있다고 믿는다. 그래서 현재의 상황에 우왕좌왕하고 염려와 절망에 휩싸일 때가 많다.

- **미래지향형 사람들**(Future-oriented folks) : 미래지향형 사람들은 목표를 추구하는 전략가다. 그들은 비용편익을 분석하고 더 큰 보상을 위해 만족을 보류하며 만일의 사태에 대비하여 만반의 준비를 갖춘다. 추진력도 강해서 성공할 가능성이 높다. 하지만 오로지 미래만 향하는 사람은 감정이 메마르고 현재의 즐거움을 놓칠 수 있다.

상식적인 얘기로 들리겠지만 짐바르도는 균형 잡힌 시간관이 중요하다고 말한다. 그는 긍정심리학자인 일로나 보니웰Ilona Boniwell과 공동으로 발표한 논문에서 어느 한쪽으로 치우치지 않는 시간관이야말로 심리적 건강을 유지하는 데 매우 중요하다고 했다. 즐거웠던 지난날을 떠올리고 현재를 만끽하며 미래를 구상할 줄 안다면 일과 가정에서 성공하고 행복을 누리는 건 당연하다. 어떤 이론가들은 과거와 현재와 미래에 골고루 집중하는 유능한 사람들을 예로 들어, 균형 잡힌 시각이 높은 성취도와 자기통제, 낙관성과 관련이 있다고 주장한다. 시간관은 매우 흥미롭고 중요한 개념이므로 6장 후반부에서 세 시점과 관련된 강점들을 논할 것이다. 과거와 현재, 미래를 동시에 지향하면서 그에 따라 강점을 적절히 활용한다면 과거를 생산적으로 돌이켜보고 현재를 즐기며 미래에 대해 희망을 품을 수 있다. 몇몇 연구에 따르면 이러한 사람들이 삶의 만족도와 행복감이 높고 최고의 수행능력을 보인다고 한다.

| 성찰을 위한 질문 | 당신은 균형 잡힌 시간관을 갖고 있는가? 과거를 회상하거나 미래의 계획을 세우는 것과 비교하여 당신은 얼마만큼의 시간을 현재에 투자하는가? 세 시점을 동일하게 지향하려는 시도가 당신에게 어떤 유익 혹은 지장을 주는가?

감상하기

감상력은 시간에 대한 태도와 가장 밀접한 관계에 있는 성격적 강점이다. '감상'이라고 하면 대개 멋진 연인과 레스토랑에서 근사한 식사를 즐기는 것처럼 현재에 일어난 행위에 초점을 둘 때가 많지만 사실 과거와 미래까지도 아우르는 복합적인 성격을 가진다. 과거를 적극적으로 떠올리고 현재에 일어난 일을 즐기고 행복한 순간을 기대하는 등 세 시점은 모두 감상될 수 있기 때문이다. 분주하게 돌아가는 일상 속에서 감상 시간을 마련하기란 쉽지 않다. 그럼에도 감상력은 어느 시점에서나 효과적으로 사용할 수 있는 강점이다. 더욱이 후천적으로 학습할 수 있기에 코치는 클라이언트에게 이 강점을 제대로 이해시킴으로써 보다 나은 삶을 살도록 도울 수 있다.

삶의 속도에 대해 연구하는 로버트 레빈은 현대사회가 전보다 훨씬 광적인 속도로 치닫고 있다고 말한다.[4] 실제로 우리가 사는 현대사회에서는 일과 가정, 여가활동으로 분주하고, 계층 간 부의 이동성이 높아 신분상승을 꾀하려는 과열경쟁이 이뤄지고 있다. 일과 가정을 동시에 꾸려야 하는 사람은 출퇴근과 부서회의, 업무마감, 퇴근 후 회식, 가족 식사, 출장 등을 감당하느라 현재를 제대로 즐길 여유가 없다. 목표를 달성하자마자 곧바로 다음 목표에 뛰어드는 경우가 허다하다. 이런 상황에서 감상이란 낡은 골동품을 수집하듯 부질없는 것으로 느껴질지 모른다. 하지만 우리는 어떻게든 과거를 감상할 기회를 마련하고 그렇게 함으로써 삶을 보다 값진 것으로 만들 수 있다.

감상은 단순히 유쾌하고 즐거운 기분을 맛본다는 차원이 아니다. 그윽한 조명 아래에서 와인을 음미하는 것보다 훨씬 의미 있는 강점이다. 감상은 여러 면에서 효과적이지만 우선 행복한 순간을 연장해주는 기능을 한다. 가령 획기적인 아이디어를 발표하거나 업무보고를 성공리에 마쳤을 때 사람들로부터 '잘했다'는 얘기를 들어 가슴이 벅차올랐던 순간을 떠올려보라. 사실 그토록 강렬한 기분은 얼마 동안만 유지될 뿐이다. 하지만 퇴근하는 길에 재생버튼을 누르듯 그때의 상황을 머릿속에 재현하거나 다음 주 업무보고를 할 때 당시의 기분을 떠올려본다면 며칠이나 몇 주, 심지어 몇 달 동안 뿌듯한 심정을 고스란히 느낄 수 있다. 이처럼 감상은 면역체계를 강화하는 예방접종과 같아서 오랫동안 우리의 심리를 보호해준다. 또한 감상은 긍정적인 감정을 확장시켜주는 기능도 하는데 오랫동안 유쾌한 기분에 젖어 있다 보면 우리의 긍정성도 그만큼 높아질 수 있다. 2장에 나왔듯이 긍정성은 신체건강과 원만한 대인관계, 업무효율 등에 큰 영향을 미친다. 마지막으로 감상은 관계의 친밀도를 더해주는 양념과 같아서 즐거운 순간을 공유하고 과거의 성과를 축하하는 데 사용할 수 있다. 실제로 많은 코치들이 가상 파티를 열어서 성공을 기념하거나 실제로 조그마한 선물을 준비하여 축하하는 등 감상을 하나의 개입방법으로 활용하고 있다. 어떤 방법이 되었건 흐뭇한 순간을 공유하고 축하하는 것은 감상을 통한 코칭 효과를 극대화하는 것이다.

여러 연구에서 밝혀졌듯이 감상은 매우 다양한 특징을 갖는다. 감상은 여러 가지를 대상으로 할 수 있을 뿐만 아니라 그 자체가 복합적인 성격을 띤다. 시카고대학교의 감상 이론가인 프레드 브라이언트는 수년간의 실험과 관찰을 통해 감상이 단순히 현재를 즐기거나 과거를 되짚는 것이 아니라는 사실을 밝혀냈다.[5] 그에 의하면 감상은 대인관계와 같은 외부적 경험, 내면의 성취감처럼 감상의 대상이나 관심이 기울어지는 방향에 따라 그 유형이 결정된다.

또 타인에게 감사하는 마음을 가지면서 동시에 자신에 대해서도 자부심을 갖게 되는, 동전의 양면과 같은 감상의 두 측면을 살펴보는 것도 흥미로운 일이다. 감상의 또다른 유형은 과거에 초점을 둔 '긍정적 반추'이다. 이는 행복했던 시절이나 과거에 거둔 성공을 떠올리는 것인데 사람들이 흔히 생각하듯 과거의 실패나 상실, 곤경을 반추하는 것은 정신건강에 해로운 영향을 미칠 수 있지만 그와 반대로 성공했던 기억은 우리의 기운을 북돋워준다. 선배 코치에게 코칭을 부탁한 로라의 경우를 예로 들어보자. 그녀는 대기업 여성사원을 위한 워크숍 기획을 주로 하는 전문코치로, 역할연기(심리극, 세일즈맨 훈련 등에서 활용되는 체험적 학습법으로, 어떤 역할의 행동을 실제로 연기해보는 일—옮긴이 주)나 리더십에 관한 활동 등 독창적인 아이디어가 가득찬 사람이었지만 자신이 고안한 프로그램이 과연 성공할 수 있을지, 사람들의 호평을 이끌어낼 수 있을지, 소기의 성과를 거둘 수 있을지에 대해 늘 불안해했다. 코치라고 하지만 무슨 수로 미래를 정확히 내다볼 수 있겠는가? 괜찮은 워크숍으로 정평이 날지, 큰 낭패를 보게 될지는 아무도 모르는 일이다. 우리가 할 수 있는 최선의 일이란 의연한 태도로 순간마다 온힘을 다하는 것이다. 코치는 클라이언트의 생각을 올바른 방향으로 이끌고 과거의 성공을 돌이켜보게 함으로써 자신감을 심어줄 수 있다. 과거에 이루었던 작은 성공이라도 감상한다면 클라이언트는 다시금 진취적인 자세로 새로운 일에 도전할 수 있을 것이다.

그렇다면 제대로 감상할 수 있는 방법은 무엇일까? 감상은 과연 후천적으로 습득이 가능한 기술일까? 사람들은 그저 즐겁고 행복한 시절을 떠올리는 것이 감상이라고 생각한다. 하지만 감상은 그렇게 기분 좋은 기억의 편린을 얼기설기 꿰매어놓는 마음의 바느질 같은 것이 아니다.

클라이언트가 감상하는 법을 제대로 터득하지 못한다고 해서 염려할 건 없다. 감상할 수 있는 방법과 대상은 다양하다. 한 방법이 그다지 효과를 내지 못했다면 다른 방법을 시도할 수 있다.

과거를 효과적으로 반추하고 감상할 수 있는 방법은 경험하는 시점에서 기억의 저장고를 세우는 것이다. 즉 만족스러운 성과를 거두는 동안 그 기분을 충분히 만끽하면서 동시에 미래에 되돌아볼 수 있도록 기억에 담아두는 것이다. 단기일 내에 상황을 재현해보거나 구체적인 사항을 꼼꼼하게 새겨놓는다면 훗날 기억을 되살리기가 훨씬 쉬워진다. 기억의 저장고를 세우는 또다른 방법은 주변 사람과 긍정적인 경험을 공유하는 것이다. 타인과 공유하려면 상황을 하나의 이야기로 정리하게 되고 이렇듯 구술 형태로 재구성된 이야기는 이미지보다 기억하기가 한결 수월하다. 뿐만 아니라 친구나 동료, 가족 등 자신과 경험을 공유했던 사람들은 감상의 출발점이 되기도 한다. 예를 들어 해마다 열리는 무역박람회에서 동료를 만났다고 하자. 일전에 박람회를 성공리에 끝마쳤던 경험을 그와 나눴던 적이 있었다면 당신은 그를 보자마자 당시의 흐뭇한 감정을 떠올리며 자신감을 얻을 수 있을 것이다. 코치는 클라이언트에게 이처럼 자신의 경험을 공유함으로써 도움을 얻었던 순간을 생각해보도록 한다.

마지막으로 소개할 것은 앞서 얘기한 두 전략과 매우 다르다. 브라이언트는 이를 가리켜 '방해되는 자극 차단하기'라고 했는데, 한마디로 주의를 산만하게 하는 요소를 제한함으로써 감상의 효과를 극대화하는 전략이다.[6] 연인과 저녁식사를 하는 중이거나 자녀의 학예회에 와 있는데 회사에서 긴급호출이 왔다면 즐거웠던 시간은 방해를 받을 수밖에 없다. '감상을 방해하는 삶의 요소'라는 주제는 긍정심리학이 오로지 긍정적인 것만 쫓는 게 아니라 부정적인 요소를 차단하는 것도 포함한다는 사실을 보여준다. 감상을 촉진하는 환경과 방해하는 환경을 아는 것만으로 우리는 보다 효과적인 감상을 실천할 수 있다. 코치는 소음과 산만한 요소에서 자유로운 감상 공간을 만들어주고, 이처럼 감상을 촉진하는 환경을 통해 클라이언트로 하여금 타성에 젖은 감상의 습관에서 벗어나게 해야한다. 사람들은 대개 무언가를 처음 시작할 때 맺었던 새로운 인간관계나 성숙의 기분을 오랫동안 기억하지 못하고 이내 환경에 익숙해져버려 세심한 것에 주목할 능력을 잃어버린다. 하지만 클라이언트의 무뎌진 관심을 일깨울 수 있는 방법은 얼마든지 있다.

Coaching Point

감상을 제대로 하려면 감상에 적합한 환경을 마련해야한다. 분주한 삶에서 일정한 시간을 확보하고 열린 마음으로 새로운 세계관을 수용하는 것, 이 두 가지가 감상을 위한 선행 조건이다.

지금의 순간을 감상하라

우리는 일 때문에 우울해하는 클라이언트를 자주 만나게 된다. 그들은 지금 하는 일에 넌덜머리를 내며 뭔가 변화가 필요하다고 투덜댄다. 처음엔 당찬 각오와 열정을 보이던 사람도 몇 년 사이에 타성에 젖는 경우를 종종 본다. 이러한 일이 자연스럽게 일어나는 이유는 인간의 타고난 적응력 때문이다.

어느 것에서든지 유익과 해악은 동전의 양면처럼 공존하는 법이다. 한 직장에 오랫동안 몸담은 사람은 그만큼 노련하게 일할 수 있지만 한때 느꼈던 흥미와 보람을 잃어버린다. 문제의 핵심은 클라이언트가 일을 끔찍하게 여기는 것보다 그 일이 더 이상 새롭지 않다는 데 있다.

이제는 마땅히 감상할 만한 게 없다는 생각이야말로 함정인 것이다. 다행히도 우리는 이러한 생각에서 벗어나 일상의 삶을 보다 깨어 있는 시각으로 바라볼 수 있다. 실제로 많은 코치들은 차를 다른 도로변에 주차하거나 새로운 식당을 물색하거나 새 잡지를 구독하는 등의 방법을 권함으로써 클라이언트가 타성에서 벗어나 새로운 관점을 얻을 수 있도록 돕는다.

또 '카메라 기법'이라고 하는 개입방법도 쓸 수 있다. 카메라 기법이란 어떤 종류의 카메라로건 일상생활의 소품을 매일 하나씩 찍어보는 것이다. 주방이나 사무실, 소파, 차 등 무엇이든 좋다. 단 아주 기발하고 새로운 각도로 조명하여 여태껏 우리가 알던 것과는 다른 형태로 찍어야 한다.

가령 바닥에 누워 책상을 올려다보거나 차 트렁크에 앉아서 차 안을 바라보거나 취사도구들을 제멋대로 뒤집어놓거나 침대 위에 펼쳐

보는 것이다. 이렇듯 평범한 일상의 물건을 감상하다보면 현실에 대한 관심과 창의성이 높아질 수 있다. 뿐만 아니라 과거에 대한 긍정적인 회상도 쉽게 이루어진다. 현재의 순간을 음미하면 할수록 기억거리가 많이 쌓이게 되고 훗날 이것을 떠올리기도 쉽다.

현재를 감상하는 것이 비교적 무의식적이고 자연스럽게 이뤄지는 것이라면 경외감은 좀 다르다. 사실 코칭을 진행하는 과정에서 좀처럼 언급하지 않지만 경외감은 매우 강력한 잔존효과를 가진 흥미로운 감정이다. 우리는 히말라야 산맥과 같은 광대한 자연경관을 바라보거나 누군가가 시각장애인을 돕기 위해 함께 길 건너는 장면을 목격할 때 경외감을 느끼게 된다.

존 하이트는 경외감을 과학적인 방법으로 연구하면서 자신의 명저인 《행복 가설: 선인들의 지혜에서 현대의 진리 발견하기 *The Happiness Hypothesis: Finding Modern Truth in Ancient Wisdom*》를 통해 흥미로운 연구 결과를 소개했다.[7] 그에 따르면 사람들은 감동을 불러일으키는 훌륭한 행위, 즉 친절이나 용서, 충성, 용기와 같이 윤리적으로 가치 있는 행위를 접할 때 '정신적 고양'을 경험한다. 우리는 또 그랜드캐니언이나 미켈란젤로의 다비드 상을 감상하면서도 경외감을 느끼는데 이는 아름다움을 통해서도 경외감이 자연스럽게 발생한다는 사실을 보여준다.

방어기제나 무의식 못지않게 대중에게 친숙해진 심리학적 주제 중하나가 바로 사회적 비교다. 사회적 비교란 주변 사람의 성공을 척도로 삼아 자신의 성공 수준을 가늠하는 것으로 대부분의 사람들은 사회적 비교를 하는데 특히 소득 부문에서 그러하다. 자신보다 우월한 사람을 대상으로 비교하는 것을 상향비교라고 하는데, 당연한 얘기지만 남보다 형편이 떨어지면 기분이 그렇게 좋지는 않을 것이다. 하지만 긍정심리학자들은 유방암 환자 집단을 대상으로 연구하면서 일반 대중에게는 널리 알려지지 않았지만 사회적 비교에 관한 흥미로운 사실을 밝혀냈다. 즉 상향비교가 때로는 용기와 의지를 북돋우는 데 도움이 될 수 있다는 점이었다. 연구에 참여한 유방암 환자들은 자신과 같은 처지에 있는 사람보다 완치 판정을 받은 사람을 통해서 투병의 지를 키울 수 있었다.[8]

그렇다면 하이트는 경외감을 어떻게 정의했을까? 그에 의하면 경외감은 잔잔하고 기분 좋은 정서적 경험으로 말문이 막힌다거나 가슴이 벅차오르는 등의 신체적 증상을 동반하기도 한다.[9] 여기서 우리가 주목해야할 것은 정신적 고양이 미치는 영향력이다. 경외감 같은 정신적 고양을 경험한 사람은 자기 자신과 주변 세계를 보다 나은 상태로 만들기 원하고 친절한 행위를 보았을 때 감탄하는 동시에 자신도 본받아야겠다는 생각을 한다. 이는 코치에게 시사하는 바가 크다. 하이트가 연구에서 밝혔듯이 코치는 클라이언트의 긍정적 행동을 유도하는 방편으로 경외감을 활용해볼 수 있다. 비영리단체 활동이나 자원봉사 혹은 마라톤 대회에 참여하는 친구를 보면서 감동받았던 경험을 들려주거나 자기 개방 전략을 통해 클라이언트에게 동기를 불어넣을 수 있다.

낙관성

긍정심리학의 창시자인 마틴 셀리그먼은 동물이 포기반응, 즉 무기력을 학습할 수 있다는 것을 증명하기 위해 한 실험을 고안했다.[10] 그는 한 집단의 개에게 코로 계기판을 누르면 전기충격을 끌 수 있게 하여 반응하기에 따라 상황을 통제할 수 있는 환경을 만들어주었다. 반면 다른 집단에게는 어떤 반응을 해도 전기충격을 피할 수 없게 했는데, 그 결과 자신이 무엇을 하건 소용없다는 걸 경험한 개들은 애처롭게도 전기충격을 일정한 간격으로 받으면서도 금방 단념하고 엎드려버렸다. 나중에는 전기충격을 쉽게 통제할 수 있는 환경을 마련해주어도 이를 학습하려 하지 않고 자포자기 상태에 머물렀다. 그는 이를 가리켜 '학습된 무기력' 이라고 했다.

몇 년 후 셀리그먼은 긍정심리학의 여러 주제를 연구하면서 무기력과 마찬가지로 낙관성도 학습될 수 있다는 생각을 했고 이를 연구하던 중 인간 본성의 긍정적 측면이 얼마나 중요한지를 확인하게 되었다.[11]

코칭현장에서도 밝혀졌듯이 낙관성은 매우 놀라운 강점이다. 낙관성을 심어주는 코치는 만족스러운 코칭의 성과를 거둘 수 있다. 또 적극적인 자세로 코칭에 참여하려는 클라이언트가 있다면 그는 낙관주의자일 확률이 높다. 코칭을 의뢰했다는 건 그가 코칭의 효과를 상당히 신뢰하고 기대하고 있다는 뜻이기 때문이다. 코치는 클라이언트가 전화나 면담을 통해 코칭을 의뢰할 때부터 그의 낙관적인 기대감을 칭찬하고 격려하면 좋을 것이다. 셀리그먼을 비롯한 긍정심리학자들은 낙관성을 학습할 수 있으며 또 그렇게 하는 것이 바람직하다고 주장한다.[12]

그렇다면 정확히 낙관성이란 무엇일까? 냉혹한 현실을 제대로 직시하지 못하는 순진함일까? 꿈이 실현될 것이라는 맹목적인 믿음일까? 실제로 타고난 낙관주의자들은 대책 없고 어수룩한 사람으로 취급되곤 하지만 이는 낙관성의 중요한 측면을 간과한 생각이다. 낙관성은 단순히 미래를 장밋빛으로 전망한다거나 비판적인 사고력이 결핍되었음을 의미하지 않는다. 오히려 동기와 인내의 바탕이 되어 궁극적으로 인생의 성공과 직결될 수 있는 매우 중요한 강점이다. 미래에 대한 긍정적인 기대가 조금이라도 없다면 누가 모험을 시도하고 새로운 아이디어를 제안하고 변화를 추구하겠는가? 아이를 낳고 직장을 옮기고 새 인재를 발탁하고 프로그램을 개발하는 등의 모든 일에는 성공하고 싶다는 막연한 바람을 넘어서 성공할 수 있을 거라는 상당한 믿음이 내재된 것이다.

수년간 낙관주의에 대해 연구해왔던 긍정심리학 이론가인 찰스 카버Charles Carver와 마이클 스콰이어Michael Scheier는 낙관성을 또하나의 독립된 강점인 인내와 관련지었다.[13] 그들은 불확실하고 힘겨운 상황을 인내할 수 있으려면 노력과 자신감이 전제되어야 한다고 말했다. 상황이 아무리 힘들어도 자신의 능력을 신뢰하고 성공에 필요한 노력을 기울인다면 끝까지 인내할 수 있기 때문이다. 앞에서 얘기했듯이 자신감이란 자기 자신에 대해, 그리고 앞으로 성공할 수 있는 자신의 능력에 대해 확신하는 것이다. 이런 면에서 자신감과 낙관성은 밀접하게 연관되었다고 볼 수 있다. 높은 자존감은 단지 자신을 아끼고 소중하게 여기는 것만을 의미하는 게 아니라 앞으로 잘해낼 수 있다는 미래지향적 태도까지 포함하는 것이다.

저명한 긍정심리학자였던 고故 스나이더도 위와 비슷한 이론을 펼쳤다. 그는 주로 희망에 관한 연구를 하면서[14] 인간의 긍정적인 태도를 이론의 기반으로 삼았다. 밝고 쾌활한 사람일수록 미래에 대한 희망을 유지하기가 쉽다는 건 누구나 안다. 스나이더 역시 자신의 희망 이론에서 낙관성의 핵심 요소로서 개인의 성격을 꼽았는데, 밝고 쾌활한 성격은 목표를 달성하는 데 필요한 능력이라는 것이다. 우리는 성공을 자신할수록 더 큰 희망을 품게 된다. 그러므로 낙관성은 바람직한 코칭이 무엇이며 그것이 왜 효과적인지를 이해하는 데 매우 중요한 열쇠가 된다.

좋은 코치는 클라이언트가 자신의 자원을 살피고 성공할 수 있다는 믿음과 자신감을 갖도록 도와줄 수 있어야 한다. 결국 코칭은 폭넓게 말해 인내의 중요한 요소인 낙관성을 심어주는 작업이라고 할 수 있다.

대부분의 사람들은 낙관성을 가리켜 미래를 밝게 전망하는 태도라고 생각한다. 아니면 자기 자신에 대한 호의적 태도나 성공에 대한 확신으로 보기도 한다.

코칭을 하다보면 클라이언트가 매우 짧은 시간에 걸쳐 열정을 회복하는 경우를 보게 된다. 가볍게 격려하거나 지난날의 성공을 떠올려주면 클라이언트는 보다 낙관적인 태도로 변한다. 그렇다면 미래에 대한 불안과 염려에 젖어 있던 클라이언트가 성공의 가능성을 긍정하는 쪽으로 순식간에 변하는 이유는 무엇일까? 사고방식을 연구하던 긍정심리학자들은 오랫동안 이 문제에 대해 고심했는데 그중 크리스 피터슨과 트레이시 스틴Tracy Steen은 낙관성의 메커니즘에 관한 책을 펴냈다.[15] 그들은 낙관적인 사람과 그렇지 않은 사람의 가장 큰 차이를 설명양식에서 찾았는데 설명양식이란 속도위반 딱지나 깜짝 파티, 도난당한 신용카드, 임금인상, 원활한 출퇴근길 등 일상에서 일어나는 여러 사건을 해석하는 방식이다. 비관적인 사람은 불행한 사건을 자기 탓으로 돌리고 좋은 결과를 운수 탓이라고 여기는 습관이 있는데, 이에 반해 낙관적인 사람은 좋은 일은 자신 때문에 당연하게 빚어진 결과라고 생각한다. 두말할 필요 없이 후자의 설명양식이 행복과 노력, 인내와 관련된다는 점에서 훨씬 바람직한 것이다.

그렇다면 우리는 오랫동안 굳어진 설명양식을 변화시킬 수 있을까? 모든 코치는 충분히 가능하다고 생각하면서 비관적인 클라이언트를 낙관적이고 적극적인 사람으로 바꾸는 데 전력하고 있다. 설명양식이 생각대로 변할 수 있을지, 또 어떤 방법으로 가능한지를 이해하려면 일단 설명양식이 형성되는 경위부터 살펴봐야 한다. 피터슨과 스틴에 의하면 설명양식은 다양한 경로로 형성된다. 낙관성과 비관성은 타고난 성향이기도 하고, 세상을 바라보는 부모의 시각과 가정환경에 의해 형성되기도 한다. 설명양식은 결국 세상을 어떻게 지각하고 받아들이는지를 반영하기 때문에, 주변 환경을 불확실하고 위험하고 적대적인 것으로 여기는 사람은 비관론자가 되기 쉽다. 특히 어릴 적에 정신적 외상을 입었거나 폭력성 짙은 영상매체를 자주 접했을 경우 부정적인 세계관을 형성하게 될 확률이 높다.

이처럼 설명양식이 형성된 경로를 거슬러 올라가보면 낙관적 태도를 어떻게, 얼마만큼 확보할 수 있는지를 가늠해볼 수 있다. 물론 낙관성의 상당 부분이 유전적으로 결정되기 때문에 극도로 비관적인 사람을 180도 바꿔놓기는 힘들지만 그래도 변화의 여지는 있다. 우선 좋은 본보기는 긍정적인 사고방식을 강화하는 데 도움이 된다. 주변에 낙관적인 사람이 많을수록 긍정적인 사고습관을 학습할 수 있는 기회가 늘어날 것이다. 또한 코치와 클라이언트 사이의 활발한 소통과 피드백도 긍정적인 설명양식을 강화하는 데 도움이 된다. 코치는 다양한 방법으로 클라이언트의 낙관성을 증진시킬 수 있는데, 가령 클라이언트의 자기비하식 언어습관을 지적하고 고유의 강점을 부각시키고 지난날의 성공을 떠올리게 한다거나 진정한 칭찬과 격려를 들려주는 것이다. 아니면 다른 사람의 설명양식을 관찰해보는 숙제를 내줄 수 있다. 코칭 현장이야말로 굳이 겸손의 미덕을 논할 필요 없이 자신의 강점이나 성과를 자유롭게 펼쳐 보이며 안전하게 칭찬을 주고 받을 수 있는 몇몇 안 되는 장소 중 하나다. 적어도 코칭은 낙관성을 강화할 수 있는 완벽한 환경임에는 틀림없다.

낙관성은 미래에 대해 비현실적인 기대감을 갖거나 무턱대고 최고의 것을 추구하는 걸 의미하지 않는다. 게다가 낙관성이 때로는 부적절한 경우도 있다. 찰스 카버와 마이클 스콰이어는 이점에 주목하여 시기적절한 포기의 중요성에 관해 책을 썼다.[16] 대부분의 사람들은 포기를 일종의 실패로 간주하여 뭔가 도중에 그만두기를 망설이곤 하는데 이러한 공공연한 인식이 실제로 클라이언트에게 해로운 영향을 미친다. 당신은 중요한 목표를 위한다고 하지만 썩 내키지 않는 마음으로 시간과 수고를 낭비하며 지지부진하게 일을 진행해본 적이 있을 것이다. 왜 그렇게 된 걸까? 실패의 가능성 못지않게 포기에 대해서도 두려움을 갖기 때문이다. 포기는 실패와 다를 바 없다는 신념이 우리를 최악의 상황으로 내몰 수 있다.

다행히도 이러한 딜레마를 해결할 방법이 있다. 카버와 스콰이어는 '노력을 포기하는 것'과 '목표를 포기하는 것'을 구분했다.[17] 목표 철회를 곧 실패라고 생각하는 사람에겐 노력을 적당한 수준으로 낮춰볼 것을 권할 수 있지만, 이것은 어디까지나 차선책이다. 코칭을 하다보면 아무리 중요한 목표라도 갑작스럽게 취소해버리는 클라이언트가 있는가 하면, 피상적인 노력으로나마 마지못해 목표를 붙들고 있는 클라이언트를 볼 수 있다. 심리적으로 볼 때 사람들은 목표 전체를 포기하는 것보다 노력을 어느 정도 줄이는 게 낫다고 생각한다. 하지만 카버와 스콰이어는 노력을 포기하는 것은 근시안적이며 결국 부정적인 결과를 낳을 수 있다고 말한다. 목표가 중요한 원동력이고 인생의 진정한 의미와 성취를 가져다주는 것이라고 본다면, 내키지 않는 목표라고 해서 대충의 노력을 기울이는 건 있을 수 없는 일이다.

이론가들은 노력보다 목표를 포기하는 게 바람직하다고 주장한다. 언뜻 보기에 중요한 목표를 철회한다는 건 노력을 멈추는 것만큼, 아니면 그보다 더 어리석게 생각될 수 있다. 소중하게 생각하는 목표일수록 애정과 열정을 기울이게 마련이며 그러한 목표를 단념한다는 건 일종의 배신처럼 보이기도 한다. 하지만 카버와 스콰이어는 특정한 목표 자체를 부정한다기보다 다른 것으로 대체한다는 재조정의 개념을 들어 이를 현명하게 다룬다. 우리는 여러 가지 목표를 동시에 추구하며 살아간다. 직장생활과 가정, 자기 계발, 여가활동 등 영역마다 다양하게 목표를 정해놓는다. 그중 하나의 목표를 단념한다는 건 그곳에 들어갈 에너지를 다른 목표에 투입한다거나 그만큼의 에너지가 필요한 새 목표를 정할 수 있음을 의미한다. 코치는 목표를 추구하는 과정에서 갈등을 겪는 클라이언트에게 노력을 적정한 수준으로 낮춰보는 것과 목표를 철회 혹은 재조정하는 것의 차이를 이야기해줄 수 있다.

긍정심리학 연구에서 말해주듯 코치들은 클라이언트의 중요한 강점을 종종 지나치곤 한다. 창의성이나 탐구심은 그런대로 자주 언급되지만 그 외에도 코칭에서 충분히 활용할 수 있는 잠재된 강점이 많다. 사람은 누구나 시간의 제약을 받게 마련이며 과거와 현재와 미래 각각의 시점과 어떻게 관계를 맺느냐에 따라 인생의 승패가 결정된다. 행복하고 성공적인 사람일수록 과거를 긍정적으로 회상하고 현재의 순간을 감상하며 미래를 낙관적으로 바라본다.

---| Coaching Point |---

많은 사람들은 목표를 전반적으로 철회하는 것보다 노력을 적정수준으로 낮추는 것이 낫다고 생각한다. 하지만 이것은 그리 좋은 생각이 아니다. 목표를 새롭게 세워 노력을 100퍼센트 기울이는 편이 훨씬 바람직하다.

1. 클라이언트의 언어습관에 주목하라. 그리고 그가 주로 어느 시점을 지
향하는지 살펴보라. 코칭은 궁극적으로 미래지향적인 활동이지만 과
거의 긍정적인 경험을 회상하거나 현재의 순간을 감상하는 것도 매우
유익한 전략이 될 수 있다.

2. 감상을 통해 코치는 즐겁고 실증적인 개입방법을 여러모로 시도해볼
수 있다. 클라이언트에게 즐길 수 있는 활동을 시작하고 그 가치를 충
분히 느끼기 위한 감상방법을 활용하게 하라. 틀에 박힌 사고방식과 습
관을 깨고 평범한 일상에 활력을 불어넣을 수 있도록 브레인스토밍 시
간을 가져라. 그렇게 하다 보면 감상과 음미는 자연히 뒤따르게 된다.

3. 경외감을 동기부여의 기회로 활용하라. 감동적인 성공담이나 클라이언트 본인의 경험에 대해 이야기를 나눠보라. 타인의 성공담을 들으며 상대적인 박탈감이나 경쟁심을 느끼기보다는 새로운 각오를 다질 수 있는 분위기가 되게 하라.

4. 친구나 상담자에게 칭찬과 인정을 받았던 순간을 떠올려보라. 그러한 칭찬에 얼마나 자신감을 얻었는지, 또 그것이 어떻게 낙관적인 태도와 동기부여로 이어졌는지 생각해보라. 자신감과 낙관성, 동기 등의 선물을 클라이언트에게도 전해줄 방법을 찾아보라.

Positive Psychology Coaching

사회적 강점

언젠가는 문명세계로 돌아갈 것이라는 희망을 품고 생존을 위해 고군
분투하는 외딴 섬의 주인공 이야기는 수많은 영화나 소설의 단골 소
재가 되곤 한다. 고전 중 고전으로 꼽히는 로빈슨 크루소를 비롯하여
전쟁의 소용돌이에 휩싸인 유럽대륙을 피해 뉴기니로 향하던 스위스
의 한 가족이 해적에게 쫓겨 무인도에 비상착륙하면서 겪게 되는 모
험을 그린 소설 《로빈슨 가족 *the Swiss Family Robinson*》, 불시착한 비행
기에서 살아남은 마흔여덟 명의 생존자 이야기를 담은 미국드라마
〈로스트 *lost*〉 등 치열한 생존 현장의 이야기는 늘 사람들을 매료시킨
다. 하지만 이것들이 실제로 생존에 관한 이야기라고 보기는 어렵다.
물론 생사를 넘나드는 스릴이 있긴 하지만 극의 배경이 되는 무인도

는 마음먹기에 따라 얼마든지 생존에 필요한 천연자원을 얻을 수 있는 곳이기 때문이다. 극중 주인공은 지형을 살피고 거처를 마련하고 먹을거리를 찾는 것으로 섬 생활에 적응하기 시작한다. 하지만 정작 드라마에서 말하고자 하는 것은 사회로부터 격리된 외로운 실존이다. 느닷없는 상어떼의 출몰과 거친 폭풍우가 간간이 극적 긴장감을 더해 주지만 결국 이야기는 주인공의 섬 탈출로 귀결된다. 좌초된 선박의 잔해를 붙들고 간신히 무인도에 다다른 주인공은 목숨을 부지했다는 안도감에 한숨을 몰아쉬지만 얼마 안 있어 사회의 일원으로 돌아가고 싶다는 생각에 사로잡히게 되고 이를 지켜보는 독자 역시 마찬가지의 심정이 된다. 튼튼한 뗏목을 바다에 띄우거나 수평선 너머로 지나가는 낯선 배에게 발견되면 얼마나 좋을까 가슴 졸이게 되는 것이다. 무인도 모험담은 결국 사회적 존재로서의 인간 실존을 다룬 이야기인 셈이다.

앞장에서 얘기한 강점들은 대개 개인적인 성격을 띠고 있어서 개인의 내부에서 발생하거나 혼자서도 유용하게 사용할 수 있는 것들이었다. 가령 인내심이나 낙관성, 창의성은 외딴 섬에 홀로 갇혀도 얼마든지 활용할 수 있는 강점들이다. 그렇다면 타인과의 관계에서 발휘할 수 있는 사회적 강점에는 무엇이 있을까? 남태평양 무인도에서 강력한 리더십을 발휘한들 무슨 소용이 있겠는가? 사회지수나 공정성은 어떤가? 분명 사회적 차원에서 유일하게 혹은 가장 효과적으로 사용할 수 있는 강점들이 있다. 우리는 이 강점들을 어디에서 발견하며 코칭 현장에서 어떻게 활용할 것인가?

인간은 가정이나 직장, 국가와 같은 집단을 이루고 사는 사회적 동물이며 이는 굳이 연구 결과를 들먹이지 않아도 상식적으로 알 수 있는 사실이다. 인간은 침팬지와 마찬가지로 홀로 세상을 살아갈 수 있는 존재가 아니며 오히려 사회적 관계 안에서 제 역할을 최고로 수행할 수 있다. 실제로 태어나면서부터 사회성을 띠기 때문에 욕망과 강점, 재능, 기술, 목표 등 대부분의 사고활동이나 행위가 타인과 관련되어 있다. 또 기쁨을 느끼는 것도 게임이나 생일파티, 졸업식, 주변 사람의 칭찬 등 대인관계를 통해서일 때가 많다. 우리는 심지어 혼자 있을 때에도 누가 지켜보는 듯, 혹은 그러기를 은근히 바라면서 자신의 말투나 몸짓을 연출해본다. 가족적 유대든 직장의 엄격한 서열이든 인간의 사회적 관계는 심신의 건강에 매우 큰 영향을 미친다.

다행히도 우리는 무의미한 관계의 홍수에서 허우적댈 필요가 없다. 설사 그렇다 하더라도 우리의 생체구조가 이를 막아준다. 가령 대뇌의 신피질은 관계를 맺을 수 있는 인원의 상한선을 적정수준으로 정해준다. 리버풀대학교의 진화심리학자인 로빈 던바Robin Dunbar는 의미 있는 소통을 나누고 조직을 효율적으로 운영하기 위해 구성원의 숫자를 150명(정확히 말하면 147.8명) 안팎으로 제한해야한다는 주장을 폈는데,[1] 그의 이론은 타당성을 인정받아 군부대와 유수의 대기업에도 도입되었다. 로빈의 150법칙에 의하면 우리도 최대한 150명과 중요하고 의미 있는 관계를 맺을 수 있다.

코칭을 의뢰한 문제는 주로 직장생활과 관련된 경우가 많으므로 코치는 클라이언트의 일상적인 인간관계뿐 아니라 직장 내부의 관계에도 주목해야한다. 사람마다 개인차가 있겠지만 동료와 원만한 관계를 맺고 협력하는 사람일수록 업무를 효과적으로 처리하고 팀의 구성원으로서 제 역할을 할 수 있다. 조직 구성과 갈등 해결은 오랫동안 조직이 발달하는 데 중추적인 부분이 되어왔다. 원만한 대인관계는 이제 경영자만의 주문사항이 아니라 직원 당사자에게도 중요하게 인식되는 요소가 되었다. 영국의 경영심리학자 마틴 스테어즈Martin Stairs는 일에 대한 만족도를 결정짓는 가장 큰 요인으로 직장상사와의 관계를, 그 다음으로 동료와의 관계를 꼽았다.[2] 코치는 클라이언트로부터 대인관계를 확장하고 풍요롭게 하는 강점들을 발견하는 것만으로 코칭의 성과를 크게 거둘 수 있다.

사회적 동물로서의 클라이언트

그렇다면 우리는 어떻게 사회성을 키울 것인가? 소속과 연대에 대한 본능적인 욕구와 개인주의를 조장하는 문화, 즉 결혼이나 일 중 어느 것을 선택하더라도 독립성을 유지하라는 문화적 요구를 어떻게 조화시킬 수 있을까? 이웃과 더불어 살기를 원하지만 동시에 개인적 목표를 달성하기 위해 시간과 물질을 투자해야하는 딜레마를 어떻게 해결해야할까? 혈연이나 지연 관계를 맺으려는 인간의 본성은 진화의 산물이라고 볼 수 있다. 인류가 발전해온 과정을 살펴보면 확실히 공동생활을 통해 많은 혜택을 누렸음을 알 수 있다. 인류의 조상들은 동굴에서 씨족끼리 모여 살면서 노동량을 안배하고 유전자급원(개체군 내부에 있는 유전자들을 통틀어 말함-옮긴이 주)을 공유, 확장하며 사냥 기술을 익히고 포식자의 공격에서 생명을 보존하는 법을 배울 수 있었다. 이와 같은 집단생활은 구성원 개개인에게 적절한 역할과 사회적 기대치를 부여했다.

북아메리카 그린란드에 사는 이누이트를 예로 들어보자. 그들은 혹독한 추위와 식량부족과 같은 적대적인 환경 속에서도 어로와 수렵을 통해 수백 년의 삶을 이어왔다. 개인만으로는 불가능했을 것이다. 그들은 몇 세대에 걸쳐 종족을 보존하고 문화를 발전시키기 위해 구성원 각자의 역할을 만들어냈고 서로 연합하는 법을 배워왔다. 아이들은 놀이를 통해 훗날 생존에 필요한 사냥술을 습득했다. 어른들은 협력과 경쟁을 통해 공동체의 유익을 도모했는데 일례로 사냥대회에서 최고의 성적을 거둔 부족이나 청년에게는 영예로운 보상이 뒤따랐고 일단 짐승들이 포획된 후에는 경쟁 대신 화합과 나눔의 축제가 벌어졌다. 이누이트는 남녀노소 가릴 것 없이 누구에게나 식량을 공평하게 분배하는 것으로 유명하다. 한편 노인들은 바닷가가 내다보이는 곳에 삼삼오오 모여앉아 담소를 나누면서 고래와 바다코끼리의 등장을 사냥꾼들에게 알렸다. 이처럼 문화는 개인의 독립된 삶과 공동체적 삶에 대한 각본을 제공한다.

사실 문화는 코칭에서 그다지 중요하게 다뤄진 주제가 아니었다. 물론 클라이언트의 언어양식과 도덕관념을 통해 문화적인 배경을 살피는 훌륭한 코치들도 있지만 대부분은 문화가 상호작용에 미치는 영향력을 간과해버린다. 하지만 문화란 단순히 의상과 음식, 종교, 언어에 국한된 것이 아니다. 문화는 세상을 바라보는 창이며, 삶을 숙명처럼 받아들일지, 통제하고 개척해야할지를 결정하는 가치관이나 자기정체성, 대인관계 심지어 지각양식에 영향을 미친다. 사람들은 여느 종보다 긴 사회화 과정을 거치면서 자신이 속한 문화를 이해한다. 즉 주변 사람을 모방하고 학습하면서 행동의 적절성을 판단하고 지역성을 띤 문화적 메시지와 지향해야할 목표를 내면화하는 데 수년이 걸리는 것이다.

우리가 문화라는 주제를 언급하는 건 문화발전사에 관한 학술적인 설명을 늘어놓으며 독자의 무료함을 더하기 위해서가 아니라 문화가 어떻게 사회적으로 발생하게 되었는지를 살펴보기 위해서다. 이는 본질적으로 대인관계를 바탕으로 이뤄지는 코칭에도 중요한 통찰을 제공할 것이다. 상호작용을 통해 문화적 메시지를 제대로 주고받는 법을 배운다면 코칭은 바람직한 행동을 기를 수 있는 이상적인 공간이된다. 문화는 바람직한 행동이나 사고, 지각양식에 대한 모형을 제시하기 때문에 코칭 문화를 어떤 식으로 정착시켜야 할지 고민하는 것은 의미 있는 일이다. 당신의 코칭은 격려하고 수용하는 분위기에서 이뤄지는가? 무리하게 목표를 잡거나 빠른 시일 내에 성과를 보려고 하지 않는가? 즐겁고 유쾌하게 진행하는가? 코칭의 매력 중 하나는 틀에 박힌 사회적 규율을 깨고 성장을 촉진하기 위한 다소 파격적이고 흥미로운 방법을 시도해볼 수 있다는 점이다. 실제로 코칭은 코치와 클라이언트의 잠재력을 최대치로 끌어내기 위해 새로운 소통양식을 만들거나 분위기를 마음껏 변형해볼 수 있는 장이다.

문화심리학에 의하면 문화는 인간의 행동이나 심성에 막대한 영향을 미친다고 한다. 브리티시컬럼비아대학교의 스티브 하이네Steve Heine와 다린 리먼Darrin Lehman은 다른 문화권을 경험함으로써 자존감이 높아지거나 낮아질 수 있다는 사실을 발견했다. 비교적 자존감이 낮은 것으로 알려진 일본 문화권의 사람들은 캐나다를 단기간 여행한 이후 자존감이 상승했다.[3] 반면 높은 자존감으로 특징지어지는 캐나다 사람들은 일본을 방문하자 자존감 수치가 뚝 떨어졌다. 이보다 흥미로운 건 문화로부터 받은 영향을 세대별로 비교해본 연구다. 아시아계 캐나다인들은 3세대, 2세대, 1세대 순으로 높은 자존감을 보였고, 해외여행을 한 번도 하지 않은 일본인과 캐나다에 잠시 방문한 일본인, 캐나다 현지에 정착한 1세대 순으로 자존감이 낮게 나타났다. 위와 같은 결과는 이질적인 문화권에 오래 노출될수록 그 문화를 더 흡수한다는 것을 보여준다. 다시 말해 낙관적이고 미래지향적인 사람과 빈번하게 접촉할수록 그러한 사고방식을 따라할 수 있는 것이다.

⊣ Coaching Point ⊢

성공과 긍정성, 자존감과 같은 문화 메시지를 접하는 것만으로도 클라이언트는 자신감과 의욕을 얻을 수 있다.

캐나다와 미국, 호주, 서유럽의 공통된 문화적 특징을 살펴보자. 한마디로 개인주의다. 개인주의는 개개인의 독립적인 기능을 강조하는

관점이다.[4] 대부분의 서구인들은 사람마다 서로 다른 개성을 지니고 그러한 개성에 의해 개인의 고유한 실체가 규명된다고 생각하기 때문에 '나는 특별한 존재'라는 자의식을 터부시하는 타문화권의 전통을 의아하게 생각한다. 그들은 독창적인 주장을 펼치거나 자아실현을 추구하려면 개인주의가 필요하다고 여긴다. 물론 개인주의가 늘 바람직한 건 아니다. 민주주의와 사회평등이 정착되고 개인의 독창적인 능력이 계발되며 자긍심과 성취도가 높아지지만 공공의 선보다 개인의 이윤을 우선적으로 지향하게 될 가능성이 있기 때문이다. 개인주의가 팽배한 나라에서 이혼율과 자살률, 노숙자 수가 높게 나타난다는 점을 생각해봐야 할 것이다. 코치는 개인주의의 이점을 통해 코칭의 효과를 높일 수 있지만 위와 같은 부작용을 염두에 두고 클라이언트의 사회적 강점에도 관심을 기울여야 한다.

사회적 강점을 발견하고 평가하기

사회적 강점은 긍정적 문화의 숨은 공로자다. 주위 사람에게 동기와 의욕을 심어주고 갈등을 현명하게 다룰 줄 아는 대인관계의 달인은 우리에게 훌륭한 역할모델이 되고 마찬가지로 우리도 친구나 직장 동료에게 올바른 처세와 친절, 감사, 관대함의 태도를 보임으로써 훌륭한 본보기가 될 수 있다. 영국 버밍엄에 있는 애스톤경영대학의 연구원장인 마이클 웨스트Michael West는 주로 직장문화와 직장 내 대인관계가 미치는 영향력에 관해 연구했다. 그에 의하면 긍정적인 기분은 매우 큰 효과를 가져오는데, 가령 자기 일에 만족하는 사람은 동료와 생산적으로 협력할 수 있는 분위기를 만들어내고[5] 친절한 태도와 열정을 불러일으킨다. 또 격려하고 배워가는 사무실 분위기는 직원의 만족도를 높일 수 있다. 이때 지지와 학습의 분위기는 상호적 강점에 의해 이뤄진다고 볼 수 있다. 상호적 강점을 적극 활용하는 것은 모든 사람에게 혜택이 돌아간다는 점에서 경쟁구도를 만들거나 개인 목표에 주력하는 것보다 훨씬 바람직하다.

사회적 강점들은 우리가 앞서 논의한 개인적 강점보다 효과가 가시적으로 드러나며 그만큼 영향력이 크다. 예를 들어 리더십에는 겸손과 달리 눈에 보이는 기능들이 있다. 미국의 인권운동가인 마틴 루터 킹 목사를 예로 들어보자. 그는 인종차별과 흑인의 빈곤 문제를 타파하기 위해 비폭력 인권운동에 앞장섰던 인물로 전세계인의 추앙을 받았다. 그는 내면에 갖추고 있던 강점만으로 유명해진 게 아니었다. 사람들은 그가 이뤄낸 성과에 찬사를 보낼 때마다 그의 창의성이나 열정, 탐구심보다 리더십, 공정성, 친절 등에 주목했다. 명백하게 드러나는 성품에 눈길이 먼저 가는 게 인간의 본성인 이상 당연한 일이다. 이런 점에서 마틴 루터 킹 목사의 유명한 연설인 "내게는 꿈이 있습니다."에 나오는 다음 대목은 이중적인 의미를 담고 있다고 볼 수 있다. "저는 제 네 명의 아이들이 피부색이 아니라 그들의 성품 자체로 평가받는 세상에서 살게 되기를 꿈꿉니다." 정말로 오늘날 우리는 행동을 통해 겉으로 드러난 성격으로 사람을 판단하곤 하는데, 이처럼 드러나는 성격은 대체로 사회적 강점일 때가 많다.

사회적 강점은 매우 가시적이고 강력한 특징을 지니기 때문에 시공을 초월하여 많은 사람들에게 영향을 미친다. 다음은 미국의 16대 대통령인 링컨이 1863년 11월 19일에 남북 전쟁의 격전지였던 게티즈버그에서 행한 연설로, 많은 코치들이 영감을 불러일으키기 위한 자료로 사용하고 있다.

지금으로부터 87년 전 우리 선조들은 만인이 모두 평등하게 창조되었다는 신조를 바탕으로 자유 속에서 새로운 나라를 이 대륙에 탄생시켰습니다.

우리는 이처럼 잉태되고 키워진 나라가 과연 영속할 수 있는지의 여부를 가리기 위한 커다란 내전을 치르고 있습니다. 우리는 그 전장 한가운데 모였습니다. 이곳의 일부를, 이 나라의 존속을 위해 생명을 바친 사람들의 최후 안식처로 바치기 위해 모인 것입니다.

이보다 우선되는 목적은 없을 것입니다. 하지만 엄밀히 말해서 우리에게는 이 땅을 봉헌하거나 신성하게 할 권리가 없습니다. 이곳을 진정 신성하게 할 수 있는 사람들은 살았든 죽었든 이곳에서 목숨을 다해 싸웠던 장병들입니다. 이곳을 성화시킨 그들의 공로에 우리는 아무것도 보탤 수 없습니다. 우리가 여기에서 무슨 말을 하는지 세계는 별로 주목하거나 오래 기억하지 않을 것입니다. 단지 영원히 기억될 것은 용감한 사람들이 이곳에서 했던 일입니다. 그들이 목숨을 바쳐 헌신했던 대의에 이제는 살아 있는 우리가 보답해야할 차례입니다. 즉 전사자의 죽음이 헛되지 않았음을 선포하고 이 나라를 신의 뜻에 따라 새로운 자유국가로 만들고 국민의, 국민에 의한, 국민을 위한 정부가 지상에서 영원히 사라지지 않게 하는 것입니다.[6]

펜실베이니아주 남부에 있는 도시에서 행해진 그의 연설은 150년이 지난 오늘날에도 우리의 가슴을 강하게 흔들어놓는다. 흠잡을 데 없이 훌륭한 연설이거나 링컨의 언변술이 탁월했기 때문만은 아니다. 게티즈버그 연설이 그토록 호소력 있는 이유는 우리를 하나로 묶어주는 힘이 있기 때문이다. 링컨이 말했던 숭고한 애국심과 역사는 우리로 하여금 미국 시민으로의 소속감과 연대감을 느끼게 한다. 설령 미국인이 아니더라도 그의 연설에는 누구나 공감할 수 있는 희생과 인내의 정신이 배어 있어 지구촌 공동체의 일원이라는 가슴 벅찬 감격을 느끼게 한다. 한마디로 링컨의 연설은 대표적인 사회적 강점으로, 모든 사람에게서 최고의 것을 끄집어내는 리더십의 완벽한 전형이라고 할 수 있다.

사회적 강점은 그 자체로 소중할 뿐 아니라 그로 인한 성과 때문에도 매우 중요하다. 사회적 강점은 개인이 원만한 관계를 맺고 타인과 협력하여 효율적으로 일을 처리하게 할 뿐 아니라 공동체의 전반적인 행동도 증진시킨다. 이는 개인적 강점만 가지고 사회인으로 충분히 기능할 수 없기 때문에 사회적 강점도 함께 계발해야 함을 의미한다. 한편 우리는 클라이언트의 사회적 강점을 탐색하는 과정에서 그의 지금까지 드러나지 않았던 천부적 역량도 발견할 수 있다. 클라이언트에게 사회적 강점이 얼마나 유익한지 설명하라. 그러면 클라이언트는 그 가치를 깨닫고 자신의 사회적 강점을 강화하기 위해 노력할 것이다.

사회적 강점을 강화하는 코칭

리더십 계발 프로그램을 진행해본 코치라면 상호적 강점들이 코칭을 통해 얼마든지 계발될 수 있음을 알 것이다. 사람에 따라 타고난 정도는 다르지만 모든 사람은 타인과 상호작용할 수 있는 잠재력을 가지며, 이러한 사회적 관계 능력은 리더십의 핵심 요소다. 창의적인 아이디어나 열정, 의욕만으로 훌륭한 경영인이 될 수 있는 건 아니다. 조직 전반을 살펴보는 안목과 확고한 목적을 바탕으로 한 추진력이 수반되어야 한다. 영국의 개럿 컨설턴트 회사에서 중역을 맡고 있던 질 개럿Jill Garret은 리더가 부하직원의 사기를 북돋고 동기를 심어주기 위해 자신의 최대 강점을 어떻게 발휘하는지 알아보기 위해 사내 통상산업부의 책임자 18명을 대상으로 연구를 실시했다. 개럿 연구팀은 그들에게서 두드러지게 나타나는 리더의 자질을 뽑아냈고 그중 상위 세 가지가 모두 사회성에 관련된 것임을 밝혀냈다. 즉 타인을 독려하고, 조직을 구성하고, 환경에 적응하는 능력이 그것이었다.[7] 기업체의 직원교육 프로그램을 담당하든 개인의 인생 상담을 이끌든, 모든 코치는 클라이언트의 사회적 기술이나 타고난 상호적 강점을 이끌어낼 수 있도록 노력해야한다.

　사회적 강점을 계발하기 위한 코칭 전략 중 하나는 클라이언트의 다양한 사회적 역할을 살펴보는 것이다. 사회적 역할이란 오랫동안 심리학자들에 의해 전개된 개념으로, 주어진 사회적 위치나 지위에 따라 기대되는 전형적인 행동양식을 일컫는 것이다.[8] 가령 우리는 직원과 고객에게 각각 기대하는 역할이 다르다. 코치는 우선 클라이언트가 직장상사나 동료, 배우자, 친구로서 자신의 역할을 어떻게 수행하고 있는지 관찰해야한다. 협력적이거나 순응적이 되도록 요구되고 있는가, 아니면 경쟁적이거나 혁신적이 되도록 요구되고 있는가? 고유 강점을 최대한으로 발휘하기 위해 그들의 역할을 어떻게 바꿔볼 수 있을까? 그리고 그결과는? 코치는 또한 클라이언트가 자기중심적 관점을 취하는지, 타인지향적 관점을 취하는지 살펴봐야 한다. 우선 클라이언트의 관심을 자아에서 타인으로 돌리기는 쉬운데 직장이든 가정이든 그가 맡고 있는 사회적 역할이 무엇이며 그 역할이 전체 집단에 얼마만큼 기여하는지를 알려주면 된다. 팀워크 이론의 최고 권위자인 메레디스 벨빈Meredith Belbin은 팀 내 구성원들에게 공통적으로 발견되는 아홉 가지의 역할에 대해 언급했다.[9] 이중 셋은 특히 사회적인 성격을 띠는 것으로, 우선 사람들을 목표와 업무에 집중하도록 이끄는 조정자, 타인의 말에 귀를 기울이고 갈등을 해결하는 협력자, 그리고 창의적인 아이디어로 팀에 활력과 열정을 불어넣는 자원탐색가가 있다. 코치는 벨빈이 제안한 '팀 역할 유형'에 따라 클라이언트가 어디에 속하는지를 살피고 어떻게 그의 특징을 발견하여 활용할 것인지를 논의하면 좋을 것이다.

VIA를 통해 사회적 강점 파악하기

VIA를 처음 개발할 무렵, 피터슨과 셀리그먼은 여러 경전이나 고전문학, 철학서, 법전 등을 참고하면서 그 분류체계에 어떤 강점을 포함시킬지에 골몰했다. 그리고 채택할 만한 강점을 나열하는 가운데 그들 사이에 몇 가지 공통점이 있음을 발견했다. 가령 누구에게나 강점으로 인식되는 용기는 인내심이나 정직과 같은 강점에도 공통적으로 내재되어 있다. 이에 피터슨과 셀리그먼은 일정한 주제별로 강점을 분류하기로 하고 용맹성이나 인내심, 완결성, 추진력을 용기라는 상위 강점으로 한데 묶어보았다. 그리고 이처럼 사회적 강점들도 특징에 따라 관계형성을 위한 강점과 공동체형성을 위한 강점으로 나눴다.[10] 관계형성을 위한 강점은 곧 심성에 관한 강점이라고 할 수 있는데 여기엔 사랑과 친절, 사회지능이 포함된다. 또 공동체형성을 위한 강점은 정의에 관련된 것으로 구성원 의식, 공정성, 리더십을 들 수 있다. 정의에 관련된 강점들은 일대일이나 소그룹 관계를 넘어서 전반적인 단일 공동체를 지향하는 데 사용되며 개인에게 그 혜택이 미치지 못할 수 있다. 크리스 피터슨은 관계형성을 위한 강점과 공동체형성을 위한 강점의 차이를 '사람들 사이'와 '사람들과 더불어'로 설명하였다.[11] 리더십이나 사회지능, 감성지능과 같은 강점은 다른 데서도 이미 광범위하게 다뤄졌으므로 이 책에서는 몇 가지만 집중적으로 살펴보겠다.

사회적 강점은 크게 관계형성을 위한 것과 공동체형성을 위한 것으로
나뉜다.

대개 사람들은 위에서 언급한 두 종류의 사회적 강점을 모두 갖고
있다. 개괄적으로나마 사회적 강점에 관한 배경지식을 가진다면 우리
는 이것이 얼마나 복합적이고 유용하며 흥미로운 것인지 알게 된다.
또 강점을 강화하는 것이 매우 효과적인 전략일 수 있다는 것을 확신
할 수 있다. 어떤 사람은 이미 타고난 것에 시간과 노력을 들일 필요
가 있겠느냐고 반문할 수 있고, 또한 상식적으로 봐도 타고난 강점 계
발보다 약점 보완이 더 현명하게 보일 수도 있다. 영국의 응용심리학
센터 책임자이자 긍정심리학자인 알렉스 린리에 의하면 위와 같은 논
쟁 저변에는 약점이 우리의 주요 성과를 일순 무너뜨릴 수 있으므로
우선적으로 견제하고 보완하는 게 좋다는 생각이 깔려 있다고 한다.
이러한 생각은 기업 경영인이나 직원뿐 아니라 가정에도 깊이 침투해
있다.[12] 하지만 약점이 그렇게 위력적인 것만은 아니다. 가정이나 직
장에서의 역할을 조금만 수정해도 우리는 타고난 강점을 강화함으로
써 약점을 충분히 상쇄시킬 수 있다.

물론 타고나지 않은 강점을 계발하는 것도 중요하다. 그렇다면 어
떤 시점에서 강점을 강화하고 어떤 시점에서 약점을 보완해야할까?

일단 역량의 관점에서 이 문제를 살펴보는 게 좋다. 판매사원, 남
편, 아빠 등 어느 자리에 있더라도 그 역할을 감당할 수 있는 최소한

의 역량이 클라이언트에게 얼마만큼 있는지 파악하라. 그리고 클라이언트의 역량을 가늠하기 위해 어떤 행동이나 성과를 참고할 수 있는지 생각해보라. 가령 관리직을 맡고 있는 클라이언트가 있는데 안타깝게도 여기에 필요한 상호적 강점이 선천적으로 부족하다면 사회지능이나 감성지능을 계발하는 쪽으로 방법을 찾아볼 수 있다. 또는 사람들을 상대해야하는 직장인에게 내재적 강점 중 하나인 인정人情이 타고났다면 그 가치를 극대화할 수 있는 방법을 찾아보면 좋다. 사회지능이 다소 부족하더라도 인정 어린 성품을 최대한 발휘한다면 훌륭한 판매사원이 될 수 있다. 코치는 강점에 주력하는 것이야말로 가장 효과적인 처방임을 분명히 하면서 코칭을 시작할 수 있다. 또 두 종류의 사회적 강점을 클라이언트에게 일러줌으로써 코칭을 더 활발하게 진행시킬 수 있다.

심성에 관한 강점

심성에 관한 강점을 타고난 사람들은 대개 관계지향적이다. 그들은 다정하고 따뜻하며 늘 감사카드를 보내고 특별한 용건 없이도 안부전화를 걸곤 한다. 또 대인관계를 소중하게 생각하기 때문에 자신의 강점 대부분을 우정이나 부부관계, 동료애를 발전시키는 데 사용한다. 그들은 자연히 주변 사람들로부터 돈독한 신뢰와 감사의 마음을 얻는다. 확실히 그들에겐 놀라운 공감능력과 섬세함, 따뜻한 인정이 있어서 어려운 문제에 부딪히거나 긴장된 상황에 처한 사람들은 이런 부류의 사람부터 찾게 된다.

심성에 관한 강점이 두드러진 사람들은 대체로 남성보다 여성이 많다. 일반적으로 여성이 남성보다 관계지향적이고 동정심이나 이해심이 많은 것으로 알려져 있다. 얼마 전 긍정심리학계의 노벨상이라고 알려진 '클리프턴 강점상'을 받은 셸리 테일러Shelly Taylor 박사는 이에 대해 흥미로운 설명을 들려주었다. 우리는 앞장에서 위험에 처한 사람이 본능적으로 두려움을 느낄 때 주로 '싸우거나 도망가는' 반응을 보인다고 말한 바 있다. 셸리는 이러한 반응이 주로 남성에게 나타나며 여성은 오히려 '보살핌과 어울림'으로 스트레스 상황에 효과적으로 대처한다고 밝혔다. 다음은 크리스 피터슨과 마틴 셀리그먼이 심성에 관련된 강점으로 꼽은 것들이다.[13]

● 사랑 : 사랑은 업무향상이나 경영의 문제를 다루는 코칭현장에서 좀처럼 언급되지 않지만 VIS 항목 중 하나로 명시되어 있다. 그리고 이때의 사랑은 십대시절의 풋내기 사랑이나 불륜과는 차원이 다르다. 또 우정이나 부모, 자식 간 사랑처럼 성적인 성격과 무관한 게 대부분이다.[14, 15] 사랑에는 무수한 종류가 있고 그중 강점과 관련된 것으로는 호의나 보호, 지지, 희생을 들 수 있다. 업무효율에 관한 코칭에서 사랑이라는 말을 입에 담기가 멋쩍고 거북하다면 지지나 희생 등으로 바꿔도 좋을 것이다. 예를 들어 코치는 클라이언트에게 동료나 친구를 위해 무엇을 기꺼이 희생할 수 있느냐고 물어볼 수 있다. 물질적이건 정신적이건 손해를 기꺼이 감수

할 수 있는 정도가 곧 그 사람의 사랑을 나타낸다.

사랑을 주고받는 능력은 유년시절에 경험한 양육 태도에 따라 좌우되지만 시간이 한참 흐른 뒤에도 얼마든지 학습될 수 있는 것이다.[16] 타인으로부터 따뜻한 반응을 경험한 사람일수록 사랑의 능력이 커지게 마련이다. 그러므로 코치는 클라이언트의 사랑 강점을 강화하기 위해 헌신적이고 따뜻한 사람이 주변에 얼마나 많은지 살펴보고 그의 사회성 체온을 측정해봐야 한다. 우선 그러한 관계가 충분히 형성된 사람이라면 그에게 주변 사람으로부터 무엇을 배우며 배운 것을 어떻게 실천할 것인지 물어볼 수 있다. 그렇지 않은 경우엔 사회적 관계를 형성하기 위해 어떠한 노력을 기울일지 함께 얘기해본다. 한 가지 기억할 점은 사랑과 감사가 매우 밀접한 관계에 있다는 사실이다. 어떤 이유에선지 모르지만 사랑의 능력이 클수록 감사하는 능력도 커진다. 그러므로 코치는 4장에서 소개한 바 있는 감사를 촉진하는 개입방법을 통해 관계의 유대감을 높일 수 있다.

- 친절 : 개념을 분명히 이해하자. 친절은 상대방이 자신을 함부로 대하도록 내버려둔다는 의미가 아니다. 친절을 잘못 이해한 탓에 대다수 사람들은 친절함과 유약함을 혼동하곤 한다. 또 친절을 당연하다고 생각하면서 친절하게 대우받기를 간절히 바란다. 누구나 마땅히 지켜야 할 최소한의 예의임에도 우리는 왜 서로에게 친절해야한다고 말하는 것일까? 이는 친절이 관계에 즉각적이고 유익한 영향을 미치며 그 자체로도 충분히 장려할 만한 일이기 때문이다. 친절은 유쾌한 농담을 던지거나 미소를 보이는 차원을 넘어 타인에게 진심어린 공감을 나타내는 것이다. 친절한 사람은

대체로 너그럽고 헌신적이므로 곤경에 처한 이웃을 기꺼이 도울 뿐 아니라 도덕적 판단력도 뛰어나다.[17] 이는 친절이 다정한 성품에만 국한된 게 아니라 관계와 공감이라는 윤리적 영역에 속한 강점임을 의미한다. 클라이언트가 마음껏 칭찬받을 수 있는 안전한 장소가 바로 코칭 현장이며, 클라이언트가 소중하게 생각하는 강점들이 대개 친절과 관련된다는 점에서 친절은 효과적인 코칭도구로 얼마든 활용될 수 있다.

친절함의 대표적인 예로 베풂을 들어보자. 베풂은 코칭으로 손쉽게 지도할 수 있으므로 논의할 가치가 충분하다. 알다시피 베풂은 공감이나 행복과 밀접한 관계에 있다.[18, 19] 신입사원에게 유익한 조언을 들려주거나 자선단체에 기부하는 등 타인에게 무언가 베푼다는 건 상당히 보람된 일이다. 베풂은 유대감을 돈독하게 할 뿐 아니라 자신감을 키워주기도 한다. 이삿짐을 날라주고 불우한 이웃돕기에 참여하고 갓 입사한 신입사원에게 마케팅 전략을 귀띔해주는 등 누구나 다른 사람을 정성껏 도왔던 기억이 있을 것이다. 그리고 그때를 돌이켜보면 모든 상황이 순조롭고 다른 사람과 나눌 만한 시간이나 물질, 전문적 기술이 충분했음을 알 수 있다. 관대하게 베풀 수 있다는 건 이렇듯 풍요롭고 행복한 상황에 있다는 것을 의미한다. 코치는 자신이 몸소 경험했던 베풂의 기쁨을 클라이언트에게 전해줄 수 있다. 어떤 사람은 기부할 단체를 진지하게 생각하고 어떤 사람은 자신이 운영하는 사업체를 통해 지역사회에 기여할 방법을 찾을 것이다. 또 자원봉사에 참여하거나 형편이 어려운 사람에게 무료로 코칭해주는 것을 베풂의 일환으로 생각하는 사람도 있을 것이다. 이렇듯 사람에 따라 베풂을 정의하고 실천하는 방법은 다양하다.

코칭이든 결혼생활, 직장생활이든 우리가 관여하는 거의 모든 일은 사회적 관계에 토대를 두고 있다. 인생의 효율을 극대화하는 사람은 사회적 관계의 역동성을 이해하고 이를 현명하게 조율할 수 있는 사람이다. 실제로 스티븐 코비가 언급한 '일곱 가지 습관' 중 셋은 타인과의 관계에서 형성될 수 있는 것이다.[20] 코치는 클라이언트가 최대한 발휘할 수 있는 사회적 강점이 무엇인지를 밝히고 계발함으로써 가정이나 일터에서 최고의 효율을 이끌어낼 수 있도록 도와야 한다.

정의에 관한 강점

정의에 관한 강점들은 직장의 부서나 거주 지역과 같은 공동체의 전반적인 복지를 향상시키는 데 도움이 되는 강점을 말한다. 주로 사회적 정황이나 관계에 초점을 맞춘다는 점에서 '심성에 관한 강점'과 유사하지만 일대일 혹은 소그룹 관계를 넘어 하나의 공동체를 지향한다는 점에서는 구별된다. 모든 사람에겐 어느 정도 정의에 관한 강점이 있다. 정의가 마땅히 실현되어야 할 가치임을 부정할 사람은 없을 것이며 부당한 취급을 당하게 되면 누구라도 분노를 느낄 것이다. 사랑이나 베풂과 같은 강점이 만족스러운 부부생활이나 직장 동료와의 유쾌한 교제로 이어진다면 정의에 관한 강점은 이러한 개별적 관계가 더욱 풍성해질 수 있는 기틀을 마련하고 확장하는 데 사용된다. 다음은 피터슨과 셀리그먼이 정의와 관련되었다고 생각한 강점들이다.[21]

● 구성원 의식 : 구성원 의식은 공동체의 의무를 충실하게 수행하는 것과 관련된다. 투표권을 행사하고 법률의 제정 및 개폐를 청구하고 지방의회, 청문회 등에 참여하는 정치적 행위를 말하거나 직장에서 시간엄수, 성실한 업무수행, 노조활동을 말하기도 한다. 바람직한 구성원 의식이란 협동심이나 충성처럼 개인의 사리사욕을 넘어 공공의 이익을 지향하는 것이다.[22] 제 역할을 성실히 수행하고 공동체에 헌신적인 사람은 주변 사람들로부터 존경을 얻고 협력을 이끌어낸다. 그만큼 구성원 의식 자체에는 사회적 영향력이 크기 때문에 이 강점을 가진 사람은 자신이 속한 집단의 문화를 만들어내는 힘을 갖는다. 가령 시간에 맞춰 출근하고 근무 시간에 최선을 다하고 협동심을 발휘하는 사람은 그 집단의 구성원들에게 새로운 평가기준을 제시하는 것이다.

다행히도 구성원 의식은 코칭을 통해 충분히 계발할 수 있는 강점이다. 클라이언트가 기업체의 경영진이라면 그에게 누구나 본받을 수 있는 구성원 의식의 모범을 제시해보라고 격려할 수 있다. 최고경영자나 임원진 정도 되었다면 십중팔구 이러한 강점을 갖고 있을 것이다. 그토록 근면하고 진취적이고 헌신적이지 않았다면 어떻게 그 자리에 오를 수 있었겠는가? 평생직장의 개념이 사라지고 최고경영자나 전문직 인재의 스카우트 경쟁이 치열해지는 지금의 상황에서[23] 충성은 바람직한 직장문화를 이뤄내는 데 중요한 덕목으로 자리잡을 수 있다. 코치는 클라이언트가 동료에게서 어떤 충성심을 기대하는지, 그가 생각하는 이상적인 충성이란 무엇인지, 또 충성 자체를 어떻게 이해하고 있는지를 살펴봐야 한다. 동시에 작은 일에도 책임을 다하는 습관을 쌓아가며 충성심을 강화하도록 격려할 수 있다. 꾸준한 운동으로 체력을 키울 수 있듯 작은 성실이라는 습관은 충성심이란 근육을 강화시킨다. 무엇보다 코치는 클라이언트와의 관계를 통해 바람직한 충성이란 무엇인지, 또 충성이 주는 유익함이 어떠한지를 몸소 보여줄 수 있다.

- 공정성 : 지친 몸을 이끌고 퇴근길에 올랐는데 도로공사 때문에 교통체증이 빚어져 한참을 도로에 갇혔던 경험이 있을 것이다. 3차선이 2차선으로 줄어드는 지점에서 한 차량씩 엇갈려 통과하는 암묵적인 질서에 따라 많은 차가 자신의 차례를 기다리고 있는데 느닷없이 비상 갓길을 따라 새치기를 하는 차 한 대를 발견한다면 당신의 심정은 어떠할까? 울화통이 치밀고, 그사람이 참으로 파렴치하다고 생각할 것이다. 왜 그럴까? 자신의 편의대로 공공연하게 혹은 은근슬쩍 공공의 약속을 어겼기 때문이다. 구급차라면 몰라도 개인 차량이 자기만 편하겠다고 비겁한 행동을 저지른다면 우리는 심한 혐오감을 느낄 수밖에 없다. 그것은 엄연한 도덕규범의 위반이요, 부당한 행위다.

정의는 소꿉친구와 내기 시합을 하던 어릴 적부터 체득해온 관념이지만 동시에 철학이나 사회과학에서 진지하게 논의되는 주제이기도 하다. 하버드대학교의 사회철학자인 존 롤스John Rawls는 '분배의 정의'에 관한 저술에서 재화와 용역이 어떻게 분배되었는지로 정의 실현의 정도를 알아볼 수 있다고 주장했다.[24] 하지만 공공선이나 평등지상주의와 같은 과잉 복지국가론에 맞서 국가의 역할을 최소화해야한다는 입장에 있던 로버트 노직Robert Nozick은 정의가 분배의 문제가 아닌 소유의 정당성 문제라고 주장했다.[25] 심리학자들도 역시 정의 문제에 깊은 관심을 보여왔다. 도덕성발달 이론으로 유명한 로렌스 콜버그Lawrence Kohlberg는 인간의 도덕성 확립 과정을 크게 세 단계로 구분했다.[26] 첫째는 단순히 처벌을 피하거나 자신 혹은 타인의 욕구를 만족시키기 위해 도덕적 판단을 하는 단계다. 둘째는 타인의 관점이나 심정을 고려해서 도덕적 행위를 하는 단계다. 즉 자신의 행동이 사회 규범이나 체계, 질서에 얼마나 부합한지를 생각한다. 마지막 단계는 인류 보편적인 양심과 도덕원리에 대한 확신, 존중으로 도덕적 판단을 내리는 것이다. 이 단계의 사람은 자신이 맡은 역할을 완수하기 위해 문제를 제기하거나 면밀히 검토하고 수정하는 능력을 갖추었다고 볼 수 있다.

안타깝게도 인간에게는 지극히 당연한 도덕원리도 교묘히 피해갈 수 있는 재능이 있다. 규율 하나 깨는 것을 대수롭잖게 생각하는 사람들은 '누구나 그러하지 않느냐?' 혹은 '당장에 피해보는 사람이 없지 않냐?'고 항변한다. 예를 들어 코칭비용을 인하하는 것이 코칭 업계에서 어느 정도 허락될 수 있어도 터무니없이 낮춰 부르는 것은 정당하지 않다. 클라이언트를 생각하기보다 동종 업계의 경쟁자를 견제하는 것이기 때문이다. 이처럼 정의에 어긋난 사고를 한다면 믿을 만한 친구나 동료, 클라이언트를 얻기 힘들다.

클라이언트의 도덕관념이 어떠한지를 주의 깊게 살펴보라. 정의를 소중한 가치로 생각하는가? 코치와 클라이언트 사이의 정의에 대한 관념이 서로 일치하는가, 상반되는가? 되도록 비용편익분석(비용과 이익을 비교하고 검토함으로써 어떤 안案의 채택 여부를 결정하는 방는 옮긴이 주)적 사고에서 벗어나 정의를 논해보는 게 좋다. 정의는 단순히 비용이나 위험부담 같은 이

익개념의 차원을 넘어서는 것이기 때문이다. 도덕적 딜레마에 빠진 클라이언트가 있다면 그에게 다른 사람들로부터 어떤 평가를 받게 될지, 이상적인 사회에서는 어떻게 할 수 있을지 또 자신의 행동이 장기적, 단기적으로 어떤 결과를 낳을지 생각해보게 하라. 아니면 정의의 가치가 극명하게 나타나는 상황을 제시함으로써 클라이언트의 도덕관념을 확고히 해줄 수 있다. 가령 육상경기를 관람하거나 아이들을 돌봐야 하는 상황에서 클라이언트는 공평한 기준이나 태도가 얼마나 중요한지 새삼 깨닫게 되는데, 이러한 깨달음은 직장의 여러 상황에도 유용하게 적용될 수 있다. 정의의 가치를 깨닫고 실천하는 클라이언트는 분명 직장에서도 환영받는 동료가 될 것이다.

기량을 최대한 발휘한다는 것은 단순히 높은 연봉을 받거나 출세가도를 달리는 것만 의미하지 않는다. 듬직한 성품으로 널리 칭찬받는 사람은 정의에 관련한 강점 또한 갖춘 경우가 많다. 이들은 많은 사람에게 신뢰감을 안겨주며 코칭이나 상담에서 하나의 목표로 삼게 되는 유형의 사람이다.

1. 스티브 하이네와 다린 리먼은 문화심리학 연구를 통해 문화가 인간의 자존감에 막대한 영향을 미친다는 사실을 알아냈다. 그러므로 코치는 성공적인 코칭 문화를 어떻게 조성하면 좋을지 생각해야한다. 혹 집단 코칭을 실시하는 중이라면 참여자 중 한 사람이라도 소외감이나 이질적 기분을 느끼지 않도록 주의해야한다. 또 클라이언트의 의욕과 자신감을 높여주기 위해서 접수, 의뢰, 회신, 상담 등의 절차를 어떠한 분위기로 구조화할지도 생각해야한다.

2. 누구에게나 불가피하고 결정적인 약점이 있게 마련이다. 약점 보완을 하나의 방편으로 생각할 수 있지만, 여기에만 치중한다면 다음 단계로 나아가는 데 지장을 초래할 수 있다. 약점보다 강점에 주력하는 것이 보다 효과적이지 않을까 생각해봐야 한다. 강점을 계발하고 강화하는 방향으로 코칭 전략을 수정할 때 클라이언트가 얼마만큼 적극성을 띠게 되는지도 관찰하라.

3. 너무 진부하다는 이유로, 혹은 친밀함이나 성적인 의미로 여겨질까봐 코치들은 사랑이란 단어를 좀처럼 사용하려고 하지 않는다. 하지만 이 강점은 매우 중요하므로 클라이언트에게 어떤 식으로 언급해야할지 생각해야한다. 존중이나 동료애, 희생, 지지라는 말로 바꿔 표현하는 것도 하나의 방법이다. 또 클라이언트가 소중하게 생각하는 강점들이 사랑과 어떤 관련이 있는지 얘기하면 좋다.

4. 클라이언트들은 대개 곤란한 상황에 처하거나 어려운 문제에 부딪히면 그 현상에만 집착한 나머지 문제해결에 도움을 줄 수 있는 사회적 역할을 기능을 간과하곤 한다. 사회적 역할은 다양한 기대와 각본을 제시한다. 가령 엘리베이터 안에서는 문 맞은편에 서서 입을 다물고 있어야 하고, 커피숍 계산대에서는 음료를 주문하거나 시럽, 냅킨 등을 부탁하는 등 전형적인 대화를 나누어야 한다. 사회적 각본은 이처럼 다양한 상황에서 어떻게 행동하고 대화할지를 제시해준다. 코치는 클라이언트에게 그 나름의 각본을 써보게 하고 바람직한 행동을 추진하는 방향으로 각본을 수정하게 할 수 있다.

part. 3

긍정심리학 코칭을 적용하고 발전시켜라

Positive Psychology Coaching

일에 최선을
다하도록 돕기

놀랍게도 우리는 인생의 대부분을 일하는 데 보낸다. 오전 8~9시경에 출근하여 오후 6시쯤 퇴근한다고 하면 인생의 거의 30퍼센트가 넘는 시간을 일터에서 보내는 셈인데 여기에 출퇴근이나 보고서 작성, 기획회의, 친목도모나 긴장해소를 위한 활동까지 고려한다면 그 시간은 훨씬 늘어날 것이다. 그리고 일 때문에 우리의 모든 것이 소진되는 것처럼 느껴지기도 할 것이다. 미국을 비롯한 대다수의 나라에서 주5일제를 실시하지만 과연 가족이나 취미활동, 여가를 위해 나머지 이틀을 할애하는 사람이 얼마나 될까? 이처럼 막대한 노동시간 때문에 어떤 사람은 '일' 하면 넌덜머리를 내기도 한다. 진로나 대인관계, 리더십 계발 등 종류를 막론하고 코치는 업무에 관한 문제로 골머리를 앓고 있는 클라이언트를 한번쯤 만나게 된다. 또 직장상사와 동료, 거래처 직원에 대한 불평을 늘어놓는 것도 심심찮게 듣는다. 30~50대에 접어든 사람들은 시간이 지날수록 자기 인생에서 중요하고 의미 있는 무언가를 놓쳐버렸다는 생각을 하게 되며 앞으로 어떤 선택을 할 수 있을지 알아보기 위해 코치를 찾아온다. 어떤 의미에서 코칭이란 클라이언트가 원하는 일을 제대로 할 수 있도록 돕는 일이다. 다행히 이러한 코칭의 역할을 뒷받침할 만한 이론이나 연구 결과가 꾸준히 나오고 있다.

우리는 대개 처음 만나는 사람과 인사를 나누게 되면 직업부터 묻는다. 왜 그럴까? 척추교정 지압사인지 음향기사인지가 그렇게 중요한 것일까? 아니면 단순히 궁금하거나 대화를 열기 위한 소재로 삼기 위해서일까? 무엇을 하는지 물어보는 중요한 이유는 직업이 곧 그 사람의 정체성이기 때문이다. 직업은 그의 사회경제적인 지위와 교육수준, 개인의 관심사, 가치관을 반영한다. 물론 같은 직종 안에도 각양각색의 사람이 존재하겠지만 해병대에 근무하거나 해양생물학자라고 하면 우리는 경험상 그가 어떤 사람일지 대략적으로 짐작할 수 있다. 목사, 전업주부, 로비스트, 자동차 판매업자에 대해서도 마찬가지다. 일은 돈벌이 수단 이상의 의미가 있다. 우리는 일을 통해 시간을 규모 있게 사용하고 배움과 성숙의 기회를 얻으며 안정감과 보람을 느낀다. 일은 우리의 정체성과 관련하여 매우 중요한 의미를 지니므로 우리는 자신이 누구인지와 동일한 의미로 직업을 당당히 언급할 수 있다. 가령 "심리에 관계된 일을 하고 있어요."라고 말하기보다 "난 심리학자예요." 라고 말하는 편이 더 분명하게 들리는 것처럼 직업은 우리의 정체성을 가장 잘 보여주는 방법이다. 특히 생계유지보다 자신의 관심사를 충족하고 보람을 얻기 위해 일하는 사람이라면 더욱 그러하다.

하지만 직업세계는 예전과 달라졌다. 평생 한 회사에 헌신하고 임금인상과 승진, 품위 있는 은퇴로 보상받던 낭만적인 시대는 지나갔다. 지난 20년 동안 최첨단정보기술 산업이 발전하면서 일에 대한 오래된 통념이 사라지고 있는 것이다. 오늘날은 회사를 자유롭게 옮겨 다니거나 재택근무를 하면서도 통상적인 은퇴연령까지 왕성하게 활동하는 프리랜서가 늘고 있는 추세다. 물론 여기에는 장단점이 있다. 개인의 자율성이 확대되고 보수 책정이 비교적 유연해졌지만 지속적인 수입원을 확보하고 여기저기 새로운 일감을 얻으러 다녀야 하는 부담이 있는 것이다. 직장을 자유롭게 선택할 수 있는 기회가 어떻게 보면 부담으로 다가올 수 있다. 더 나은 자리와 보수를 위해 뉴욕으로 갈까, 샌프란시스코로 갈까, 혹은 회사를 바꿀까 아예 다른 진로를 알아볼까 등 여러 가능성을 저울질해야하는 상황은 오히려 혼란을 가중시킬 수 있다. 이직과 진로변경이 늘어나는 새로운 인력시장 분위기에서 사람들은 우왕좌왕 갈피를 못 잡는 모습을 보이곤 한다.

미국에서 주요 일간지가 선정한 베스트셀러 목록에 오르며 선풍적인 인기를 모았던 《내 인생, 어떻게 살 것인가? *What should I do with my life?*》의 저자인 포 브론슨Po Bronson은 현대인이 자신에게 꼭 들어맞는 직업을 어떻게 찾게 되었는지, 즉 고유한 자기 일을 어떻게 선택하였는지를 관찰했다.[1] '어떻게 하다 보니' 그 일을 하게 되었거나 자신의 의지로 선택할 수도 있다. 포는 사무실에서 연신 하품을 해대거나 건성으로 일을 처리하는 사람이 있는가 하면 일정한 목표 수행을 위해 모험을 감행하고 인내심을 발휘하는 사람이 있다는 사실을 발견하고 수십 명의 표본 집단을 설정하여 인터뷰를 실시했다. 그결과 다른 직업으로 바꿀 경우 정신적 공황에 빠진 것처럼 반응을 보이는 사람이 있었고, 한 직장에 오래 머물거나 틀에 박힌 직장생활에 안주하기를 싫어하는 사람도 있었다. 또 사람에 따라 일종의 소명처럼 하나의 일에만 집중하기도 하고, 다양한 진로변경 가능성을 고려하기도 했다. 결국 브론슨이 내린 결론은 육체노동이든 정신노동이든 모든 사람은 자신의 열정을 발견하고 그 열정과 성취욕을 일에 온전히 쏟아붓기를 원하며 흥미롭고 보람된 활동을 추구하고 싶어한다는 것이었다. 개성이 중시되는 현대사회에서 판에 박은 듯 진부하고 획일적인 성공 비법은 별 의미가 없다. 각 상황에 맞는 전략, 개인의 강점과 재능과 흥미에 맞는 직업이 필요한 것이다.

'개인과 환경의 부합', 더 정확히 말해 '개인과 직무의 부합'은 이론가들 사이에서 오랫동안 회자되어온 주제다. 사람들은 단지 넉넉한 보수와 사회적 지위가 보장되는 일보다 적성에 맞는 일, 더 나아가 자신의 재능과 가치관을 유감없이 발휘할 수 있는 일을 원한다.

종교사회학자인 로버트 벨라는 《미국인의 사고와 관습: 미국인의 개인주의와 헌신 *Habits of the Heart : Individualism and Commitment in American Life*》[2]을 통해 '개인과 직무의 부합'에 관한 매우 획기적인 관점을 제시한 바 있다. 그는 갈수록 분열과 갈등이 심화되는 미국사회에 진정한 화합을 촉구하기 위해 1980년대 중반 이 책을 썼는데, 워낙 광범위한 주제를 다루고 있는지라 불과 몇 페이지에만 언급된 '직업에 대한 태도'는 독자들에게 쉽게 간과될 수도 있다. 벨라 연구팀은 직업을 불문하고 사람마다 일에 대한 태도가 다르다면서 자신의 일을 어떤 관점에서 바라보느냐에 따라 크게 세 부류로 나누어 설명했다. 첫번째 부류는 먹고살기 위해 어쩔 수 없이 일하는 사람으로 그는 급료를 받는 것 외에는 아무런 기대나 만족이 없다. 둘째 부류는 직장이 주는 혜택, 즉 해외출장이나 유급휴가, 승진, 동료의식 등에 의해서 일에 대한 동기를 얻는 사람이다. 마지막 부류의 사람은 어떤 종류의 직업을 가지든 자신의 일이 공공의 선에 기여한다는 신념을 갖고 있으며 자신의 일이 곧 소명이라고 생각한다. 벨라는 공공의 선을 지향하는 정신과 개인의 열정을 이끌어낸다는 점에서 마지막 부류가 가장 바람직한 태도라고 보았다. '일에 대한 태도' 이론은 코치는 물론 클라이언트에게 보다 새롭고 긍정적인 방식으로 일을 대하는 태도와 언어습관을 바꾸도록 이끌어준다.

일에 대한 태도 이론

주지하다시피 직업에 대한 적성은 사람마다 다르다. 상황이 긴박하게 돌아가는 시카고상품거래소나 응급실에서 아드레날린을 뿜어내며 일에 열중할 수 있는 사람이 있는가 하면 그렇지 못한 사람도 있다. 사람들은 어느 정도 현실적인 조건을 따지며 일을 선택하지만 그 일이 얼마만큼 자신에게 매력적인지도 고려한다. 예를 들어 정육점에서 칼질하는 걸 좋아하는 사람이 있고 군복무 기간을 보람되게 생각하는 사람도 있다. 당신의 클라이언트도 예외는 아니다. 대부분의 사람은 자신의 적성과 소질에 맞고 흥미를 느낄 수 있는 일을 찾으려 한다. 만약 그렇지 못하면 코칭을 통해 해결의 실마리를 얻으려 한다. '개인과 직업의 부합'에 관한 초기 연구에서는 교육수준, 성별, 인성과 같은 개인적 변수, 인구통계학적 변수가 직업선택이나 만족도에 영향을 미친다고 보았다.

초기 이론가 중 하나인 존 세이볼트John Seybolt는 교육수준과 직업만족도의 상관관계를 연구했다.[3] 그의 가정에 의하면 고학력자일수록 복잡하고 다양한 업무와 더 많은 보상을 통해 만족을 얻게 된다. 즉 복잡한 지적 활동이 아닌 단순반복적인 일에는 쉽게 싫증을 낸다는 말인데 이러한 가설의 타당성은 어디까지나 해석하기 나름이다. 분명한 건 세이볼트를 비롯한 여러 이론가의 주장이 개인맞춤식 경영이나 업무 편성을 통해 직원의 이직률을 낮추고 생산성을 최대치로 높일 수 있는 가능성의 단초를 제공했다는 사실이다. 경영자는 직원의 교육수준과 성별 등을 충분히 참작하여 그들의 업무만족도를 높일 수 있는 직장 분위기를 조성할 수 있다. 가령 보편적인 측정도구 중 하나인 마이어브릭스 성격유형지표를 통해 직원의 내향성, 외향성 여부를 살펴볼 수 있다.

게다가 '개인과 환경 부합'에 관한 이론은 지금껏 발전에 발전을 거듭해왔다. 오늘날 이론가들은 단순히 개인의 인성이나 인구통계학적 변수를 넘어, 철학자나 종교학자의 독점 영역으로 알려졌던 인간의 흥미로운 본성에 관해서도 탐구하기 시작했다. 새로운 연구동향의 대표주자로 뉴욕대학교 스턴경영대학의 조직심리학자인 에이미 프제스니에프스키Amy Wrzesniewski를 꼽을 수 있다.[4] 그녀는 벨라가 제시했던 '일에 대한 태도' 이론을 바탕으로 새로운 사실을 검증하고 추가했다. 업무만족도를 비롯한 직장의 여타 문제를 다뤄야 하는 코치들에겐 프제스니에프스키의 이론이 더없이 흥미롭고 실질적으로 유익할 것이다. 다음은 벨라의 분류법에 따라 프제스니에프스키가 나름의 해설을 덧붙인 것이다.

1. 노동(Jobs) : 자신의 일을 노동이라고 생각하는 사람은 이렇다 할 흥미를 느끼지 못한 채 그저 '해야한다'는 의무감으로 일을 한다. 진정한 가치와 보람을 찾기는커녕 근무시간이 끝나기만을 손꼽아 기다리며 일단 퇴근한 뒤에는 일에 대한 생각을 일체 떨쳐버린다. 또 자기 일을 다른 사람에게 권하는 법이 없다. 이런 부류의 사람은 월급이나 의료보험과 같은 가시적인 혜택에 의해서 주로 동기부여를 받는다.

2. 직업(Careers) : 직업의식을 가진 사람은 위 부류보다 일을 더 좋아하긴 한다. 이들은 보수뿐 아니라 사회적 지위 같은 부수적인 혜택에 의해서도 동기부여를 받으며 권력이나 승진, 직업의 장래성, 유급휴가, 자아실현 등에 특별히 관심을 갖는다. 일에 관한 모든 것에 만족할 순 없겠지만 발전할

수 있다는 가능성 하나로도 충분히 의욕을 가진다. 직업의식을 가진 사람은 때때로 자기 일을 더 나은 직업을 찾기 위한 도약대로 삼기도 한다.

3. 소명(Calling) : 자신의 일을 소명으로 여기는 사람은 일 자체를 사랑하고 소중히 여긴다. 그들은 일에서 충분한 보상을 얻지만 설사 '무보수'로 일해도 상관없다는 생각을 한다. 소명의식을 가진 사람은 자신의 일이 세상에 반드시 필요하고 선한 목적에 기여하며 자신뿐 아니라 타인의 삶을 한층 발전시킨다고 믿는다. 이들은 근무시간 외에도 일에 대해 생각하기 좋아하고 심지어 휴가철에 일거리를 한보따리 붙들고 있다. 하지만 이들을 가리켜 일에 파묻혀 사는 일중독자라고 하기보다 (간혹 그런 경우도 있지만) 더 나은 세상을 만들어간다고 확신하는 사람들이라고 생각하면 좋을 것이다.

연구 초기에 프제스니에프스키는 벨라가 분류한 직업태도가 실생활을 반영하는 것인지, 아니면 학자 개인의 탁월한 통찰에서 비롯된 관념적 이론인지 확신할 수 없었다. 이에 그녀는 광범위한 직업군에서 무작위로 135명을 추출하여 검증했고,[5] 그결과 그들 중 어느 누구도 예외 없이 벨라가 말한 세 가지 직업태도 중 하나에 속한다는 사실을 알아냈다. 다시 말해 모든 사람은 자신의 일을 노동이나 직업, 소명 중 하나로 생각한다는 의미인데, 이는 코칭현장에서 어떤 클라이언트에게도 적용할 수 있다는 점에서 매우 가치 있는 연구 성과다. 프제스니에프스키는 개인과 일의 관계 양상을 벨라의 이론을 통해 비교적 정확히 파악할 수 있으며 세 분류군의 비율이 비슷하다는 점도 밝혀냈다. 이는 광범위한 직업군에서 무작위로 추출한 표본이므로 보편적인 분포도라고 볼 수 있다. 그러므로 코치는 어떤 클라이언트라도 자신의 일을 노동과 직업과 소명 중 하나로 생각한다고 전제할 수 있다. 이후 프제스니에프스키는 보다 확실한 검증을 위해 본래의 모집단 중 사무직원 24명을 부副표본으로 표집하고 그들의 직업태도를 재관찰했다. 놀랍게도 지난번 모집단과 마찬가지로 부표본도 세 가지 직업태도에 대한 분포비율이 비슷한 것으로 나타났다.

Coaching Point

일에 대해 어떤 태도를 가지고 있느냐는 매우 중요한 문제다. 광범위한 직업군을 대상으로 한 연구 결과, 사람들은 자신의 일을 노동이나 직업, 소명 중 하나로 생각했다.

직업을 불문하고 사람들이 자신의 일을 노동, 직업, 소명 중 하나로 생각한다는 사실은 매우 놀랍다. 일용직 노동자든 전문직 종사자든 상관없다. 자신의 일을 어떻게 바라보느냐가 중요한 것이다. 휘파람을 흥얼거리며 승객에게 유쾌한 인사말을 건네는 버스기사가 있는가 하면 자기 일에 환멸을 느끼는 변호사, 얼른 일을 끝내고만 싶은 배관공, 더 이상 일을 못해먹겠다고 투덜대는 외판원이 있다. 일에 대한 태도는 교육수준이나 전문성, 숙련도와 별도로 자신의 일을 어떻게 해석하느냐, 즉 일의 가치와 발전가능성을 바라보는지, 혹은 하기 싫은 무언가로 바라보는지의 문제다. 프제스니에프스키는 텍사스의 한

종합병원에서 일에 대한 태도를 평가할 목적으로 경영진을 비롯한 의료실무진, 행정직원, 단순노무직원을 차례로 면담했는데[6] 한번은 장기병동에서 뇌사환자를 주로 돌보는 간호사로부터 놀라운 이야기를 듣게 되었다. 하루는 그녀가 병실에 들어섰는데 여느 때와 다르다는 걸 느낄 수 있었다. 언뜻 파악할 수 없었지만 병실을 정돈하는 내내 그녀는 곰곰이 생각해봤고 결국 변화의 실체가 무엇인지를 밝혀냈다. 바로 남쪽과 북쪽 벽에 걸려 있던 몇 점의 그림이 모조리 뒤바뀌어 있었던 것이다. 담당 청소부가 병실 분위기를 바꿔보려 시도한 일이었다. 그는 병원 내 조직체계에서 보자면 어디까지나 말단 직원에 불과했고 고작 쓸고 닦고 쓰레기를 비우는 단순노동이 주임무였지만 환자들의 삶의 질을 높이기 위해 무언가 실천한 사람이었다. 프제스니에프스키는 그와 면담하고서 그가 소명적 태도를 가지고 있음을 알아냈다. 그는 수술을 집도하는 의사만큼이나 자신의 역할이 중요하며 병원의 위생 상태가 제대로 유지되지 못한다면 의사와 간호사의 수고가 물거품이 될 수 있다고 말했다. 이처럼 직업이 무엇이든 간에 일에 대한 태도가 다른 것이다.

세 가지 중에서 어떤 태도가 가장 바람직할까? 보통 대개 일을 노동으로 여기는 태도가 최악이고, 소명이라고 여기는 게 최고라고 생각하는데 이는 연구를 통해서 입증되었다. 프제스니에프스키는 소명의식을 가진 사람일수록 일과 삶에 대한 만족도가 높으며 소명의식으로 뭉친 집단이 대체로 높은 수행능력을 보인다고 말했다. 흥미로운 건 직업적 태도가 지배적인 집단에서는 갈등이 잦고 결속의식이나 소통이 부족했다.[7] 그렇다고 일을 노동이나 직업으로 생각하는 사람이 무조건 잘못되었다고 말하는 건 아니다. 단지 그들은 일보다 여가활동을 통해 개인적 만족을 얻으려고 할 뿐이다.

┌─ **Coaching Point** ├─────────────────────────────
│ 소명의식을 가진 사람일수록 일과 삶에 대한 만족도가 높다.
└──

이에 관련하여 특히 코치가 주목해야할 주제는 '직무 재구축'이다. 프제스니에프스키가 밝혀낸 흥미로운 연구 결과 중 하나는 소명의식을 가진 사람일수록 자신의 업무와 대인관계에 약간의 변화를 추구한다는 사실이다. 앞에서 잠깐 언급했던 병원 청소부가 이러한 사실을 분명하게 보여준다. 병실의 그림 위치를 바꾸는 건 그가 의무적으로 수행할 직무에 포함되지 않았지만 그는 많은 시간이나 돈을 들이지 않고도 자신의 일에서 큰 보람을 얻을 수 있었다. 이처럼 작은 일에서부터 독창성을 발휘하여 직무를 재구축한다면 본래 업무에서 보다 큰 의미를 찾게 될 것이다. 프제스니에프스키는 미시건대학교의 조직심리학자인 제인 더튼과 더불어 직무 재구축에 관한 연구를 실시했다.[8] 다음은 직무 재구축을 위한 세 가지 방법이다.

● **업무의 종류나 범위, 양을 변화시킨다** : 때때로 사람들은 자발적으로 일을 확장하거나 업무방식을 바꾸곤 한다. 가령 서류작업을 효율적으로 할 수 있는 나름의 방법을 고안하거나 부탁받은 것도 아닌데 휴가중인 동료

의 화초에 물을 준다. 또 주차안내원이 막간의 휴식시간을 이용하여 주차
안내소의 의자를 수리하고 열쇠 분류를 쉽게 하기 위해 열쇠고리 판에 색
을 칠하기도 한다. 그에게 왜 '추가적인 업무'를 하는지 물어보면 그는
동료들의 일을 쉽고 편하게 만들어주는 데 보람을 느낀다고 대답할 것이
다. 이와 마찬가지로 코치는 클라이언트에게 사소하지만 의미 있는 활동
을 시도해보라고 권할 수 있다.

- **대화를 비롯한 사회적 접촉을 위해 노력한다** : 사람들은 직장에서 맺는
  대인관계의 범위와 친밀도를 변화시키기도 한다. 가령 미용사는 머리를
  손질하는 동안 고객에게 끊임없이 사적인 질문을 던지거나 자신의 시시
  콜콜한 얘기를 들려주는데 이는 워낙 익숙한 풍경이라 으레 서비스의 일
  부라고 생각될 정도다. 심지어 한 연구에 의하면 자기 얘기를 좀체 하려
  들지 않는 손님에게 가볍게 면박을 주거나 끈질기게 대화를 유도하는 미
  용사도 있었다.[9] 마찬가지로 대화기술은 택시기사의 채용 면접에서도 평
  가되는 부분이며 실제로 택시기사들은 일하는 지루함을 달래기 위해 승
  객과 여러 대화를 주고받았다. 코치는 클라이언트가 직장에서 어떠한 사
  회적 접촉을 하고 있는지 살펴보고 이를 개선하거나 풍요롭게 하기 위해
  구체적인 전략들을 제안할 수 있다.
- **자신이 맡은 업무의 의미를 포괄적으로 생각한다** : 이것은 자신이 맡은
  일에 대하여 생각하는 방식을 말한다. 단순히 보고서를 작성한다는 식으
  로 자신의 일을 별개의 과제로 생각하는 사람이 있는가 하면, 최고의 상
  품을 만들어야 한다는 궁극적인 목적과 자신의 활동들을 연관지어 생각
  하는 사람도 있다. 예를 들어 전자대리점에서 일하는 판매원은 냉장고나

전자레인지 같은 가전제품을 팔고, 재고 정리하는 것을 자신의 일로 생각할 수 있지만 조금만 달리 생각해보면 다양하게 출시된 제품을 소개함으로써 소비자에게 폭넓은 선택기회를 제공하고 적절한 구매를 돕는다고 생각할 수 있다. 통합적인 관점에서 자신의 일을 해석하는 사람은 보다 높은 삶의 만족도를 얻는다. 클라이언트가 자신의 업무를 묘사하는 데 주로 어떤 언어를 사용하는지 주목해보아라. 불연속상에 있는 단편적인 일로 보는가, 아니면 포괄적인 맥락에서 바라보는가?

Coaching Point

직장에서의 업무 범위나 성격, 대인관계를 변화시킴으로써 사람들은 자신의 일에 가치를 부여할 수 있다. 특히 자기 일을 소명으로 생각하는 사람일수록 그러하다.

직무 재구축 이론은 저명한 조직행동학자인 허미니아 아이바라Herminia Ibarra에 의해서 여러번 언급된 바 있다. 아이바라는 유럽의 명문 경영대학원 중 하나인 프랑스 인시아드INSEAD에서 인사관리와 경력 계발, 조직변화관리를 담당하는 최고 권위자로, 자신의 저서인 《터닝포인트 전직의 기술 Working Identity》을 통해 진정한 '직업 정체성'이란 무엇인가를 말했다. 직업 정체성이란 직업을 통해 자신의 정체를 규명하는 것으로 이는 끊임없이 변한다.[10] 자기 정체성은 끊임없이 변하므로 사람들이 일에 싫증을 느끼거나 새로운 도전을 감행하고 일의 의미를 재발견하려고 노력하는 것은 당연한 일이다. 능력이 계발

되고 대인관계나 가치관에 변화가 생기고 자기 계발 욕구가 늘어나는 과정에서 자연스럽게 일어나는 현상이다. 하지만 이것이 한낱 변덕에 지나지 않고 진정한 변화로 이어지려면 아르바이트나 자원봉사, 수업 청강, 교수와의 상담처럼 작지만 다양한 실험을 시도함으로써 일과 관련한 자기 모습을 확인할 수 있다고 아이바라는 말한다.

우리는 아이바라의 제안대로 다양한 일을 실험해본 클라이언트를 여러 명 만났는데 그중 워싱턴에 있는 환경시민단체에서 자원봉사를 하던 한 과학자가 생각난다. 그는 정부산하의 과학기술원에서 일하는 연구원이자 박사로, 언론사에 기고문을 작성하는 자원봉사 일을 하고 있었다. 세상에 무언가 기여하고 싶다는 욕구는, 아침 9시부터 오후 5시까지 매일 반복되는 업무를 통해서는 미처 느끼지 못한 것이었다. 그는 자원봉사에 참여하면서 보다 효과적이고 활기찬 코칭을 경험하게 되었고, 새롭게 알게 된 욕구를 충족하기 위해 본래 직무를 어떻게 재구축할 것인지를 코치와 상의하게 되었다.

아이바라는 심리학자인 시노부 키티야마Shinobu Kitiyama와 헤이즐 마커스Hazel Markus가 연구했던 '가능자아possible selves' 이론에 관심을 기울였다.[11] 두 학자 모두 문화에 관련한 주제에 천착했는데 특히 일본처럼 집단주의가 지배적인 동양인과 개인주의를 당연시하는 서양인의 자아개념의 차이에 주목했다. 키티야마와 마커스를 비롯한 이론가들이 관찰한 바에 따르면 집단주의자는 개인주의자보다 유동적인 정체성을 가지고 있었다.[12] 서양인들은 시간이 흐르고 상황이 달라져도 자신의 특성이 일관되게 유지된다고 생각하는데 반해 동양인들은 상황에 따라 자신의 정체성을 민첩하게 바꿔도 괜찮다는 입장이었다. 즉 서양인은 진정한 자아가 하나뿐이라고 생각하지만, 일본인은 공적인 영역과 사적인 영역에 따라 다양한 자아가 나타날 수 있다고 믿는 것이다.[13)

이러한 관찰은 '가능자아'라고 불리는 이론으로 발전했는데 가능자아 이론에 의하면 자아정체성을 바꾸는 것은 어느 정도 타당성 있는 게 아니라 당연하고 불가피한 일이다. 직무를 재구축하고 새로운 자아정체성을 탐색하는 것은 변화를 특징으로 하는 코칭에 부합한 활동으로, 얼마든지 융통성 있게 할 수 있다. 즉 지금의 나는 누구이며 일을 만족스럽게 하고 있는지를 자유롭게 실험할 수 있다. 본질적인 자아를 하나만 찾으려는 것은 모래밭에서 바늘을 찾는 것만큼 부질없고 어려운 일이다. 우리는 예기치 않은 상황을 기꺼이 감수하고 무엇보다 성장하려는 각오로 자유롭게 자아의 복합적인 측면을 탐색해야 한다.

평가도구들

직업은 자아의 중요한 측면을 반영하고 삶의 복합적인 요소들을 포함하기 때문에 코치는 클라이언트의 직업태도와 삶의 의미를 평가할 필요가 있다. 다행히 실시하기 편하고 해석하기 쉽고 무료로 사용할 수 있는 검증된 평가도구가 여러 가지 개발되었다. 다음은 클라이언

트의 직업태도를 알아보기 위해 프제스니에프스키가 고안한 평가도 구다.[14)

직업에 대한 태도

프제스니에프스키 연구팀이 개발한 평가도구는 직업태도를 세 종류로 나누고 자신에게 부합되는 정도를 4등급으로 나눈 것이다. 피험자는 직업태도에 대한 세가지 유형의 글을 읽고 자신에게 부합되는 정도를 1과 4사이로 표시하면 된다. 정확한 측정 결과를 얻기 위해서 코치는 평가 전에 '직업 태도'에 관한 이론을 이야기하지 말아야 한다.

직업에 대한 태도 평가하기

다음 글을 읽고 각 단락에 나온 유형이 자신과 얼마만큼 비슷한지 1~4로 표시하면 된다.

1. A 유형의 사람은 어떤 직업을 갖고 있든 간에 일차적으로 생계비를 확보할 목적으로 일을 한다. 경제적 여건이 보장된다면 언제라도 직업을 바꿀 것이다. 또 숨쉬거나 자는 것처럼 직업도 지극히 당연하고 불가피한 것이라고 생각한다. A 유형은 어서 업무시간이 끝나기만을 바라고 특히 주말이나 휴가, 심지어 은퇴처럼 일에서 벗어날 날을 손꼽아 기다린다. 과거로 돌아가 다시 한 번 인생을 살게 된다면 그는 지금의 직업을 선택하지 않을 것이다. 뿐만 아니라 친구나 자녀에게 자신의 직업을 권하지 않을 것이다.

2. B 유형의 사람은 대체로 일에 만족하는 편이지만 5년 넘도록 같은 일을 계속할 생각은 없다. 그들은 원하는 직책이나 직장을 얻기 위해 장래 계획을 세운다. 지금 하고 있는 일이 시간낭비처럼 느껴지기도 하지만 다음 단계로 도약하려면 잘 완수하는 수밖에 없다고 생각한다. 그들은 무엇보다 승진하기를 간절히 원한다. 승진은 곧 일에서 인정받고 경쟁에서 승리했음을 의미하기 때문이다.

3. C 유형의 사람은 인생에서 가장 중요한 것이 일이라고 생각하며, 일 때문에 행복해한다. 직업을 통해 자신의 본질이 나타난다고 생각하기 때문에 다른 사람에게 자신을 소개하면서 일차적으로 직업을 언급한다. 그들은 퇴근 후 집에 와서도 일을 하고 심지어 휴가를 보낼 때도 일거리를 한보따리 붙들고 있다. 친구들은 주로 직장에서 만난 사람들이고 일에 관련한 동호회나 단체 활동을 하기도 한다. 그들은 일이 즐겁고 일을 통해 세상에 기여할 수 있다고 믿기 때문에 일을 한다. 또 친구나 자녀에게 자신의 일을 적극 권하기도 한다. 일을 그만둘 수밖에 없는 상황이 되면 그들은 당황하며 은퇴는 그들에게 참으로 괴로운 일이 될 것이다.

A 유형의 사람은 나와 :
   1. 매우 비슷하다.
   2. 어느 정도 비슷하다.
   3. 약간 비슷하다.
   4. 거의 비슷하지 않다.

B 유형의 사람은 나와 :
   1. 매우 비슷하다.

2. 어느 정도 비슷하다.

3. 약간 비슷하다.

4. 거의 비슷하지 않다.

C 유형의 사람은 나와 :

1. 매우 비슷하다.

2. 어느 정도 비슷하다.

3. 약간 비슷하다.

4. 거의 비슷하지 않다.

점수 매기기

직업태도를 알아보기 위해 프제스니에프스키가 고안한 평가도구는 점수 매기기가 비교적 간단하다. 대부분의 클라이언트는 어느 한 유형에서 높은 점수를 보이게 되는데 이것이 그의 직업태도라고 할 수 있다.

직업에 관한 긍정심리학 연구

1. **직업에 대한 태도 :** 경험상 보건대 클라이언트는 비非판단적인 분위기에서 직업태도 이론을 잘 수용한다. 그러므로 야심차게 목표를 설정하고 성공을 추구하는 직업적 태도의 사람이든, 일에 만족하지 못하지만 가족부양을 위해 기꺼이 일하는 노동적인 태도의 사람이든, 코치는 공평하게 존중하는 마음을 가져야 한다. 종류가 어떠하든 직업태도는 클라이언트의 성장에 매우 중요하므로 코치는 이를 적절히 평가하고 논함으로써 코칭

의 효과를 높일 수 있다. 또 직업태도에 관한 이야기를 나누면서 인정이나 재정의, 관점변화 등의 개입방법을 시작해볼 수 있다.

직업태도에 관한 대화는 직업의 어떤 측면이 클라이언트에게 동기부여가 되는지 밝힐 수 있다는 점에서 매우 유용한 개입방법 중 하나다. 대부분의 클라이언트는 자신이 직장 동료와 어떤 관계를 맺고 있고 보수에 어느 정도 만족하며 일을 얼마만큼 즐기고 있는지 직감적으로 알고 있다. 물론 그동안에는 출퇴근, 연봉, 대인관계, 실제 업무와 활동, 사무실 환경, 기업사명, 장기적인 목표달성 등 직업의 구체적인 사항까지 살펴보지 않았겠지만 클라이언트는 자신의 직업태도를 알아가는 과정에서 이를 충분히 논의하고 새로운 관점에서 바라보게 될 것이다.

2. 직무 재구축 : 코치는 클라이언트에게 의미 있는 방향으로 일의 작은 부분을 변화시켜보라고 제안할 수 있다. 이미 나름대로의 방법으로 이를 시도한 코치도 있겠지만 직무 재구축에 관한 연구 결과를 충분히 숙지할수록 보다 풍성한 대화가 이뤄질 수 있다. 어떤 사람은 본래 업무 외에 추가적으로 일하는 것에 대해 의아해할 수 있다. 하지만 이러한 의문을 제기하고 골똘히 생각해보면 어떤 활동이든 매순간이 중요한 변화의 기회가 된다는 사실을 확인하게 된다. 누구와 점심식사를 하고 책상을 어떻게 꾸미고 무슨 옷을 입고 어떤 메일을 주고받는지 등은 업무 만족도에 영향을 주는 대표적인 요소들이다. 전문가들은 대상에 따라 다른 처방을 내릴 수 있다. 가령 직장상사와 어려운 관계에 있는 클라이언트에게는 업무 영역에서 재구축하는 것을 시도하라고 할 것이고 자사제품이나 서비스에 자긍심을 잃어버린 직원에겐 동료와의 관계, 업무에 대한 책임감 쪽으로 재

구축을 제안할 것이다. 클라이언트는 자신에게 맡겨진 업무를 약간 바꾸고 보탬으로써 직무 재구축을 실천할 수 있으며 이를 통해 자립심과 창의적인 정신을 계발할 수 있다.

3. 직업 정체성 실험하기 : 아이바라는 자신의 저서에서 복합적인 자아정체성을 발견하기 위해 작지만 다양한 가외 활동을 해보라고 말한 바 있다. 업무재구축 실험 및 직업 정체성 변화에 관한 자세한 이야기는 아이바라의 책을 참고하면 된다.

1. 직업에 대한 태도, 직무 재구축에 관한 이론을 코칭현장에서 어떤 식
으로 활용할 수 있을까? 연구 결과를 클라이언트에게 일러주는 것만으
로 충분할까? 물론 그렇지 않다. 코치는 기본적인 이론을 바탕으로 자
신만의 독창적이고 본질적인 질문을 만들어봐야 할 것이다. 클라이언
트가 직업에 대해 어떠한 가치와 태도를 지니는지 평가할 방법을 찾아
보고, 클라이언트 개인에게 적합한 평가도구와 평가시기에 대해서도
고려해야한다.

2. 자신의 직업태도를 살펴보라. 진정으로 가치 있고 보람된 일이라고 생
각하는가, 아니면 고수익을 기대할 수 있는 유망직종이기 때문에 선택
한 일인가? 코칭이 또다른 목적을 달성하기 위한 디딤돌이라고 생각하
는가? 당신의 코칭이 과연 세상의 무엇을 변화시킬 수 있다고 보는가?

3. 친구나 동료, 가족들과 직업태도, 직무 재구축에 관한 이야기를 나누
어보라. 주변 사람들과 의견을 주고받는 과정에서 우리는 주제의 핵심
을 보다 정확히 파악할 수 있다. 클라이언트와 대화를 나누기에 앞서
일종의 예행연습처럼 예상 질문이나 논쟁요소에 대해 생각하는 기회
가 될 수 있을 것이다.

Positive Psychology Coaching

긍정심리학
코칭의 미래

취약한 부분보다 최고의 부분에 주목한다는 점에서 코칭은 매우 보람된 일이라고 할 수 있다. 코칭은 잠재된 자원과 강점을 이끌어내고 보다 적극적인 방식으로 성장을 도모하는 작업이다. 또 긍정심리학은 삶을 바라보는 관점 중 하나로, 코칭에 적용하기에 매우 적합한 이론이다. 긍정심리학은 개인이 '무엇을 잘하는지'에 주목하고 그것을 가정과 직장에서 최대한 발휘할 수 있게 하는 유용한 지침을 제공한다. 뿐만 아니라 과학의 한 분야로서 개인의 변화와 성장을 연구하기 위한 최신 방법들도 제시한다. 물론 긍정심리학의 연구 결과를 살펴보면 지극히 상식적인 얘기로 들리는 것도 있지만 경험으로 얻은 정보를 과학적으로 검증해본다는 것은 의미가 있다. 즉 우리는 코칭에서 쓰는 여러 개입방법이 왜, 어떻게 효과적일 수 있는지를 직감이 아닌 과학으로 이해하게 되는 것이다. 무엇보다 긍정심리학은 유용한 평가도구나 개입방법을 개발하기 위해 어떤 점에 주력해야하는지 그 방향을 비춰주는 지성의 탐조등이며, 코칭에 새롭게 접목할 수 있는 풍부한 공급원이다. 일찍이 긍정심리학의 가능성을 강조했던 코칭 이론가들은 이제 혁신적이고 진취적인 선구자로 기억될 것이다.

우리는 클라이언트를 상대하듯 우리 자신에게도 난해하고 까다로운 질문에 답할 수 있는 논리와 넉넉한 정서를 갖춰야 한다. 가령 긍정심리학이 1~2년 후에는 사람들의 관심 밖으로 밀려나버릴 유행이 아닐까, 긍정심리학의 최신 이론이나 평가도구에 익숙해지려고 노력하는 건 현명한 일일까 등을 자문해보는 것이다. 우리는 긍정심리학이 연구하고 사용할 만한 가치가 충분하며 발전가능성이 무궁무진하다고 자신 있게 대답할 수 있다. 긍정심리학은 일반 대중과 기업체에 쉽게 수용될 수 있는 여러 가지 미덕을 가지고 있고 해가 거듭될수록 평가도구나 훈련프로그램의 확실한 토대가 되는 이론으로 자리매김하고 있다.

왜 긍정심리학인가?

사실 긍정심리학은 기존의 코칭 현장에 익숙한 내용으로, 지난 수년 동안 클라이언트의 강점을 보강하고 실패보다 성공한 경험에 주목하면서 미래에 대한 계획을 세우는 코치의 전형적인 역할을 새롭게 지칭하는 말이라고 할 수 있다. 그렇다고 긍정심리학이 새로울 게 없다는 식으로 말해서는 안 된다. 긍정심리학은 코치가 해오던 일을 과학적인 언어로 설명할 뿐 아니라 그것이 왜, 누구에게 효과적일 수 있는지를 체계적으로 이론화했다. 그러므로 긍정심리학은 코칭 현장에 전혀 다른 이론이나 자원을 제공하는 과학의 한 분과가 아니라 코칭에 쉽게 접목할 수 있는 보조적인 이론이다.

긍정심리학을 도입하기가 쉬운 이유는 무엇일까? 긍정심리학에 바탕을 둔 인력개발 프로그램이나 강습회, 코칭, 각종 출판물이 기업체나 개인에게 그토록 호응을 얻는 이유는 무엇일까? 이처럼 참신하고 흥미로운 심리학의 한 분야가 대중의 관심을 불러일으키는 데는 그만한 장점이 여러 가지 있을 것이다. 우선 긍정심리학은 긍정적이다. 사람들은 자신을 기분 좋게 해주고 긍정적인 자아상을 심어주는 프로그램과 활동을 선호하게 마련이다. 하지만 긍정심리학이 듣기 좋은 덕담에만 그친다면 그 생명력이 오래갈 수 없다. 둘째로 긍정심리학은 실제적으로 효과적이다. 각종 기업체가 관심을 보이기 시작한 것도 긍정심리학이 실제 생산성으로 이어지기 때문이다. 영국 워릭 출신의 저명한 긍정심리학자인 알렉스 린리는 긍정심리학을 가리켜 경영자와 근로자 양측에 유익한 전략이라고 말하면서[1] 개선된 근로환경 속에서 업무분위기가 진작되고 높은 생산성이 나타난다면 누구라도 이 이론에 관심을 기울일 수밖에 없다고 했다. 또 최근 인터뷰를 통해 그는 "긍정심리학이 본질적인 주제, 즉 기업의 생산성과 이윤 향상뿐 아니라 피고용인의 복지와도 연관이 있다."고 주장했다.

이러한 견해는 갤럽사를 비롯해 수많은 기업체도 공감하는 바인데 그들은 직원의 강점을 격려하고 긍정적인 업무 분위기를 만듦으로써 실제로 긍정심리학의 혜택을 경험했다. 갤럽사의 전前 회장인 도널드 클리프턴은 동료 경영자인 톰 래스Tom Rath와 함께 《당신의 물통은 얼마나 채워져 있습니까? How full is your bucket?》를 저술했는데, 그는 이 책을 통해 긍정심리학 전략을 활용했을 때 얻을 수 있는 이점을 소개했다.[2] 그들은 부정적인 태도에서 벗어나 긍정적인 정서를 키우도록 노력해야한다고 강조하면서 이는 단지 행복에 대한 순진한 신뢰에서가 아니라 긍정성이 생산성을 높여준다는 확실한 연구 결과 때문이라고 말했다. 또 타고난 재능을 계발하고 행복한 기분을 유지하고 강점을 강화하기 위해 노력해야한다는 발상이 그리 참신하게 들리지 않지만 이러한 노력을 통해 노사 양측이 큰 유익을 얻을 수 있다면 반드시 실천해야한다고 말했다.

알렉스 린리는 긍정심리학이 대중적 인기를 얻고 있을 뿐 아니라 왜 그러한지도 체계적으로 설명했다. "과거에는 기업들이 역량모델을 주된 경영철학으로 삼았습니다. 즉 개인이 어느 특정 분야가 아닌, 모든 일에 두루두루 기량을 발휘할 수 있다는 이론인데요. 그래서 전년도에 얼마만큼 실적을 보였는지를 토대로 업무평가가 이뤄졌어요. 하지만 긍정심리학은 이와 다른 식으로 접근합니다. 개인 고유의 잠재력과 가능성에 초점을 맞추고 이에 따라 기업이 적재적소에 인력을 배치하도록 하지요. 끊임없이 변하는 경영 풍토에서 긍정심리학은 미래의 업무실적을 예견하는 강력한 지표가 될 것입니다."

기업과 마찬가지로 코칭도 긍정심리학으로 큰 도움을 얻을 수 있다. 최신에 등장했다고 볼 수 있는 긍정심리학의 이론과 개입방법, 평가도구를 자기 것으로 통합하려는 코치는 클라이언트에게 한층 업그레이드된 도구를 소개할 수 있을 뿐 아니라 과학적으로 검증된 것이라 안심하고 사용할 수 있다는 신뢰를 심어줄 수 있다. 무엇보다 긍정심리학은 코치 본인에게도 유용하게 도입될 수 있는 원리로, 역동적인 성장의 토대가 된다.

긍정심리학의 미래

긍정심리학이 지속적으로 발전하려면 당연히 그에 합당한 투자가 이뤄져야 한다. 새로운 것을 학습하고 시범적으로 운영하려는 노력을 기울이지 않는다면 그 이론은 얼마 못가 흐지부지 사라질 것이기 때문이다. 다행히도 긍정심리학은 여러모로 보건대 단시일 내에 폐기될 이론은 아니다. 7년 전 마틴 셀리그먼에 의해 새로운 학문으로 확립된 이래로 긍정심리학은 학계와 언론계, 기업체, 상담 전문가 등의 전폭적인 관심을 받으며 활기차게 발전해왔다.

세계 최초로 응용 긍정심리학의 석사과정이 개설된 펜실베이니아 대학교에서 교육부장으로 있는 제임스 파벨스키James Pawelski는 최근에 조사된 인터넷 조회수를 예로 들면서 앞으로 긍정심리학의 미래가

밝을 것으로 전망했다. 그는 전화인터뷰에서 "긍정심리학은 800명 이상이 수강하는 하버드대학교의 인기 강좌입니다. 얼마 전엔 〈60분 (1968년부터 CBS에서 방영되고 있는 시사다큐 프로그램 – 옮긴이 주)〉에서 긍정심리학에 관한 보도물을 제작하러 이곳을 방문했죠. 행복이라는 주제는 타임지의 커버스토리로 다뤄지기도 했습니다. 갤럽사는 2년에 한번씩 25만 달러 상당의 상금과 함께 클리프턴 강점상을 수여하고 있으며 코미디언인 야코프 스밀노프Yakov Smirnoff는 이곳에서 긍정심리학으로 석사학위를 받은 바 있습니다." 하고 말했다. 구글을 검색해보면 전세계의 신문이나 잡지가 거의 매일 긍정심리학을 기사로 다루고 있음을 알 수 있다.

하지만 파벨스키는 언론과 대중의 주목을 한 몸에 받는 주제라고 해서 이것이 긍정심리학의 생명력을 보장해주지는 못한다고 지적했다. "보도성 기사는 활활 타오르다가 이내 사그라지고 마는 한낱 불쏘시개에 지나지 않습니다. 긍정심리학이 오랫동안 타오르려면 그만한 땔감이 확보되어야겠죠. 그렇다면 여기서 말하는 땔감은 무엇일까요? 바로 긍정심리학을 든든하게 받쳐줄 교육기관입니다. 이곳의 석사과정이 대표적인 예가 될 것입니다. 수년에 걸쳐 우리는 각계각층 사람들에게 긍정심리학을 가르쳐왔고 그들은 또 자신이 속한 조직에 이를 보급하고 있습니다. 일단 조직문화를 바꾸면 그 변화는 오래갈 것입니다."

파벨스키는 최근 펜실베이니아대학교의 졸업생들에 의해 수행된 두 개의 프로젝트를 소개했다[3] 첫번째는 밴더빌트대학교의 케네디인간개발연구센터에서 열린 캠프에 참여한 다운증후군 아동들을 대상으로 긍정심리학적 개입방법을 고안한 것이었다. 지도교사로 참여한 긍정심리학과 대학원생들은 연구와 실습을 통해 개발된 코칭기술을 아이의 개별적인 요구에 따라 맞춤식으로 적용했다. 두번째 사례는 저소득, 소수민족, 심신장애 등 불리한 조건의 학부생을 대상으로 펜실베이니아대학교가 고안한 프로그램에 긍정심리학적 컨설팅 서비스를 추가한 것이었다. 프로젝트팀은 기존의 긍정심리학 논문을 참고하면서 현재 시행되는 프로그램의 장점과 보완점을 검토했는데 이처럼 두 가지를 병행한 이유는 현 프로그램에 대한 정보와 통찰을 얻을 뿐 아니라 혁신적인 개입방법도 생각해낼 수 있기 때문이다.

수년간 축적된 긍정심리학 이론을 살펴보고 그중에서 클라이언트에게 적용할 만한 평가도구와 개입방법을 생각해보면 클라이언트의 고유한 특성에 맞춰 개별적인 프로그램을 고안할 수 있을 것이다.

긍정심리학이 오랫동안 성공적으로 발전하려면 가장 중요한 것이 최신 이론이다. 긍정심리학의 기본을 응용하는 것을 '하류'라고 한다면 파벨스키가 말한 긍정심리학 석사과정, 즉 이론을 실용적인 도구로 만들고 대부분 소양 있는 전문가로 구성된 학생들에게 이러한 도구의 사용법을 다양한 현장에서 활용하도록 훈련하는 것은 '중류'에 해당한다. 긍정심리학이 앞으로도 지속적으로 괄목할 만한 성장을 이루려면 신뢰할 만한 '상류' 급의 성과가 필요한데 긍정심리학과 관련하여 상류란 바로 최신 이론이다. 긍정심리학을 연구하는 학자들은 주로 미국이나 캐나다, 호주, 영국, 독일, 노르웨이, 남아프리카공화국 등 십여 개국에서 대학교수로 활동하고 그들에게서 배출된 학생들은 낙관성과 행복, 미래의 윤리에 관한 연구를 이어가고 있다. 하지만 이것만으로는 충분하지 않다. 파벨스키에 의하면 긍정심리학은 보다 학술적인 수준의 체계를 갖추어야 하는데, 미국심리학회나 영국정신분석학자모임 등 심리학계 전신에서 파생된 학술단체와 마찬가지로 대학교의 학위과정이 그러한 시도의 첫걸음이 될 수 있다는 것이다.

알렉스 린리도 같은 견해를 보였다. 그가 설립한 응용심리학센터는 펜실베이니아대학교처럼 유럽에서는 처음으로 학위제도를 도입한 교육기관으로 대학 수준의 교육을 실시할 뿐 아니라 산학협동 차원에서 기업체의 컨설팅도 맡고 있다. 린리는 전화인터뷰에서 "긍정심리학이 단지 행복에 관한 과학으로만 제한될 가능성이 있긴 하지만, 제가 보기엔 그렇게 될 것 같지 않습니다. 이미 긍정심리학의 주제는 행복을 넘어서 개입방법이나 복원력 등으로 확장되었기 때문입니다." 린리는 긍정심리학이 널리 확산될 것이며 이미 그 가능성의 씨앗이 심어졌다고 말한 것이다. 그는 긍정심리학이 매우 시급하고 강력한 패러다임의 변동을 반영하는 것이라며 학계뿐 아니라 재계와 의료계, 공공정책 등에서 긍정적 주제가 점점 더 각광을 받게 될 것이라고 보았다. 그의 예견처럼 영국 정부는 주관적 행복감을 높일 수 있는 장기적인 경제정책을 실시하였고, 스코틀랜드에서도 이와 같은 정책을 검토 중인 것으로 알려졌다. 린리는 열정이 묻어나는 어조로 한마디 한마디에 힘을 실어 다음과 같이 말했다. "이제 사람들은 부정과 긍정을 통합하기 시작했습니다. 긍정심리학은 부정을 부정하는 게 아니라 부정에서 간과되는 긍정을 찾아내는 것입니다. 관점의 통합이 처음으로 이뤄지고 있는 것이죠."

긍정심리학 코칭의 나아갈 길

긍정심리학은 역동적이다. 연구 결과가 끊임없이 갱신되고 유통된다. 가령 이 책은 코치의 경쟁력을 강화시켜줄 정보와 기술을 소개하고 있지만 저술과 출간 사이의 시점에 또다른 정보가 등장할 것이다. 그렇다면 긍정심리학 코치들은 어떻게 최신 동향을 파악하고 흐름에 뒤쳐지지 않을 수 있을까? 솔직히 말하자면 이 책은 광범위한 훈련법을 일러주는 지침서라기보다 긍정심리학에 관한 개괄적인 입문서에 가깝다. 학술적 깊이가 다소 떨어진다는 점은 인정하겠지만 우리는 이 책이 긍정심리학에 대한 관심과 흥미를 불러일으킬 것이라고 생각한다. 긍정심리학 코치들은 이 분야가 끊임없이 변하리라고 예상하고 그 변화에 발맞춰가기 위해 동료 코치들과 자문단을 구성하거나 학술잡지를 구독하고 학회에 참석하고 신간이나 웹 사이트를 통해 최신 연구 결과를 숙지하는 등 민첩한 노력을 기울여야 한다. 그렇다면 앞으로 긍정심리학 코칭은 어떤 모습으로 발전할까? 우리는 독립적이면서도 서로 관련된 세 요소, 즉 평가도구와 개입방법과 서비스전달에 대해 살펴볼 것이다.

평가도구

긍정심리학 연구가 지속되는 한, 이 분야의 평가도구는 보다 광범위하고 체계적으로 편리하게 사용될 것이다. 우리는 심리학자를 비롯한 여타 사회과학자들이 긍정적 주제에 관심을 기울이면서 위기극복이나 전문성, 분별력, 탐구력, 낙관성, 긍정성, 잠재력 등을 평가하는 방식에서 큰 진보가 이뤄지는 것을 목격한다. 코치는 이처럼 발전을 거듭하는 평가도구를 통해 보다 혁신적이고 검증된 방식으로 클라이언트의 잠재력을 탐색할 수 있고 그들의 고유 기술과 자질을 최대한 발휘하도록 도울 수 있다. 게다가 컴퓨터 통신망이 계속 발전함에 따라 우리는 온라인상에서 보다 저렴하고 편리한 평가도구를 만날 수 있다.

심리학 전반에 걸쳐, 특히 긍정심리학에서 눈에 띄는 성과 중 하나는 자기공명영상과 같은 생물학적 평가도구의 발전이다. 이제 심리학자들은 기능성자기공명영상법fMRI을 비롯해 뇌의 활동이나 스트레스호르몬, 면역체계의 반응을 보여주는 첨단장비를 동원하여 행동과 감정과 신체의 상관관계를 규명하고 사람들이 스트레스를 어떻게 해소하는지를 더 잘 이해할 수 있게 되었다. 이러한 첨단장비가 점점 저렴하고 간편해지면서 면접이나 온라인상에서 실시되는 평가도구 못지않게 오늘날 유용한 방법으로 자리매김하고 있다.

사무실에 있는 모든 컴퓨터 마우스에 피부전기반응GSR, galvanic skin response 기기가 장착되어 있다고 상상해보라. GSR은 직원의 불안이나 스트레스 등의 심리상태를 피부의 전기전도 변화를 통해 감지하고 스트레스가 일정한 한계치에 다다를 경우 컴퓨터 화면에 대화창을 열어 맞춤식 개입방법을 시도할 것이다. 공상과학영화에나 나올 법한 장면처럼 보이는가? 하지만 하버드대학교의 캐럴 카우프만 박사가 말했듯 이러한 방법은 로지센스사에서 이미 사용하고 있고 수년 내에 다른 창의적 기업에서도 도입할 예정이다.[4] 마찬가지로 온라인상에서 실시간 사용할 수 있는 도구들도 근 시일 내에 보다 광범위하게 코칭현장에서 활용될 전망이다. 디지털 첨단기술이 즉각적인 피드백을 제공함으로써 사진술의 일대 혁명을 가져왔듯이 코칭현장에서의 실시간 피드백 체계도 클라이언트의 사고와 감정, 행동을 전보다 훨씬 정확하게 이해할 수 있도록 도울 것이다.

개입방법

격려하고 도전하고 질문하고 축하하는 등 현재의 개입방법들은 시기가 적절하기만 하면 무난하게 사용할 수 있는 것들이다. 하지만 이러한 방법이 늘 효과를 나타내는 건 아니다. 어떤 개입방법이든 그 효과의 정도는 클라이언트의 당면문제가 무엇인가, 동기부여가 얼마만큼 이뤄졌는가, 성격적인 특징은 무엇인가 등 여러 복합적인 변수에 의해 좌우된다. 하지만 코치는 개입방법들을 과학적으로 검증해봄으로써 어떤 것을 선택하는 게 가장 바람직한지 알 수 있고, 어떤 상황에서 어떤 클라이언트에게 적절할지 클라이언트와 코치의 관계가 어느 정도 친밀할 때 적용해야하는지를 분별하게 된다.

앞으로는 상황이나 클라이언트의 특수성에 따라 개별적으로 고안되고 과학적 검증을 거친 개입방법이 점차 늘어날 것이며 이것이 곧 긍정심리학 코칭의 큰 특징이 될 것이다. 그리고 긍정심리학의 발전 흐름과 발맞춰 클라이언트의 자원과 강점, 잠재력, 행복감을 증진시 키는 데 일조할 것이다. 앞서 4장에서 소개했듯이 클라이언트에게 현 실적인 기대감을 심어주거나 긍정적 경험을 열거하게 하는 등 몇 가 지 장려할 만한 개입방법들이 있고 이는 효과가 검증되고 있는 중이 다. 앞으로도 창의적인 코치나 연구를 통해 새로운 개입방법이 속속 등장하겠지만 분명한 사실은 과학적 검증의 중요성이 한층 높아질 것 이며 이것이 기업체를 상대로 한 코칭 마케팅의 주요한 전략이 될 것 이라는 점이다.

서비스 전달

잔뼈가 굵은 코치라면 지난 수년 동안 첨단과학 기술의 변화가 코칭 에 막대한 영향을 미쳤다는 사실을 실감할 것이다. 최근 몇 년 사이에 통신기술은 놀라운 발전을 이루었고 덕분에 코치는 인터넷에 음성데 이터를 전송하는 음성패킷망VIOP을 통해 저렴한 비용으로 원거리 통 화를 하거나 컴퓨터용 화상카메라로 학회에 실시간 접속할 수 있게 되었다. 앞으로 십 년 안에 코칭서비스의 전달 방식은 혁신적으로 변 화될 것이 분명하다.

긍정심리학 코칭에 일대 변혁을 가져다준 과학기술 중 하나는 온라 인상에 구축된 정보시스템이다. 일정한 사이트에 회원 등록을 하면 긍정심리학에 관한 폭넓은 연구 결과를 열람할 수 있고 이러한 웹상의 정보는 다양한 학회지에 게재된 최신 이론이나 개입방법 등의 내용으로 전문가에 의해 정기적으로 갱신된다. 또 동기부여, 효과적인 조직구성, 리더십과 같은 주제는 검색창에 입력되는 즉시 관련 정보가 엄청나게 쏟아진다. 정교하게 고안된 검색 엔진은 핵심 어구를 중심으로 관련도가 높은 순서에 따라 각종 기사나 논문, 간행물 등을 교차 탐색하면서 수많은 정보를 출력해낸다. 이러한 정보시스템 덕택에 코치는 신뢰할 만한 과학적 정보를 제공받으며 자신감을 얻을 수 있고 긍정심리학에 정통한 전문가가 되어야 한다는 심적 부담에서 벗어날 수 있다. 또 웹상의 정보 유통과 관리가 주로 학계 전문가에 의해 이뤄지므로 코치는 그만큼 새로운 통찰과 학습의 시간을 확보할 수 있다.

어떤 독자들은 위와 같은 시나리오가 머지않아 몇 년 안에 불어올 신선한 바람처럼 생각될 것이다. 또 어떤 독자는 클라이언트 특성에 따른 맞춤식 개입방법이 있다고 해도 정보구축 시스템은 결국 기계적인 방법일 뿐이라고 말한다. 하지만 우리는 후자 같은 회의론자들에게 과학기술이 전적으로 코칭의 기술을 대신하는 건 아니라고 말하고 싶다. 제임스 파벨스키도 다음과 같이 말한 적이 있다. "의학 분야는 상당히 규격화되어 있습니다. 매우 다양하고 구체적인 진단법, 보편적인 합의가 이뤄진 처방 등이 존재하지요. 하지만 그렇다고 의학이 하나의 기술로 전락하는 건 아닙니다. 또 의사의 고유한 재능이나 주관적인 판단, 경험이 덜 중요시되는 것도 아닙니다."[5]

우리는 긍정심리학 코칭도 이와 마찬가지라고 생각한다. 코칭을 위한 과학적 토대는 더욱 확장되고 견고해지겠지만 그렇다고 코치의 역량과 경험의 역할이 뒷전으로 밀리는 것은 아니다.

결론

결론적으로 말해 긍정심리학은 모든 사람에게 만면에 웃음을 띠고 이전보다 행복한 삶을 살라고 강조하는 미국의 행복학보다 훨씬 의미가 크다. 검증된 개입방법이나 평가도구 등 과학적인 뒷받침이 점점 중요해지는 코칭 분야에서 긍정심리학 코칭은 매우 좋은 해답이 될 것이다. 또 과학적인 설득력과 효과를 갖추고 있어 개인과 기업체 모두에게 가치 있는 상품으로 다가갈 수 있다. 긍정심리학은 성공, 강점, 그외 긍정적 주제와 성과에 천착한다는 점에서 코칭과 완벽하게 접목될 수 있을 뿐 아니라 하나의 이론에 국한되지 않으므로 학계의 갈등을 일으키는 일 없이 누구에게나 부분적으로 수용될 수 있다. 긍정심리학 코칭은 대부분의 코치가 수년간 해왔던 것이지만 이제는 보다 과학적인 검증을 토대로 이뤄지고 있으므로 그만큼 면밀하고 효과가 확실한 코칭이 가능해졌고 앞으로도 지속적으로 발전할 것이다.

긍정심리학 코칭
실습하기

적극적으로 반응해주거나 지시적이거나 클라이언트의 감정을 보살피는 데 주력하는 등 코치마다 각자의 개성이 있듯 코칭의 방법도 다양하다. 또 코칭에 대한 정의 및 기준도 사람에 따라 다르다. 가령 어떤 코치는 클라이언트를 보조적으로 돕는 게 주된 역할이라고 생각하지만 어떤 코치는 보다 직접적인 지시가 필요하다고 생각한다.[1] 결국 코칭이 무엇이고 어떻게 해야 효과를 거둘 수 있는지에 대해서 총체적인 합의를 찾기란 쉽지 않다. 하지만 그럼에도 대다수 코치들이 동의하는 사실이 몇 가지 있다. 가령 코치와 클라이언트의 상호 협력적 관계가 중요하다거나 코칭이 절대적인 방법 하나로 이뤄질 수 없다는 사실이 그 예다. 그러므로 우리는 이 부록이 긍정심리학 코칭의 절대적인 공식으로 비춰지지 않기를 바라며, 얼마든지 변형하거나 선별하여 수용하는 아이디어의 원천이 되기를 바란다. 독자는 아이디어를 얻는 한 방편으로 부록을 사용하여 이 중 원하는 것을 선택할 수 있다.

긍정심리학의 관점에서 코칭의 가장 중요한 점은 강점과 긍정의 힘을 사용한다는 점이다. 긍정심리학 코칭 세션을 구상하면서 우리는 이러한 효과적인 도구를 염두에 두어야 한다. 긍정심리학 코칭의 또 다른 특징은 코칭을 진행하고 그 효과를 평가하기 위한 과학적인 방법이 있다는 점이다. 이제껏 살펴보았듯 긍정심리학 코칭은 공식적인 평가도구들을 갖추고 있고, 긍정심리학에 토대를 둔 과학적인 관점과 전제는 기존의 코칭을 보다 역동적인 분야로 자리매김하게 했다.

코치는 코칭이 시작되기 전부터 긍정심리학적 태도를 지녀야 한다. 클라이언트가 변화를 이뤄보겠다는 결의를 가지고 코칭에 임하는 것처럼 코치도 클라이언트를 긍정적으로 바라보고 호의적인 태도를 보여야 한다. 이를 위해서 클라이언트의 좋은 점을 나열해보는 것도 한 방법이다. 가령 클라이언트의 강점이나 개성, 관심거리, 코치와의 유사한 성격을 생각해보거나 아니면 '똑부러지는 성격이야.', '통찰력이 깊네.', '오리건주 출신이다.' 등을 상기해볼 수 있다. 클라이언트에게 호감과 흥미를 느낄 수 있게 된다면 무엇이든 괜찮다. 그동안의 경험으로 미루어보건대 코칭을 시작하기에 앞서, 혹은 들어가자마자 클라이언트의 이러한 긍정적인 특징을 떠올려보는 것은 코칭을 보다 순조롭고 효과적으로 시작하는 데 도움이 된다.

코칭의 도입 부분은 클라이언트와 몇 번 만났는지에 관계없이 비슷하게 진행한다. 우선 우리는 강점소개를 시도해보라고 권하고 싶다. 코칭의 장점 중 하나는 대화에 대한 사회적 통념이나 규칙을 깨볼 수 있다는 것이다. 코치는 클라이언트가 마음껏 과장하고 엉뚱한 생각에 잠기고 실없이 굴고 직장상사에 대해 거리낌 없이 험담을 늘어놓을 수 있는 안전한 공간을 만들어줄 수 있다. 강점소개는 틀에 박힌 사회적 통념에서 벗어나 코칭을 보다 참신하고 생기발랄하게 시작할 수 있게 한다. 코치는 클라이언트가 어디 출신인지, 결혼을 했는지, 어떤 직업을 가졌는지를 우선 알아내려고 애쓸 필요가 없다. 그런 정보는 코칭이 한참 진행된 후에도 늦지 않다. 일단 코치 자신의 강점들을 말해주고 그에 관련하여 짤막한 경험담을 들려주도록 하라. 단, 신중해야한다. 강점소개는 사람들이 일반적으로 공손한 대화라고 여기는 것과 거리가 멀기 때문에 자칫 불편한 감정을 야기할 수 있다. 그러므로 코치는 클라이언트가 부담 없이 자신을 자랑할 수 있도록 안전한 분위기를 만들어주어야 한다. 다음 대화를 참고하라.

코치 : 마크, 괜찮다면 당신의 큰 강점 중 하나를 말해줄 수 있나요? 강점을 발휘했던 경험담도 함께 얘기해주세요. 그 이야기로 코칭을 시작했으면 좋겠어요.

마크 : 강점이라고요? 음… 글쎄요, 꽤나 외향적인 성격을 들 수 있을 것 같아요. 종종 사람들이 저보고 붙임성이 좋다고 말하거든요. 사교모임 같은 데 가면 누구하고나 잘 어울리는 편이죠.

코치 : 와! 부럽네요. 보통 붙임성이 좋은 사람들을 보면 유머감각이 뛰어나더군요. 전 당신에게 어떤 강점들이 있을지 무척 궁금해요! 그럼 이번엔 제 강점을 한번 얘기해볼까요? 들어볼래요?

마크 : 그럼요, 얼마든 말해보세요.

코치 : 그래요. 당신이 아직 짐작하지 못했을지 모르지만 전 무엇에나 호기심이 많아요. 그게 저의 최대 강점이죠. 어렸을 땐 다락방 트렁크에 들어가보고 책도 많이 읽고 이웃집을 이곳저곳 기웃거렸답니다. 한번은 동네에 저랑 같은 이름을 가진 사람이 있을까 궁금해서 전화번호부를 뒤적인 일도 있어요. 그리곤 어땠는지 알아요? 결국 그 사람에게 전화를 걸었고 실제로 우린 친구가 되었어요!

마크 : 와우!

코치 : 재미있죠? 자, 그럼 당신 차례예요.

마크 : 글쎄요, 생각 좀 해보고요. 어떻게 말해야할지 모르겠지만 그냥 제가 경험한 이야기를 들려드릴게요. 대학원 면접시험이 있는 날이었어요. 고속도로를 따라 운전하고 있는데 앞서 달려가던 트럭이 전복사고를 낸 거예요. 전 얼른 차를 세우고 트럭 운전수에게 달려가 응급조치를 취했어요.

코치 : 저런….

마크 : 네, 돌발 상황이었죠. 부랴부랴 면접 장소에 도착해서 보니 셔츠가 온통 피투성이더군요.

코치 : 맙소사! 대학원 입학은 무사히 되었나요?

마크 : (웃음) 네, 다행히도.

코치 : 대단히 용기 있는 행동으로 보이네요.

마크 : 맞아요. 어디서 그런 용기가 나왔는지.

코치 : 그렇게만 보이는 게 아니라 실제로 대단한 용기였어요. 사실 이렇게 코칭을 요청한 것도 대단히 용기 있는 행동 중 하나라고 생각하는데요.

코칭을 시작하는 좋은 방법 중 하나는 유머를 사용하는 것이다. 유머는 몇 번 만났던 클라이언트에게 더욱 효과적이다. 물론 코치에 따라서 유머 사용하기를 불편해하는 사람도 있을 것이다. 하지만 코칭을 시작하며 긍정적인 분위기를 유도하려는 모든 시도는 코칭의 성과에 큰 영향을 미친다. 허물없이 농담을 주고받거나 완곡한 유머를 섞는 것은 클라이언트에 따라 얼마든지 융통성 있게 할 수 있다. 또 유머는 창의성과 같은 긍정적 강점들을 끌어내기 위한 과정에서 사용할 수 있다. 천성적으로 농담을 주고받는 데 서툴다고 생각한다면 클라이언트에게 재미있는 이야기를 들려달라고 하면서 긍정적인 분위기를 만드는 것도 좋다.

긍정심리학 코칭의 장점 중 하나는 '기초적인 평가도구들'이 여러 개 있다는 점이다. 코치는 클라이언트로부터 코칭 시간이 즐거웠다거나 유익했다는 등의 평가를 직접 들을 수 있고 또 정확한 데이터 수집을 통해 클라이언트의 변화과정을 살펴볼 수 있다. 뿐만 아니라 코칭에 임하는 클라이언트의 태도도 유용한 단서로 작용한다. 예를 들어 클라이언트가 좀처럼 좌절하지 않고 코칭을 계속 하려고 한다면 코치는 그에게서 매우 끈기 있고 낙천적인 성격을 발견할 수 있을 것이다. 한편 직장에서 인간관계를 향상시키기 위해 찾아온 클라이언트가 있다면 코치는 관계의 진척 정도를 가늠할 수 있는 평가방법을 강구하게 된다. 위와 같은 평가방법들은 관례적으로 이미 많은 코치에 의해 활용되고 있다. 긍정심리학은 여기에 보다 편리하고 유용하며 공인된 평가도구를 제공해준다. 이중 추천할 만한 것은 VIS-IS 강점 평가도구이다. 코칭 1회가 끝나고 2회가 시작되기 전에 VIA-IS 강점 평가를 실시하면 클라이언트의 내적 자원을 끌어내어 다음 회기에 활용하기가 무척 좋다. 또 부록 마지막에 수록된 삶의 만족도 척도나 삶의 태도 테스트(http://www.psy.miami.edu/-faculty/ccarver/sclLOT-R.htm을 참고)도 유용한 도구가 될 수 있다. 코치는 이를 통해 클라이언트가 미래를 얼마만큼 긍정적으로 기대하는지, 코치와의 관계에서 얼마만큼 만족하는지를 확인할 수 있다. 긍정심리학 코칭의 평가도구들은 코치가 자신의 경력을 선전할 수 있는 방법이 되기도 한다. 가령 "저와 평균적으로 3개월 간 코칭에 참여했던 클라이언트들은 대부분 미래를 긍정적으로 바라보고 삶의 만족도가 높아졌습니다." 하고 말하며 그에 대한 근거로 평가도구 데이터를 제시할 수 있는 것이다. 또 코치는 코칭 기간이나 여러 흥미로운 변수가 클라이언트의 변화에 영향을 미치는지의 여부도 알 수 있다.

코칭에 접목할 수 있는 긍정심리학 평가도구들 중 '영역 만족도 평가'라는 것이 있다. 통상적인 의미로는 클라이언트가 부부관계, 소득, 출퇴근길, 가정, 직장, 경력, 여가시간 등에서 얼마만큼 만족하는지를 측정하는 것인데, 이 도구의 몇 가지 항목은 클라이언트의 고유한 상황에 따라 적절히 변형할 수 있다. 삶의 특정한 영역에 초점을 맞추건 평가도구의 형태를 바꾸건, 긍정심리학 평가도구들은 모두 동일한 원리를 바탕으로 한다. 즉 몇 단계로 만들어진 척도를 통해 만족의 정도를 묻는 것이다. 다음 〈그림 A-1〉은 영역만족도 평가의 한 예로, '균형적인 삶의 기둥들the Pillars of a Balanced Life' 이라고 불리며 '멘토코치®' 사에서 저작권을 갖고 있다.

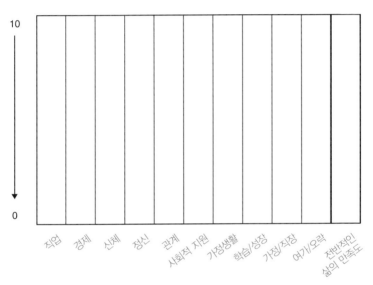

〈그림 A-1〉 균형적인 삶의 기둥들(the Pillars of a Balanced Life)
출처 : Ben Dean, ph.D 및 MentorCoach, LLC.

'균형적인 삶의 기둥들' 은 코칭의 목표를 설정하기 위한 평가도구로, 클라이언트는 각 삶의 영역에서 어느 정도 만족하는지 1에서 10으로 답하면 된다. 위 척도는 시간이 흐름에 따라 클라이언트의 만족도가 어떻게 변하는지 보여주며 코칭의 목표를 적절하게 조율하는 데 유익하다. 예를 들어 직업에는 매우 만족하지만 경제적인 영역에서 만족도가 낮은 클라이언트가 있다고 하자. 그렇다면 코치는 경제적인 영역에 대해 계속 대화하기 원하는지 묻거나, 또는 일에 대한 만족과 낮은 보수에 관련한 여러 질문을 던질 수 있다. '균형적인 삶의 기둥들'의 척도는 한 영역의 만족감이 다른 영역에도 영향을 미칠 수 있다는 것을 전제로 한다. 즉 한 분야에서 성공을 거둔 클라이언트는 다른 분야에도 열정을 갖게 되는 것이다.

'균형적인 삶의 기둥들'은 만족도를 측정하는 평가도구뿐 아니라 개입방법으로도 사용할 수 있다. 코칭을 활성화하는 좋은 방법 중 하나는 클라이언트에게 중점적으로 다루기 원하는 영역이 무엇인지 물어보는 것이다. 예를 들어 클라이언트가 직업 영역에서 만족도를 6이라고 표시하면서 그것에 대해 좀더 이야기를 나누고 싶어한다면 우선 왜 6이라고 했는지 물어봐야 한다. 코치는 클라이언트의 대답을 통해 직장에서 그가 힘들어하거나 만족스러워하는 부분이 무엇인지 파악하게 될 것이다. 그런 다음 만족도를 6.5로 높이려면 어떤 노력이 필요한지 물어볼 수 있다. 이 질문을 통해 코치는 클라이언트의 초점을 미래로 향하게 하고 그에게 현실적이고 적절한 목표를 제시하게 된다. 클라이언트가 0.5점을 높이는 데 필요한 실천 목록을 쭉 나열하면서 그것을 확고한 결심으로 삼게 하라. 경험상 이런 식으로 '균형적인 삶의 기둥들' 척도를 사용하는 것은 대부분의 클라이언트에게 흥미를 유발하고 미래에 대한 희망, 삶을 향상시키기 위한 명확한 목표를 심어준다.

'균형적인 삶의 기둥들'은 긍정심리학 이론에 근거해서 만들어진 것이다. 이 책의 전반부에서 우리는 행복과 적응기제에 관해 얘기한 바 있다. 강렬한 행복의 불꽃은 언제까지나 영원히 지속될 수 없는데 이는 우리에게 일정한 수준의 감정으로 회귀하려는 생체적 적응기제가 있기 때문이다. 즉 행복에는 바람직한 강도가 존재하며, 클라이언트가 비현실적인 기대치를 갖지 않는 이상 적정한 수준의 행복은 매우 큰 유익을 가져다준다. 그렇다면 적정한 수준의 행복이란 무엇일까? 가장 불행한 상태를 1, 가장 행복한 상태를 10, 그리고 아무런 감정이 개입되지 않은 상태를 5라고 가정할 때 적정한 행복의 강도는 7~8이 될 것이다. 사람들은 출산이나 임금인상, 특별수당, 복권당첨처럼 신나는 일을 만나면 기분이 10만큼 고조되다가 결국 7~8 수준으로 되돌아온다. 코치는 코칭을 하는 동안 이러한 사실을 클라이언트에게 종종 상기시키는 게 좋다. 행복의 적정 수준에 관해 들려주고 그들이 자신의 점수를 다른 시각에서 바라볼 수 있는지 보라. 가령 6만큼 행복하다고 말한 클라이언트들은 거의 대부분 자신이 최고 점수에서 4점이나 뒤진다고 생각한다. 하지만 코치로부터 행복의 적정 수준에 관해 들은 사람은 자신이 평균치보다 불과 1점이 떨어진다고 여길 것이다. 지금까지 이런 식으로 '균형적인 삶의 기둥들'을 활용해 본 결과, 클라이언트들이 감정의 장애물을 걷어내고 확실히 안도하는 모습을 발견할 수 있었다.

긍정심리학은 코칭에 대한 방향성을 제시하고 성과를 점검해주기도 하지만 이외에도 다양하게 활용될 수 있다. 이 책에는 유용하게 활용될 수 있는 긍정심리학적 개입방법이 여러 개 소개되었다. 물론 이러한 개입방법들은 코치가 선호하는 방식이나 클라이언트가 안전감을 느끼는 영역에 따라 다양하게 사용된다.

- 긍정심리학적 개입방법 중 하나로 '과제물 부과'를 들 수 있다. 4장에서 언급한 대로 코치는 '감사하게 생각하는 일'을 클라이언트에게 적어오라고 주문할 수 있다.
- 본서에 나오는 연구 결과나 이론을 '일러주는 것'도 일종의 긍정심리학적 개입방법이다. 가령 '노력을 포기하는 것'과 '목표를 포기하는 것'에 관한 카버 & 스콰이어의 이론을 들려줌으로써 코치는 클라이언트와 생산적인 방향으로 대화의 문을 열어갈 수 있다.
- 마지막으로 코치는 상황에 따라 시의적절하게 긍정심리학적 개입방법을 적용할 수 있다. 예를 들어 클라이언트에게 과거에 성공했던 기억을 떠올리게 한다거나 앞으로 '직장을 바꾸게 되면 어떨까'를 활발하게 토론할 수 있다.

긍정심리학코칭은 유일하고 절대적인 코칭 방법을 제공하는 건 아니다. 인적자원을 관리하기 위해서든, 심리치료를 위해서든 상관없다. 또 기업의 리더십 계발에 관한 것이든, 삶의 질을 높이기 위한 코칭이든 중요하지 않다. 어떤 경우에서도 긍정심리학은 클라이언트들을 파악하고 그들과 관계를 맺어가기 위한 참신하고 체계적인 방법을 가르쳐준다. 무엇이 옳고 그른지는 논할 수 없는 것이다. 바라건대 독자 여러분이 자신의 직관과 지혜, 창의성을 발휘하여 긍정심리학을 활용하길 바란다.

삶의 만족도 척도(Satisfaction with Life Scale)[2]
(디너, 에몬스, 라슨 & 그리핀, 1985년)

다음은 동의하거나 동의할 수 없는 5가지 문항들이다. 각각의 항목에 대해 어느 정도 동의하는지를 1~7로 표시하면 된다. '매우 찬성, 찬성, 중립, 반대, 매우 반대의 범주에서 회답을 구한 다음 총 득점이나 평균값을 태도측정치로 본다.

> 7 : 매우 동의한다.
> 6 : 동의한다.
> 5 : 조금 동의한다.
> 4 : 동의 여부를 말하기가 애매하다.
> 3 : 조금은 동의할 수 없다.
> 2 : 동의하지 않는다.
> 1 : 전혀 동의하지 않는다.

_____ 여러모로 보아서 내 삶은 이상과 거리가 멀다.

_____ 더할 나위 없는 생활환경을 갖추고 있다.

_____ 만족스러운 삶을 살고 있다.

_____ 지금까지 나는 인생에서 추구했던 중요한 것들을 얻었다.

_____ 다시 태어난다고 해도 지금의 삶을 선택할 것이다.

점수 매기기

35~31	매우 만족한다.
26~30	만족하는 편이다.
21~25	약간 만족한다.
20	보통이다.
15~19	약간 불만족스럽다.
10~14	불만족스럽다.
5~9	매우 불만족스럽다.

이외 긍정심리학을 활용한 다양한 평가도구를 찾기 원하면 다음 사이트를 방문하라.

www.personalitystrengths.com

www.ppc.sas.upenn.edu/ppquestionnaires.htm

Chapter 1. 코칭의 패러독스와 긍정심리학적 해결

1. "Message from the ICF President" (p. 5), by S. Mitten, in *Proceedings of the Third International Coach Federation: Coaching Research Symposium,* F. Campone and J. L. Bennett (Eds.), November 2005, Lexington, MA: International Coach Federation.
2. "The Proposal to Establish a Special Group in Coaching Psychology" by S. Palmer and A. Whybrow, 2005, *Coaching Psychologist, 1,* pp. 5 – 11.
3. "Toward a Positive Psychology of Executive Coaching" (pp. 287 – 304), by C. Kaufman and A. Scoular, in *Positive Psychology in Practice,* P. A. Linley and S. Joseph (Eds.), 2004, Hoboken, NJ: Wiley.
4. "Keeping Up with the Cheese! Research as a Foundation for Professional Coaching of the Future" (pp. 1 – 19), by A. Grant, in I. F. Stein and L. A. Belsten (Eds.), *Proceedings of the First ICF Coaching Research Symposium,* November 2003, Mooresville, NC: Paw Print Press.
5. *Proceedings of the First ICF Coaching Research Symposium,* by I. F. Stein and L. A. Belsten, (Eds.), 2004, Mooresville, NC: Paw Print Press.
6. "Coaching Eye for the Research Guy and Research Eye for the Coaching Guy: 20/20 Vision for Coaching through the Scientist-Practitioner Model" (pp. 13 – 21), by D. R. Stober, in *Proceedings of the Second ICF Coaching Research Symposium,* I. F. Stein, F. Campone, and L. J. Page (Eds.), November 2004, Washington, DC: International Coach Federation.

7. "Dialogue and Research in the Development of Coaching as a Profession" (p. 5), by W. B. Pearce, in *Proceedings of the Third International Coach Federation: Coaching Research Symposium,* F. Campone and J. L. Bennett (Eds.), November 2005, Lexington, MA: International Coach Federation.

8. Richarde, P. (May 25, 2006). Comments at the Third Annual Conference of the Association of Coach Training Organizations (ACTO), Toronto, Canada.

9. *Evidence Based Coaching Handbook,* by D. Stober and A. Grant, 2006, Hoboken, NJ: Wiley.

10. *International Positive Psychology Summit Panel,* speech presented at the Fourth International Positive Psychology Summit, by J. Clifton, Washington, DC, September/ October 2005.

11. See note 4.

12. "Cognitive-Behavioral, Solution-Focused Life-Coaching: Enhancing Goal Striving, Well-Being, and Hope," by L. S. Green, L. G. Oades, and A. Grant, 2006, *Journal of Positive Psychology, 1,* pp. 142 – 149.

13. *Toward a Psychology of Being,* second edition, by A. H. Maslow, 1968, New York: Van Nostrand.

14. *Authentic Happiness: Using the New Positive Psychology to Realize Your Potential for Lasting Fulfillment,* by M. E. P. Seligman, 2002, New York: Free Press.

15. See note 14.

16. "The Benefits of Frequent Positive Affect: Does Happiness Lead to Success?" by S. Lyubomirsky, L. King, and E. Diener, 2005, *Psychological Bulletin, 131,* pp. 803 – 855.

17. See note 16.

18. "Findings on Subjective Well-Being: Applications to Public Policy, Clinical Interventions, and Education" (pp. 679 – 692), by W. Pavot and E. Diener, in *Positive Psychology in Practice,* P. A. Linley and S. Joseph (Eds.), 2004, Hoboken, NJ: Wiley.

19. *The Psychology of Happiness,* second edition, M. Argyle, 2001, New York: Routledge.

20. See note 19.

21. *The Psychology of Ultimate Concerns: Motivation and Spirituality in Personality,* by R. Emmons, 1999, New York: Guilford Press.

22. See note 21.

23. See note 21.

24. "From the Equator to the North Pole: A Study of Character Strengths," by R. Biswas-Diener, 2006, *Journal of Happiness Studies, 7,* pp. 293 – 310.

25. See note 21.

26. *Character Strengths and Virtues: A Handbook and Classification,* by C. Peterson and M. E. P. Seligman, 2003, Washington, DC: American Psychological Association.

27. "Practical Wisdom: Aristotle Meets Positive Psychology," by B. Schwartz and K. Sharpe, 2006, *Journal of Happiness Studies, 7,* pp. 377 – 395.

28. "Turning Adversity to Advantage: On the Virtues of the Co-Activation of Positive and Negative Emotions" (pp. 211 – 225), by J. T. Larsen, S. H. Hemenover, C. J. Norris, and J. T. Cacioppo, in *A Psychology of Human Strengths: Fundamental Questions and Future Directions for a Positive Psychology,* L. G. Aspinwall and U. M. Staudinger (Eds.), 2002, Washington, DC: American Psychological Association.

29. "Crafting a Job: Revisioning Employees as Active Crafters of Their Work," by A. Wrzesniewski and J. E. Dutton, 2001, *Academy of Management Review, 26,* pp. 179 – 201.

30. *Habits of the Heart: Individualism and Commitment in American Life,* by R. N. Bellah, R. Madsen, W. M. Sullivan, A. Swidler, and S. M. Tipton, 1996, Berkeley: University of California Press.

31. "Jobs, Careers, and Callings: People's Relations to Their Work," by A. Wrzesniewski, C. R. McCauley, P. Rozin, and B. Schwartz, 1997, *Journal of Research in Personality, 31,* pp. 21 – 33.

Chapter 2. 행복 : 좀처럼 언급되지 않는 목적

1 "The Benefits of Frequent Positive Affect: Does Happiness Lead to Success?" by S. Lyubomirsky, L. King, and E. Diener, 2005, *Psychological Bulletin, 131,* pp. 803 – 855.

2 *Nicomachean Ethics,* trans. M. Ostwald, Aristotle, 1999, Upper Saddle River, NJ: Prentice-Hall.

3 "Positive Psychology: An Introduction," by M. E. P. Seligman, and M. Csikszentmihalyi, 2000, *American Psychologist, 55,* pp. 5 – 14.

4 See note 1.

5 *How Full Is Your Bucket? Positive Strategies for Work and Life,* by T. Rath

and D. O. Clifton, 2004, New York: Gallup Press.

6 *International Positive Psychology Summit Panel,* speech presented at the 4th International Positive Psychology Summit, by J. Clifton, Washington, DC, September/October, 2005.

7 "Happiness, Inc.," by J. Zaslow, March 18, 2006, *Wall Street Journal,* p. P1.

8 "Positive Emotions in Early Life and Longevity: Findings from the Nun Study," by D. D. Danner, D. A. Snowdon, and W. V. Friesen, 2001, *Journal of Personality and Social Psychology, 80,* pp. 804 – 813.

9 "Very Happy People," by E. Diener and M. E. Seligman, 2002, *Psychological Science, 13,* pp. 81 – 84.

10. "The Art of Living by Dispositionally Happy People," by A. Abbe, C. Tkach, and S. Lyubomirsky, 2003, *Journal of Happiness Studies, 4,* pp. 385 – 404.

11. "Why Are Some People Happier than Others? The Role of Cognitive and Motivational Processes in Well-Being," by S. Lyubomirsky, 2001, *American Psychologist, 56,* pp. 239 – 249.

12. "Is Life Getting Better? How Long and Happily Do People Live in Modern Society?" by R. Veenhoven, 2005, *European Psychologist, 10,* pp. 330 – 343.

13. "Interpersonal Flourishing: A Positive Health Agenda for the New Millennium," by C. D. Ryff and B. Singer, 2000, *Personality and Social Psychology Review, 4,* pp. 30 – 44.

14. "Objective Happiness" (pp. 3 – 27), by D. Kahneman, in *Well-Being: Foundations of Hedonic Psychology,* D. Kahneman, E. Diener, and N. Schwarz (Eds.), 1999, New York: Russell Sage Foundation.

15. See note 14.

16. See note 14.

17. "Long-Term Meditators Self-Induce High-Amplitude Gamma Synchrony during Mental Practice," by A. Lutz, L. L. Greischar, N. B. Rawlings, M. Ricard, and R. J. Davidson, 2004, *Proceedings of the National Academy of Sciences, 101,* pp. 16369 – 16373.

18. *Positive Affect: Perspectives from Affective Neuroscience,* paper presented at the annual Positive Psychology Summit, by R. Davidson, October 2001, Washington, DC.

19. "An Experience Sampling and Cross-Cultural Investigation of the Relation between Pleasant and Unpleasant Affect," by C. N. Scollon, E. Diener, S. Oishi, and R. Biswas-Diener, 2005, *Cognition and Emotion, 19,* pp. 27 – 52.

20. "Facial Expression and Emotion," by P. Ekman, 1993, *American Psychologist, 48*, pp. 384 – 392.

21. "Subjective Well-Being," by E. Diener, 1984, *Psychological Bulletin, 95*, pp. 542 – 575.

22. "A Multitrait-Multimethod Examination of Affect Structure: Hedonic Level and Emotional Intensity," by R. Larsen and E. Diener, 1985, *Personality and Individual Differences, 6*, pp. 631 – 636.

23. "Most People Are Happy," by E. Diener and C. Diener, 1996, *Psychological Science, 7*, pp. 181 – 185.

24. "Most People Are Pretty Happy, but There Is Cultural Variation: The Inughuit, the Amish, and the Maasai," by R. Biswas-Diener, J. Vitterso, and E. Diener, 2005, *Journal of Happiness Studies, 6*, pp. 205 – 226.

25. "Happiness of the very wealthy," by E. Diener, J. Horwitz, and R. Emmons, 1985, *Social Indicators Research, 16*, pp. 263 – 274.

26. "Emotions across Cultures and Methods," by C. N. Scollon, E. Diener, S. Oishi, and R. Biswas-Diener, 2004, *Journal of Cross-Cultural Psychology, 35*, pp. 304 – 326.

27. *Toward a Psychology of Being*, 2nd ed., A. H. Maslow, 1968, New York: Van Nostrand.

28. "Relationship between Attitudes and Evaluative Space: A Critical Review, with Emphasis on the Separability of Positive and Negative Substrates," by J. T. Cacioppo and G. G. Berntson, 1994, *Psychological Bulletin, 115*, pp. 401 – 423.

29. *The Expression of the Emotions in Man and Animals*, by C. Darwin, 1998, Oxford: Oxford University Press (Original work published 1872).

30. "What Good Are Positive Emotions?" by B. L. Fredrickson, 1998, *Review of General Psychology, 2*, pp. 300 – 319.

31. See note 30.

32. See note 30.

33. *Happiness: The Nature and Nurture of Joy and Contentment*, D. Lykken, 1999, New York: St. Martin's Griffin.

34. See note 33.

35. "Re-Examining Adaptation and the Set-Point Model of Happiness: Reactions to Changes in Marital Status," by R. E. Lucas, A. Clark, Y. Georgellis, and E. Diener, 2003, *Journal of Social and Personality Psychology, 84*, pp. 527 – 539.

36. "Unemployment Alters the Set Point for Life Satisfaction," by R. E. Lucas, A. E. Clark, Y. Georgellis, and E. Diener, 2004, *Psychological Science, 15,* pp. 8 – 13.

37. See note 36.

38. See note 14.

39. "What to Do on Spring Break? The Role of Predicted, on-Line, and Remembered Experience in Future Choice," by D. Wirtz, J. Kruger, C. N. Scollon, and E. Diener, 2003, *Psychological Science, 14,* pp. 520 – 524.

40. http://www.psych.uiuc.edu/~ediener.

41. *The Pursuit of Happiness,* D. Myers, 1992, New York: Avon Books.

42. See note 33.

Chapter 3. 행복 선택하기 : 목표와 관계 그리고 긍정적 사고방식

1. *Happiness: The Nature and Nurture of Joy and Contentment,* by D. Lykken, 1999, New York: St. Martin's Griffin.

2. "Subjective Well-Being: Three Decades of Progress," by E. Diener, E. Suh, R. Lucas, and H. Smith, 1999, *Psychological Bulletin, 125,* pp. 276 – 302.

3. "Pursuing Happiness: The Architecture of Sustainable Change," by S. Lyubomirsky, K. M. Sheldon, and D. Schkade, 2005, *Review of General Psychology, 9,* pp. 111 – 131.

4. "Value Pathways to Well-Being: Healthy Values, Valued Goal Attainment, and Environmental Congruence" (pp. 68 – 85), by L. Sagiv, S. Roccas, and O. Hazan, in *Positive Psychology in Practice,* P. A. Linley and S. Joseph (Eds.), 2004, Hoboken, NJ: Wiley.

5. *The Psychology of Happiness,* second edition, by M. Argyle, 2001, New York: Routledge.

6. "Optimistic Explanatory Style" (pp. 244 – 256), by C. Peterson and T. Steen, in *Handbook of Positive Psychology,* C. R. Snyder and S. Lopez (Eds.), 2002, New York: Oxford University Press.

7. *The Psychology of Ultimate Concerns: Motivation and Spirituality in Personality,* by R. A. Emmons, 1999, New York: Guilford Press.

8. Paper presented at the BPS Coaching Psychology meeting, by M. Cavanaugh, London, December 2005.

9. "Resources, Personal Strivings, and Subjective Well-Being: A Nomothetic

and Idiographic Approach," by E. Diener and F. Fujita, 1995, *Journal of Personality and Social Psychology, 68*, pp. 926 – 935.

10. See note 7.

11. See note 7.

12. See note 7.

13. See note 7.

14. See note 7.

15. "Further Examining the American Dream: Differential Correlates of Intrinsic and Extrinsic Goals," by T. Kasser and R. M. Ryan, 1996, *Personality and Social Psychology Bulletin, 22*, 280 – 287; "Pursuing Personal Goals: Skills Enable Progress but Not All Progress Is Beneficial," by K. M. Sheldon and T. Kasser, 1998, *Personality and Social Psychology Bulletin, 24*, pp. 1319 – 1331.

16. "The Structure of Goal Contents across 15 Cultures," by F. Grouzet, T. Kasser, A. Ahuvia, J. Dols, Y. Kim, S. Lau, et al., 2005, *Journal of Personality and Social Psychology, 89*, pp. 800 – 816.

17. "Conflict among Personal Strivings: Immediate and Long-Term Implications for Psychological and Physical Well-Being," by R. A. Emmons and L. A. King, 1988, *Journal of Personality and Social Psychology, 54*, pp. 1040 – 1048.

18. "The Psychological Trade-Offs of Goal Investment," by E. M. Pomerantz, J. L. Saxon, and S. Oishi, 2000, *Journal of Personality and Social Psychology, 79*, pp. 617 – 630.

19. "The Self-Concordance Model of Healthy Goal-Striving: When Personal Goals Correctly Represent the Person" (pp. 65 – 86), by K. M. Sheldon, in *Handbook of Self-Determination Research*, E. L. Deci and R. M. Ryan (Eds.), 2002, Rochester, NY: University of Rochester Press.

20. See note 5.

21. "The Nature of Love," by H. Harlow, 1958, *American Psychologist, 13*, pp. 673 – 685.

22. *In the Belly of the Beast: Letters from Prison*, by J. H. Abbott, 1991, New York: Vintage Press.

23. "Very Happy People," by E. Diener and M. E. Seligman, 2002, *Psychological Science, 13*, pp. 81 – 84.

24. "The Need to Belong: Desire for Interpersonal Attachments as a Fundamental Human Motivation," by R. F. Baumeister and M. R. Leary,

1995, *Psychological Bulletin, 117*, pp. 497 – 529.

25. "Making the Best of a Bad Situation: Satisfaction in the Slums of Calcutta," by R. Biswas-Diener and E. Diener, 2001, *Social Indicators Research, 55*, 329 – 352; "The Subjective Well-Being of the Homeless and Related Lessons for Happiness," by R. Biswas-Diener and E. Niener, 2006, *Social Indicators Research, 76*, pp. 185 – 205.

26. See note 5.

27. *The High Price of Materialism*, by T. Kasser, 2002, Cambridge, MA: MIT Press.

28. "The Power of High Quality Connections" (pp. 263 – 278), by J. E. Dutton and E. D. Heaphy, in *Positive Organizational Scholarship: Foundations of a New Discipline*, K. S. Cameron, J. E. Dutton, and R. E. Quinn (Eds.), 2003, San Francisco: Berrett-Koehler.

29. "Optimistic Explanatory Style" (pp. 244 – 256), by C. Peterson and T. Steen, in *Handbook of Positive Psychology*, C. R. Snyder and S. Lopez (Eds.), 2002, New York: Oxford University Press.

30. *The Pursuit of Happiness: Discovering the Pathway to Fulfillment, Well-Being, and Enduring Personal Joy*, D. G. Myers, 1992, New York: Avon Books.

31. *Learned Optimism: How to Change Your Mind and Your Life*, by M. E. P. Seligman, 1998, New York: Free Press.

32. *Overcoming Destructive Beliefs, Feelings, and Behaviors: New Directions for Rational Emotive Behavior Therapy*, A. Ellis, 2001, New York: Prometheus Books.

33. "Loss Aversion in Riskless Choice: A Reference Dependent Model," by A. Tversky and D. Kahneman, 1991, *Quarterly Journal of Economics, 106*, pp. 1039 – 1061.

34. "Using the past to Enhance the Present: Boosting Happiness through Positive Reminiscence," by F. B. Bryant, C. M. Smart, and S. P. King, 2005, *Journal of Happiness Studies, 6*, pp. 227 – 260.

35. *Authentic Happiness: Using the New Positive Psychology to Realize Your Potential for Lasting Fulfillment*, by M. E. P. Seligman, 2002, New York: Free Press.

Chapter 4. 행복을 증진시키는 효과적인 개입방법

1 Personal communication, S. Foster, 2006.

2. "Are Scandinavians Happier than Asians? Issues in Comparing Nations on Subjective Well-Being" (pp. 1 – 25), by E. Diener and S. Oishi, in *Politics and Economics of Asia*, F. Columbus (Ed.), 2004, Hauppauge, NY: Nova Science.

3. "Orientations to Happiness and Life Satisfaction: The Full Life versus the Empty Life," by C. Peterson, N. Park, and M. E. P. Seligman, 2005, *Journal of Happiness Studies, 6*, pp. 25 – 41.

4. "What Good Are Positive Emotions?" by B. L. Frederickson, 1998, *Review of General Psychology, 2*, pp. 300 – 319.

5. *Authentic Happiness: Using the New Positive Psychology to Realize Your Potential for Lasting Fulfillment*, by M. E. P. Seligman, 2002, New York: Free Press.

6. "Achieving Sustainable Gains in Happiness: Change Your Actions, Not Your Circumstances," by K. M. Sheldon and S. Lyubomirsky, 2006, *Journal of Happiness Studies, 7*, pp. 55 – 86.

7. *Quality of Life Therapy: Applying a Life Satisfaction Approach to Positive Psychology and Cognitive Therapy*, M. B. Frisch, 2006, Hoboken, NJ: Wiley.

8. See note 7.

9. "A Randomized Evaluation of Quality-of-Life Therapy with Patients Awaiting Lung Transplantation," by J. R. Rodrigue, M. A. Baz, M. R. Widows, and S. Ehlers, 2005, *American Journal of Transplantation, 5*, pp. 2425 – 2432.

10. *Opening Up: The Healing Power of Expressing Emotion*, by J. W. Pennebaker, 1997, New York: Guilford Press.

11. "The Health Benefits of Writing about Life Goals," by L. A. King, 2001, *Personality and Social Psychology Bulletin, 27*, pp. 798 – 807.

12. "Personal Goals and Psychological Growth: Testing an Intervention to Enhance Goal-Attainment and Personality Integration," by K. M. Sheldon, T. Kasser, K. Smith, and T. Share, 2002, *Journal of Personality, 70*, pp. 5 – 31.

13. *The Psychology of Happiness*, second edition, M. Argyle, 2001, New York: Routledge.

14. "Positive Moods Derived from Leisure and Their Relationship to Happiness and Personality," by P. Hills and M. Argyle, 1998, *Personality and*

Individual Differences, 25, pp. 523 – 535.

15. "Using the past to Enhance the Present: Boosting Happiness through Positive Reminiscence," by Bryant, F. B., Smart, C. M., and King, S. P., 2005, *Journal of Happiness Studies, 6,* pp. 227 – 260.

16. See note 1.

17. See note 15.

18. "The Costs and Benefits of Writing, Talking, and Thinking about Life's Triumphs and Defeats," by S. Lyubomirksy, L. Sousa, and R. Dickerhoof, 2006, *Journal of Personality and Social Psychology, 90,* pp. 692 – 708.

19. "Forgiveness and Happiness: The Differing Contexts of Forgiveness Using the Distinction between Hedonic and Eudaimonic Happiness," by J. Maltby, L. Day, and L. Barber, 2005, *Journal of Happiness Studies, 6,* pp. 1 – 13.

20. "Facilitating Forgiveness: Developing Group and Community Interventions" (pp. 482 – 503), by F. D. Fincham and T. B. Kashdan, in *International Handbook of Positive Psychology in Practice: From Research to Application,* P. A. Linley and S. Joseph (Eds.), 2006, Hoboken, NJ: Wiley.

21. "The Grateful Disposition: A Conceptual and Empirical Topography," by M. E. McCullough, R. A. Emmons, and J. Tsang, 2002, *Journal of Personality and Social Psychology, 82,* pp. 112 – 127.

22. "Counting Blessings versus Burdens: An Experimental Investigation of Gratitude and Subjective Well-Being in Daily Life," by R. A. Emmons and M. E. McCullough, 2003, *Journal of Personality and Social Psychology, 84,* pp. 377 – 389.

23. "Positive Psychology Progress: Empirical Validation of Interventions," by M. E. P. Seligman, T. Steen, N. Park, and C. Peterson, 2005, *American Psychologist, 60,* pp. 410 – 421.

24. See note 21.

25. "The Benefits of Frequent Positive Affect: Does Happiness Lead to Success?" by S. Lyubomirsky, L. King, and E. Diener, 2005, *Psychological Bulletin, 131,* pp. 803 – 855.

26. "Doing Well by Doing Good: Benefits for the Benefactor" (pp. 227 – 248), by J. A. Piliavin, in *Flourishing: Positive Psychology and the Life Well-Lived,* C. L. M. Keyes and J. Haidt (Eds.), 2002, Washington, DC: American Psychological Association.

27. *Benefits of Positive Emotion,* paper presented at the Subjective Well-Being Conference, by L. King, April 2006, St. Louis, MO.

28. "Happy People Become Happier through Kindness: A Counting Kindness Intervention," by K. Otake, S. Shimai, J. Tanaka-Matsumi, and B. L. Fredrickson, 2006, *Journal of Happiness Studies, 7*, pp. 361 – 375.

29. See note 5.

Chapter 5. 강점을 활용하는 코칭

1. "Strengths Coaching: A Potential-Guided Approach to Coaching Psychology," by P. A. Linley and S. Harrington, 2006, *International Coaching Psychology Review, 1*, pp. 37 – 46.

2. "Positive Psychology Progress: Empirical Validation of Interventions," by M. E. P. Seligman, T. Steen, N. Park, and C. Peterson, 2005, *American Psychologist, 60*, pp. 410 – 421.

3. "Personal Goals, Life Meaning, and Virtue: Wellsprings of a Positive Life" (pp. 275 – 289), by R. A. Emmons, in *Flourishing: Positive Psychology and the Life Well-Lived*, C. L. M. Keyes and J. Haidt (Eds.), 2003, Washington, DC: American Psychological Association.

4. *The Relative Value of Three Methods of Improving Reading: Tachistoscope, Films, and Determined Effort*, by J. W. Glock, Unpublished doctoral dissertation, 1955, University of Nebraska, Lincoln; cited in "Investing in Strengths" (pp. 111 – 121), by D. O. Clifton and J. K. Harter, in *Positive Organizational Scholarship*, K. S. Cameron, J. Dutton, and R. Quinn (Eds.), 2003, San Francisco: Berrett-Koehler.

5. *Character Strengths and Virtues: A Handbook and Classification*, by C. Peterson and M. E. P. Seligman, 2004, Washington, DC: American Psychological Association and Oxford University Press.

6. "From the Equator to the Arctic: A Cross-Cultural Study of Strengths and Virtues," by R. Biswas-Diener, 2006, *Journal of Happiness Studies, 7*, pp. 293 – 310.

7. "Elevation and the Positive Psychology of Morality" (pp. 275 – 289), by J. Haidt, in *Flourishing: Positive Psychology and the Life Well-Lived*, C. L. M. Keyes and J. Haidt (Eds.), 2003, Washington, DC: American Psychological Association.

8. See note 5.

9. "Strengths of Character and Well-Being," by N. Park, C. Peterson, and M. E.

P. Seligman, 2004, *Journal of Social and Clinical Psychology,* 5, pp. 603 – 619.

10. *A Primer in Positive Psychology,* by C. Peterson, 2006, New York: Oxford University Press.

11. *Strengths Quest: Discover and Develop Your Strengths in Academics, Career, and Beyond,* second edition, D. O. Clifton, E. Anderson, and L. A. Schreiner, 2006, New York: Gallup Press.

12. See note 2.

13. "Practical Wisdom: Aristotle Meets Positive Psychology," by B. Schwartz and K. E. Sharpe, 2006, *Journal of Happiness Studies,* 7, pp. 377 – 395.

14. *Co-Active Coaching: New Skills for Coaching People toward Success in Work and Life,* by L. Whitworth, H. Kimsey-House, and P. Sandhal, 1998, Palo Alto, CA: Davies-Black.

15. Cavanaugh, M. (December 2005). Paper presented at the BPS Coaching Psychology meeting, London.

16. See note 5.

Chapter 6. 개인의 강점

1. *Character Strengths and Virtues: A Handbook and Classification,* by C. Peterson and M. E. P. Seligman, 2004, Washington, DC: American Psychological Association.

2. *A Geography of Time: The Temporal Misadventures of a Social Psychologist, or How Every Culture Keeps Time Just a Little Bit Differently,* by R. Levine, 1998, New York: Basic Books.

3. "Balancing Time Perspective in Pursuit of Optimal Functioning" (pp. 165 – 180), by I. Boniwell and P. G. Zimbardo, in *Positive Psychology in Practice,* A. Linley and S. Joseph (Eds.), 2004, Hoboken, NJ: Wiley.

4. See note 2.

5. *Savoring: A New Model of Positive Emotion,* by F. Bryant and J. Veroff, 2007, Mahwah, NJ: Erlbaum.

6. See note 5.

7. "Elevation and the Positive Psychology of Morality" (pp. 275 – 289), by J. Haidt, in *Flourishing: Positive Psychology and the Life Well-Lived,* C. Keyes and J. Haidt (Eds.), 2003, Washington, DC: American Psychological

Association.

8. "Social Comparison in Adjustment to Breast Cancer" (pp. 151 – 165), by J. V. Wood, S. E. Taylor, and R. R. Lichtman, in P. Salovey and A. Rothman (Eda). *Social Psychology of Health*, 2003, New York: Psychology Press.

9. See note 7.

10. *Helplessness: On Depression, Development, and Death*, by M. E. P. Seligman, 1975, New York: Freeman.

11. *Learned Optimism: How to Change Your Mind and Your Life*, by M. E. P. Seligman, 1998, New York: Free Press.

12. See note 11.

13. "Optimism" (pp. 231 – 243), by C. Carver and M. Sheier, in *Handbook of Positive Psychology*, C. R. Snyder and S. Lopez (Eds.), 2002, New York: Oxford University Press.

14. "Hope Theory: A Member of the Positive Psychology Family" (pp. 257 – 276), by C. R. Snyder, K. Rand, and D. Sigmon, in *Handbook of Positive Psychology*, C. R. Snyder and S. Lopez (Eds.), 2002, New York: Oxford University Press.

15. "Optimistic Explanatory Style" (pp. 244 – 256), by C. Peterson and T. Steen, in *Handbook of Positive Psychology*, C. R. Snyder and S. Lopez (Eds.), 2002, New York: Oxford University Press.

16. "Three Human Strengths" (pp. 87 – 102), by C. Carver and M. Sheier, in *A Psychology of Human Strengths: Fundamental Questions and Future Directions for a Positive Psychology*, L. Aspinwall and U. Staudinger (Eds.), 2002, Washington, DC: American Psychological Association.

17. See note 16.

Chapter 7. 사회적 강점

1. *Grooming, Gossip, and the Evolution of Language*, by R. Dunbar, 1998, Cambridge, MA: Harvard University Press.

2. "Work Happy: Developing Employee Engagement to Deliver Competitive Advantage," by M. Stairs, 2005, *Selection and Development Review, 21,* pp. 7 – 11.

3. "Move the Body, Change the Self: Acculturation Effects on the Self-Concept" (pp. 305 – 331), by S. J. Heine and D. R. Lehman, in *The*

Psychological Foundations of Culture, M. Shaller and C. S. Crandall (Eds.), 2004, Mahwah, NJ: Erlbaum.

4. *Habits of the Heart: Individualism and Commitment in American Life,* updated edition, by R. N. Bellah, R. Madsen, W. M. Sullivan, A. Swidler, and S. M. Tipton, 1996, Berkeley: University of California Press.

5. *Effective Teamwork: Practical Lessons from Organizational Research,* second edition, M. A. West, 2004, Oxford, England: Blackwell.

6. *Great Speeches,* by A. Lincoln, 1991, Mineola, NY: Dover.

7. *Inspirational Leadership, Insight into Action: The Development of the Inspire Tool,* Report prepared for the department of Trade and Industry, England, by J. Garret, 2005.

8. *Social Psychology,* eighth edition, by D. G. Myers, 2005, New York: McGraw-Hill.

9. "A Validation Study of Belbin's Team Roles," by S. G. Fisher, T. A. Hunter, and W. D. K. MacRosson, 2001, *European Journal of Work and Organizational Psychology, 10,* pp. 121 – 144.

10. *Character Strengths and Virtues: A Handbook and Classification,* by C. Peterson and M. E. P. Seligman, 2004, Washington, DC: American Psychological Association.

11. *A Primer in Positive Psychology,* by C. Peterson, 2006, New York: Oxford University Press.

12. "Selection and Development: A New Perspective on Some Old Problems," by P. A. Linley, S. Harrington, and J. R. W. Hill, 2005, *Selection and Development Review, 21,* pp. 3 – 6.

13. See note 11.

14. *Cupid's Arrow: The Course of Love through Time,* by R. J. Sternberg, 2000, Cambridge: Cambridge University Press.

15. See note 11.

16. *Attachment and Loss: Vol. 2. Separation: Anxiety and Anger,* by J. Bowlby, 1973, New York: Basic Books.

17. "A Cross-National Study on the Relations among Pro-Social Moral Reasoning, Gender Role Orientations, and Pro-Social Behaviors," by G. Carlo, S. H. Koller, N. Eisenberg, M. S. Da Silva, and C. B. Frohlich, 1996, *Developmental Psychology, 32,* pp. 231 – 140.

18. "Empathy, Attitudes, and Action: Can Feeling for a Member of a Stigmatized Group Motivate One to Help the Group?" by C. D. Batson, J.

Chang, R. Orr, and J. Rowland, 2002, *Personality and Social Psychology Bulletin, 28,* pp. 1656 – 1666.

19. "The Benefits of Frequent Positive Affect: Does Happiness Lead to Success?" by S. Lyubomirsky, L. King, and E. Diener, 2005, *Psychological Bulletin, 131,* pp. 803 – 855.

20. *The 7 Habits of Highly Effective People,* 15th anniversary edition, by S. R. Covey, 2004, New York: Free Press.

21. See note 11.

22. See note 11.

23. *CEO Turnover at Highest Rate since 2001,* March 7, 2005, available from CNNMoney.com.

24. "Justice as Fairness," by J. Rawls, 1958, *Philosophical Review, 57,* pp. 164 – 194.

25. *Anarchy, State, and Utopia,* by R. Nozick, 1974, New York: Basic Books.

26. *Essays on Moral Development,* vols. 1 and 2, L. Kohlberg, 1981/1984, New York: Harper & Row.

Chapter 8. 일에 최선을 다하도록 돕기

1 *What Should I Do with My Life? The True Story of People Who Answered the Ultimate Question,* by P. Bronson, 2002, New York: Random House.

2 *Habits of the Heart: Individualism and Commitment in American Life,* updated edition, by R. N. Bellah, R. Madsen, W. M. Sullivan, A. Swidler, and S. M. Tipton, 1996, Berkeley: University of California Press.

3. "Work Satisfaction as a Function of the Person-Environment Interaction," by J. Seybolt, 1976, *Organizational Behavior and Human Performance, 17,* pp. 66 – 75.

4. "Finding Positive Meaning in Work" (pp. 296 – 308), by A. Wrzesniewski, in *Positive Organizational Scholarship: Foundations of a New Discipline,* K. S. Cameron, J. E. Dutton, and R. E. Quinn (Eds.), 2003, San Francisco: Berrett-Koehler.

5. "Jobs, Careers, and Callings: People' s Relations to Their Work," by A. Wrzesniewski, C. R. McCauley, P. Rozin, and B. Schwartz, 1997, *Journal of Research in Personality, 31,* pp. 21 – 33.

6. Personal communication, A. Wrzesniewski, 2003.

7. See note 4.

8. "Crafting a Job: Revisioning Employees as Active Crafters of Their Work," by A. Wrzesniewski and J. E. Dutton, 2001, *Academy of Management Review, 26,* pp. 179 - 201.

9. "Clients as a Source of Enjoyment on the Job: How Hairstylists Shape Demeanor and Personal Disclosures" (pp. 1 - 32), by R. C. Cohen and R. I. Sutton, in *Advances in Qualitative Organization Research,* A. J. Wagner (Ed.), 1998, Greenwich, CT: JAI Press.

10. *Working Identity: Unconventional Strategies for Reinventing Your Career,* by H. Ibarra, 2003, Boston: Harvard Business School Press.

11. "Culture and the Self: Implications for Cognition, Emotion, and Motivation," by H. Markus and S. Kitayama, 1991, *Psychological Review, 98,* pp. 224 - 253.

12. "The Cultural Construction of Self and Emotion: Implications for Social Behavior" (pp. 89 - 130), by H. R. Markus and S. Kitayama, in *Emotion and Culture: Empirical Studies of Mutual Influence,* S. Kitayama and H. R. Markus (Eds.), 1994, Washington, DC: American Psychological Association.

13. "The Reference Other Orientation" (pp. 121 - 151), by T. Kuwayana, in *Japanese Sense of Self,* N. R. Rosenburger (Ed.),1992, Cambridge: Cambridge University Press.

14. See note 12.

Chapter 9. 긍정심리학 코칭의 미래

1 "The Power of Positive Psychology: An Interview with Dr. Alex Linley," by J. Hill, 2005, *Kenexas Connection Newsletter, 4,* retrieved August 21, 2006, from http://www.kenexa.com /newsletter/0305_index.asp?uid=1&tbl=test.

2 *How Full Is Your Bucket? Positive Strategies for Work and Life,* by T. Rath and D. O. Clifton, 2004, New York: Gallup Press.

3. Personal communication, J. Pawelski, 2006.

4. Personal communication, C. Kaufman, 2006.

5. See note 3.

부록

1. *Evidence Based Coaching Handbook,* by D. Stober and A. Grant, 2006, Hoboken, NJ: Wiley.
2. "The Satisfaction with Life Scale," by E. Diener, R. A. Emmons, R. J. Larsen, and S. Griffin, 1985, *Journal of Personality Assessment, 49,* pp. 71 – 75.

Chapter 2. 행복 : 좀처럼 언급되지 않는 목적

Klein, S. (2002). *The science of happiness: How our brains make us happy—and what we can do to get happier.* New York: Marlowe.
An introduction to the biology and neural bases of happiness.
Lykken, D. (1999). *Happiness: The nature and nurture of joy and contentment.* New York: St. Marten's Griffin.
A general overview of happiness research with special attention to genetic aspects of happiness.
Myers, D. (1992). *The pursuit of happiness.* New York: Avon Books.
A general overview of happiness from a research perspective.

Chapter 3. 행복 선택하기 : 목표와 관계 그리고 긍정적 사고방식

Kasser, T. (2002). *The high price of materialism.* Cambridge, MA: MIT Press.
A review of the scientific research showing that materialistic goals and desires are toxic to personal well-being.
Schmuck, P., & Sheldon, K. (2001). *Life goals and well-being: Toward a positive psychology of human striving.* Seattle, WA: Hogrefe & Huber.
A collection of research articles showing the link between goals and life satisfaction, with an emphasis on those goals that most likely promote

happiness.

Seligman, M. E. P. (1998). *Learned optimism: How to change your mind and your life*. New York: Free Press.

A modern classic guide on how to change your thinking for lasting positivity.

Chapter 4. 행복을 증진시키는 효과적인 개입방법

Frisch, M. (2006). *Quality of Life Therapy: Applying a life satisfaction approach to positive psychology and cognitive therapy*. Hoboken, New Jersey: Wiley.

A comprehensive guide to the assessments and interventions that form the foundation of this exciting new positive therapy.

Linley, A., & Joseph, S. (2005). *Positive psychology in practice*. Hoboken, New Jersey: Wiley.

An edited volume with chapters by leading experts in the field, each dealing with a different aspect of Positive Psychology.

Pennebaker, J. (1997). *Opening up: The healing power of expressing emotion*. New York: Guilford.

A guide to the value and power of committing experiences to the written word.

Chapter 5. 강점을 활용하는 코칭

Aspinwall, L. G., & Staudinger, U. M. (2003). *A psychology of human strengths: Fundamental questions and future directions for a positive psychology*. Washington, DC: American Psychological Association.

This edited volume includes chapters on the importance of strengths, discussions of individual strengths, and harnessing strengths.

Buckingham, M., & Clifton, D. (2001). *Now, discover your strengths*. New York: Free Press.

This book challenges readers to take ownership of their strengths.

Peterson, C., & Seligman, M. E. P. (2004). *Character strengths and virtues: A handbook of classification*. Washington, DC: American Psychological Association.

This is the go-to manual for the VIA classification of strengths.

Chapter 6. 개인의 강점

Bryant, F., & Veroff, J. (2007). *Savoring: A new model of positive experience.* New Jersey: Erlbaum.

A terrific overview of the research on savoring.

Haidt, J. (2006). *The happiness hypothesis: Finding modern truth in ancient wisdom.* New York: Basic Books.

A witty, intelligent, and extremely readable book about several core ideas that have withstood the test of time.

Seligman, M. E. P. (1998) *Learned optimism: How to change your mind and your life.* New York: Free Press.

A great overview of optimism: How it works and how to get it.

Chapter 7. 사회적 강점

Covey, S. R. (2004). *The 7 habits of highly effective people* (15th ed,). New York: Free Press.

The classic book on personal success through the develop-ment of healthy, dignified personal habits.

Dunbar, R. (1998). *Grooming, gossip, and the evolution of language.* Cambridge, MA: Harvard University Press.

Dunbar looks at Darwin, primates, and computers to discuss gossip, language, and other natural social phenomena.

Goleman, D. (1997). *Emotional intelligence: Why it can matter more than IQ.* New York: Bantam Books.

Goleman's modern classic that popularized the importance of understanding your own feelings and those of others.

Goleman, D. (2006) *Social intelligence: The new science of social relationships.* New York: Bantam Books.

Goleman's book tackles the social environment and discusses how it is our natural dwelling place.

Chapter 8. 일에 최선을 다하도록 돕기

Bellah, R., Madsen, R., Sullivan, W. M., Swidler, A., & Tipton, S. (1996). *Habits of the heart: Individualism and commitment in Ameri-can life.* Berkeley, CA: University of California Press.

A poignant critique of American individualism and a call to participate in community building.

Bronson, P. (2003). *What should I do with my life?* New York: Ran-dom House.

Vignette style interviews with a wide range of everyday folks who found a place for themselves through luck, reflec-tion, and creativity.

Frankl, V. (1959). *Man's search for meaning.* New York: Washing-ton Square Press.

Frankl's first-person account of his experiences in a Nazi concentration camp and reflections on the importance of finding meaning in life.

Ibarra, H. (2004). *Working identity: Unconventional strategies for reinventing your career.* Boston, MA: Harvard Business School Press.

Ibarra's useful strategies for finding more meaning in work.

　(주)아시아코치센터는 자신의 존재가치를 찾고 좋아하는 일에 열정을 불태우며 행복하고 성공적인 삶을 살도록 돕는 월드클래스 코칭 컴퍼니입니다.

　이 비전을 위해 아시아코치센터는 첫째, 세계수준의 코칭 리서치와 연구 투자, 둘째, 세계적인 기준이 되는 탁월한 코칭 솔루션 제공, 셋째, 국제사회에서 통용되는 월드클래스 코치 양성을 통해 한국의 리더십 수준을 세계적인 수준으로 올리는데 집중하고 있습니다.

　세계수준의 리더는 '어느 상황에서도 자기 존재감과 평정심과 직관력을 가지고 큰 그림을 보며 명확한 의사결정을 내리는 리더' 입니다.

　아시아코치센터에 오시면 누구나 세계적으로 검증되고 인증된 탁월한 코치 과정들을 통해 리더십을 탁월하게 계발하는 파워풀한 경험을 하게 될 것입니다!

World Class Coaching!

(주)아시아코치센터는 세계적으로 검증되고 인증된 탁월한 코칭 과정을 통해 개인과 조직, 가정이 행복하고 성공적인 결과를 만들 수 있도록 돕고 있습니다.

(주)아시아코치센터 코칭 프로그램 안내

코칭분야	내 용	과목명
코치 트레이닝	프로코치가 되기 위한 코치 전문 과정	ILCT 국제인증코치과정 / CPCP 국제인증코치과정 / IAC 15가지 코칭 기술 / 파워체인지코칭 / 코어다이나믹코칭
경영자 임원 코칭	기업 또는 단체의 대표 및 임원들을 위한 맞춤식 일대일코칭	CEO코칭 / 임원코칭 / 여성 CEO코칭
비즈니스 코칭	기업 또는 단체의 팀장 등 비즈니스맨들에게 필요한 전반적인 코칭 과정	세일즈코칭 / 성과향상코칭 / 팀코칭 / 그룹코칭 / 브랜드코칭 / 커리어 코칭 / 의식혁신코칭 / DISC 관계 코칭
교육 코칭	교육자, 부모, 청소년, 학생 등을 위한 전문가 과정	부모 코칭지도자 과정 / 행복한 부모만들기 코칭
청소년 / 학습 코칭	학생, 청소년들을 위한 코칭	학습코칭 / 학습코치 전문가 과정 / 청소년꿈찾기 코칭
감성 코칭	감성능력을 배양하는 과정	ESM 감정코칭 / 감성능력계발코칭 / 감성대화코칭 / 갈등관리코칭
NLP 전문가 과정	미국 ABNLP 협회 인증 NLP 전문가 자격증 과정	NLP 프랙티셔너 / NLP 마스터 프랙티셔너 / 타임라인 테라피 / 최면심리 / NLP 코칭 / NLP 트레이너 과정